亀山郁夫×沼野充義
Ikuo Kameyama　Mitsuyoshi Numano

ロシア革命100年の謎

河出書房新社

ロシア革命100年の謎・目次

1936-38 「大テロル」
1938 ミュンヘン会談
1939 独ソ不可侵条約
1941 大祖国戦争勃発
1941-44 レニングラード攻囲戦
1942-43 スターリングラード攻防戦
1945 ヤルタ会談。大祖国戦争終結
1946-48 ジダーノフ批判
1949 ソ連初の原爆実験成功
1950-53 朝鮮戦争
1953 スターリン死去
◎ 1953-2017
1956 第 20 回共産党大会。「スターリン批判」
1956 ハンガリー事件
1957 ICBM 発射成功。スプートニク 1 号打ち上げ
1959 中ソ対立
1961 第 22 回共産党大会。ヴォストーク 1 号打ち上げ
1962 キューバ危機
1964 フルシチョフ解任。後任ブレジネフ第一書記
1968 「プラハの春」。ソ連軍、チェコスロヴァキア侵攻
1972 モスクワ・サミット（SALT、ABM 制限条約）
1977 ソビエト連邦憲法（「ブレジネフ憲法」）制定
1979 ソ連軍、アフガニスタン侵攻
1982 ブレジネフ死去。後任アンドロポフ
1985 チェルネンコ死去。後任ゴルバチョフ
1986 チェルノブイリ原子力発電所事故
1989 アフガニスタンより撤退。ベルリンの壁崩壊
1991 ロシア連邦大統領エリツィン就任。「八月プッチ」。ソ連解体
1999 エリツィン辞任。後任プーチン
2008 大統領メドヴェジェフ就任
2012 大統領プーチン再選
2014 ウクライナ紛争勃発。クリミア併合

年表＊ロシア革命への／からの 100 年

◎ 1812-1917
1812　祖国戦争（ナポレオン戦争）
1825　デカブリストの乱。ニコライ 1 世即位
1828-29　露土（ロシア・トルコ）戦争
1849　ペトラシェフスキー事件
1853-56　クリミア戦争
1855　ニコライ 1 世死去。アレクサンドル 2 世即位
1861　農奴解放令
1866　アレクサンドル 2 世暗殺未遂事件
1873-75　「人民の中へ」運動
1877-78　露土戦争
1881　アレクサンドル 2 世爆殺。アレクサンドル 3 世即位
1894　アレクサンドル 3 世死去。ニコライ 2 世即位
1904-05　日露戦争
1905　「血の日曜日」事件。第一次ロシア革命
1914　第一次世界大戦勃発
1917　二月革命
◎ 1917-1953
1917　十月革命
1918　ブレスト・リトフスク条約。
1919　コミンテルン結成
1920-21　タンボフの農民反乱。クロンシュタットの反乱
1921　新経済政策（ネップ）実施
1921-22　ポヴォルジエの飢饉
1922　ソビエト連邦成立
1924　レーニン死去
1927　農業集団化開始
1928　第一次五ヵ年計画開始
1932-33　ウクライナ飢饉（ホロドモール）
1934　第 1 回ソ連作家同盟大会。キーロフ暗殺事件
1936　ソビエト連邦憲法（「スターリン憲法」）制定

序　章　ロシア革命とは何だったのか？

はじめに

亀山　一九一七年のロシア革命から今年は百年の記念すべき年にあたるわけですが、記念すべきといってもむろん特別にこれを言祝ぎたいという動機がそこにあるわけではありません。あくまでこれはカッコ付きの言葉であるわけですが、まずロシア革命は、教科書的に言うと、「第二次ロシア革命」と呼ばれるもので、しかもそれは二月革命と十月革命の二つに大きく分かれます。通常、僕らが考えるロシア革命は、ボリシェヴィキによる世界史上初めての共産主義革命というわけで、十月革命に重きを置きがちですが、本書では、二月革命の意義についても考えていきたいと思っています。

もう一つ、ひとくちに「ロシア革命百年の謎」と言っても、一九一七年の第二次ロシア革命から現在までの百年だけでなく、ロシア革命に至る非常に長い前史があるわけですね。つまり、長い熟成の時を経て十月革命に至るわけで、十月革命後のみならず十月革命前の百年の歴史についても考えなくてはいけない。つまり、ロシア革命はなぜ可能となったのか、という視点です。

起源をたどれば、はるか遠く、ロシアの近代化が始まるピョートル大帝の時代にまで遡ることができるわけですが、ここでは、少し現実的に、十九世紀前半に出発点を置いてみたいと思います。端的には、一八二五年のデカブリストの乱です。デカブリストの乱は、ナポレオン戦争に従軍し、遠くフランスまでナポレオン軍を追いかけていった将校たちが、その過程で実感したロシアの後進性をいかに打破し克服するか、という問題意識から生まれた一種の武装蜂起で、ロシア史上初めて、ツァーリズム打倒と農奴解放を要求したとされています。具体的な組織母体としては、一八一六年にサンクトペテルブルグで六人の青年将校によって結成された最初の秘密結社「救済同盟」、一八一八年に結成された「福祉同盟」があります。一九一七年のロシア革命からまさに百年の時を遡ります。

思うに、農奴制ロシアに一つの大きな亀裂が生じるのが、まさにこの時期なんですね。このデカブリストの乱以後、一八三〇年代あたりからは、いわゆる領主殺しの事件が散発しはじめ、作家ドストエフスキーの父親もまさにそうした不穏な時代の訪れを予言するかのごとく農奴たちによって殺される。これが、一八三九年です。それから十年後に、ペトラシェフスキー事件が起こる。これは、フーリエやサン・シモンなどのユートピア社会主義を奉じる若い連中の、言ってみれば勉強会、レオニード・グロスマンに言わせると、きわめて穏健な「思想普及の会」であったわけですが、逮捕者のうち二十一人に、今でいう「共謀罪」により死刑判決が下されます。結局、全員が死刑執行直前に恩赦を受け、刑を軽減されたわけですが、西側でマルクス＝エンゲルスの『共産党宣言』が出た翌年の出来事ですから、皇帝権力としても座視できなかったところがあるわけで、見せしめの要素が強かったことは言うまでもありません。ドストエフスキーはこの事件に連座し、シベリアと国境地帯で総計十年の艱難《かんなん》辛苦を経験するわけですが、しかし逆の見方をすると、この経験なくして、おそらくドストエフスキー文学は存在しなかったともいえるでしょう。

それから十二年後の一八六一年にようやく、アレクサンドル二世のもとで農奴解放が実現するわけですが、いったん自由の可能性を知った若い知識人は、その施策の生ぬるさ、不徹底さにいらだち、ナロードニキ運動の誕生を導き出していきます。その精神的支柱として圧倒的な影響を与えたのが、ニコライ・チェルヌイシェフスキーとアレクサンドル・ゲルツェンの二人でしたね。そして十九世紀後半のロシアは、世界史上空前といってもよいテロの時代に突入し、一八八一年にはとうとう、かつて「解放帝」と称えられたアレクサンドル二世の暗殺が現実のものとなる。グリネヴィツキー率いる「人民の意志」派によるテロでした。しかし、そこから一気に革命へとなだれ込むかと思いきや、時代は、皇帝権力による徹底弾圧のもとで停滞の時代に戻り、一九〇五年の第一次ロシア革命まで、四半世紀近い時が過ぎていきます。そしてそこからさらに十二年を経て、ついに一九一七年の第二次ロシア革命へと至ります。つまり、ロシア革命というのは、デカブリストの乱の時代から約一世紀の熟成を経て、現実化したということができるわけです。

今回の徹底討論では、まず、こうした時代の変遷を念頭に置きながら、二月革命と十月革命の二つの意味とそれら二つの革命への分断はなぜ起きたのか、革命へと至る百年の歴史を射程に入れて話し合っていきたいと思っています。ただし話の中心になるのは、あくまでも文化、特に文学のジャンルです。歴史家ではなく、文学者である僕ら二人が、なぜ、今ロシア革命について考えるのかは、追って明らかになるようにしたいと思います。

革命は善であった

沼野　ではいきなり大きな問いかけで始めたいと思いますが、亀山さんにとってロシア革命とは何だったんでしょうか?

亀山　かなり根本的な問いですから、そう簡単には答えられそうもないので、少し遠回りしてお話ししますね。そもそも、僕にとってロシアとの出会いはドストエフスキーから始まっています。ドストエフスキーと長く接するなかで革命の問題を意識したことはあまりなく、むしろドストエフスキーを離れ、ロシア・アヴァンギャルドの研究に入ってから、具体的には、未来派詩人ヴェリミール・フレーブニコフの研究を始めた二十代半ば以降、ロシア革命の問題を意識するようになりました。フレーブニコフ自身、十月革命期を生きた詩人ですし、この時期の政治状況をテーマにした叙事詩をいくつも書きましたから、当然のように、彼の革命観に対しても関心を持たざるをえなくなった。ロシア革命については、初歩的な知識すら持ちえていなかったものですから、十月革命やソ連史に関する本はずいぶん読みました。とりわけ詩人自身が、内戦後まもなく死んでいった事情もあって、革命がはらむ暴力性という問題にもつよく興味をそそられましたね。基本的に彼は、十月革命を支持していますが、多分に革命を、スキタイ主義的な視点で、つまり自然発生的なものとして捉えていたふしがうかがえます。彼は、ボリシェヴィキ軍の後について、イランにまで出かけているほどです。これまで彼の死因については謎とされてきましたが、一説では、イランで風土病にかかり、それが原因で病死したというのが真相のようですね……面白いことに、こうして僕自身、革命に関心をもつ一方、革命そのものに対して、肯定か、否定か、といった二者択一的な問題意識はなく、はなから肯定的でした。

思えば、こうして二十年近く、フレーブニコフの研究に携わるかたわら、ロシア・アヴァンギャルド全体の研究もつづけ、『ロシア・アヴァンギャルド』という新書も書き、自分なりにロシア革命時の文化運動をめぐって全体的なイメージを築き上げることができたと思っています。革命というのは、一種の戦争状態ですから、革命政府はむろん暴力を肯定的に捉えていたということがあります。レーニンにしても、例外ではありません。ただ、確実に言えることは、僕自身、二十代を送った一九七〇年代前後の気分と無縁ではなく、いやおうなくそれに影響されていたということです。僕らの世代の多くは、たとえば歴史家の塩川伸明さんにしろ政治史家の下斗米伸夫さんにしろ学園紛争の嵐が吹き荒れた「六八年」の経験者ですから、暴力という問題に対しては、ある種寛容で感覚が鈍っていたところもあるかもしれません。七二年には連合赤軍事件もあったように、革命が暴力を内包することに対して、それを頭ごなしに否定する、つまり暴力がだめだからロシア革命はだめだというような立場にはなくて、ある程度暴力というものを肯定しながら、革命のみならずソ連全体の歴史を見ていたような気がします。ところが、ロシア・アヴァンギャルドの研究を始めて二十年が経ち、とりわけ一九九〇年代前後に入る段階で、僕自身、関心はすでに現代の政治、つまりペレストロイカやグラスノスチに移っていました。そしてそのあたりから、革命は必然的に暴力を内包し暴力によって成り立つという前提に、素朴な疑問を抱くようになっていたのです。われながら驚くほどの変化です。

たとえば、ノーベル賞作家でブレジネフ時代にソ連から追放されたアレクサンドル・ソルジェニーツィンが、ソ連社会主義そのものを全面否定し、古きロシア的共同体、つまり現在のプーチンが言っているのとほぼ同じユーラシア主義的な主張を始めたとき、レーニンが暴力をどうとらえ、現実にどんな暴力を行使したのかということが、非常に気になりはじめました。「レーニンから疑え」というひと言には、私自身、大きな衝撃を味わい、「それはないだろう」と思ったものでしたが、その思いは、当時のソ連市民にしても同じだったんじゃないかと思います。でも、現実の問題として、常識が、というかソ連市民としてのアイデンティティがこのとき覆ろうとしていたわけですよ。これには、ゴルバチョフのペレストロイカ政策がぬきがたい意味を持っていた。そして、それが、仇《あだ》となった。ゴルバチョフは、最後の段階で、暴力に対する生理的な忌避もあって、逆にソ連を崩壊から救えないというジレンマに追いこまれることになりましたから。当時、私の頭から離れなかったのは、中国での天安門事件です。中国政府があのとき行使したすさまじい暴力を頭に思い浮かべながら、僕自身がジレンマに陥っていました。社会主義というのは、ある意味で人類の理想ですが、その理想を維持するには、知的なレベルでの強力な同意が必要です。いわゆる資本主義的な欲望の論理というか、需給の論理を否定する。資本主義の立場からすると、きわめて不自然な原理に則《のっと》っているわけです。それを維持するには、大きな犠牲が必要となる。といっても自己犠牲です。何といっても本能を抑え込まなくてはならない。西側でハイテク革命が起こり、人間の欲望が次々と解放されていく状況を目の当たりにしながら、それでもなおソ連社会を維持していくには、暴力を武器として温存させておく必要があった。でも、本来は否定されるべき暴力を前提とすることほどストレスフルなものはありません。ましてや、内戦、スターリン主義、独ソ戦と、すさまじい暴力の連鎖を経て、当時のソ連に至った経緯があるわけですから。その意味で、ソ連崩壊は、まさに人類史的なレベルでの倫理的ドラマだったと思いますね。

ロシア的霊性に包まれて

沼野　アメリカとロシアについて考えるとき、今のところアメリカは世界最強であると誰もが認めざるをえない。しかし、冷戦時代は米ソ二大大国といわれるような国際的なバランスがあって、ロシアは実際にはアメリカの次の二番目だったかもしれませんが、ほぼ対等に張り合ってきたという歴史がある。ところが、今ではそのロシアが一方的に劣等国になってしまった。アメリカと対等に張り合いたい、場合によってはアメリカの威信を落としてでも、自分たちの国が上に立ちたい、いつまでもナンバーツーに甘んじていたくない、という願望を秘めて、実現していたかもしれない自分の「偉大さ」を夢見るというのは、ロシア的メンタリティの基底にあるんじゃないでしょうか。

亀山　そうですね、もはや時代錯誤的な妄想としか言えないけれども。今のロシアは、何かもうグローバル時代の国家として体を成していないと思えるところがあります。端的にいって、十九世紀時代に戻った。でも、そこにはまた、僕たちには見えない自信も隠されているのだと思います。自分たちは、最新のテクノロジーを生みだすことはできないが、それとは別のレベルで、人類の未来に貢献できるという、ちょっと得体の知れない自負。一種の虚勢というのか、こけおどしというべきか、少なくとも現在のロシアの生活水準から考えると、ちょっと不遜といってもよいくらいの自信です（笑）。

沼野　ロシアの場合、政治家も大衆のレベルでも、根強い反アメリカ志向がある。ロシアにもアメリカのポップカルチャーやマクドナルドが好きな若者は多いけれども、精神的には政治家も若い人も反アメリカ志向が強くて、アメリカに対抗する別の精神的価値の担い手がロシアだという自負があります。物質と精神は別というわけです。アメリカが世界を牛耳っているのが気に食わない、ロシアは大国であるべきだという願望がいつも潜んでいる。

亀山　先ほどの話とつながりますが、そうしたメンタリティがどこから来るかということです。これまた教科書的な解説になってしまうのですが、ロシア人というのは、根本的に「ドゥホーヴノスチ」を信じている。これは、ロシア政治思想の袴田茂樹さんが特に強調されていますね。「ドゥホーヴノスチ」というのは、日本語で精神性、霊性と訳されたりしますが、それに包まれている、そのなかで生きているという感覚がある。それを暴力的に引き裂いていくのが、西欧の合理主義であり、現代で言えばアメリカ的な価値観、という被害者意識があるわけです。むろん、この考えは、一種のフィクションである可能性もないわけではない。つまり、「ドゥホーヴノスチ」をよほど厳密に定義してかからないと、非常に大雑把なロシア人論に堕してしまうおそれがある。しかし、やはり実感として、ロシア人のメンタリティは、西側のそれとどこか決定的に違うということは確実に言えると思うんですね。で、その「ドゥホーヴノスチ」というのは何か、というと、僕の考えですと、結局のところは、言葉、つまり「ロシア語」なんですね。この十年、ドストエフスキーの翻訳に関わりながら常々実感してきたのは、ロシア語の単語一つ一つがもつ意味の広がりや奥行きです。構造的に、直観力と想像力に頼る部分がかなりあるので、厳密なコミュニケーションには適さない。正直言って、一つの単語が、十くらいの意味の広がりをもっている印象があります。逆に英語はすばらしく進化した言語ですから多義的ということはないのですが、ロシア語は一つの表現がものすごい奥行きをもっている。望月哲男さんの最近の翻訳の仕事がまさにその証です。ですからロシア人同士では、おそらく単語レベル以上のものを暗黙に了解している部分がきわめて大きいのではないかと思うのですよ。つまり、ロシア語の単語を発するという行為を通して、ロシア人は一種の霊性のなかに入って行く。発語そのものが儀礼的な意味を帯びているのですね。ロシア人は、非常に感受性に優れていますし、興奮もしやすい。で、結局、グローバリゼーションの圧倒的な進展のなかで英語がここまで支配的になってきてしまい、ロシア語で語られる場が大きく奪われていくと、自分たちのもっている言語と文化、あるいはそれを注ぎ込んでいる精神性、霊性を、全部引き剝《は》がされていく、そんな被害者意識が生まれてこざるをえません。現代のロシア人は、特に作家のメンタリティには、その恨みが根本にあると強く感じます。最終的にそれが大文字の文学という形をまとう。ともかく、ロシアから「ドゥホーヴノスチ」というか、文学を取ったらほとんど何もなくなるのではないか、と思うほど言葉が果たす役割が大きい。

スラヴ人は「言葉の民」

沼野　ロシア人にとっての言葉という問題は、実は文学にも革命にも関わってくると思うんですよ。ロシア人が属している民族の名前は「スラヴ」（Slav）といいます。この言葉の語源はいまだにはっきりしないのですが、「言葉」と関係があるという説があるんですね。ロシア語で「スローヴォ」（slovo）というのは「言葉」なんです。またロシア語には「栄光」を意味する「スラーヴァ」（slava）という言葉もあって、それと「スラヴ」を結び付けようとする向きもある。

　言語学的には「スラーヴァ」は関係がなさそうなんですが、「スローヴォ」説は検討に値します。というのはロシア語では古くから異邦人《バルバロイ》のことを「ニェムツィ」、つまり「言葉が話せない者（唖者）」といっていて、それが結局現代では「ドイツ人」の意味になったんですが、まともに言葉が話せないと見なされた異邦人に対して、「言葉《スローヴォ》の民」である「スラヴ人」を対立させるのは、世界観としては実にくっきりしている。

　ただ、西側では、中世ラテン語で「奴隷」を意味する「スクラーヴス」という単語があって、それが「スラヴ」と音が似ているため、奴隷＝スラヴ人という連想が働き、スラヴの語源は「奴隷」（英語の slave）だという俗説が強く流布してしまった。実際、他民族に征服されたスラヴ人の多くが「奴隷」のような状態にあったからだ、というんですが……。

亀山　僕も調べたんですが、「奴隷」とは違うんですよね。

沼野　ええ、違います。スラヴ人＝奴隷の民というのは西側の勝手な連想であって、「スラヴ」という言葉自体のスラヴ語における語源とは関係ないと思います。そこで僕としては、スラヴ人は「言葉の民」だと改めて言ってみたいんです、特にロシア人についてですね。霊性とか精神性というのは、今亀山さんがロシア語は英語の十倍多義的だとおっしゃったけれど、英語だって長い歴史と複雑な語彙《ごい》と表現力をもっている言葉ですから、英語では一つの単語が一つのことしかあらわさないという、今亀山さんが言われたことはちょっと単純化のし過ぎですよ。ただロシア語と英語を日常的に使い分けている立場からすると、この二つの言語は、現実の世界では、明らかに言葉の使い方が違っていると思うんです。今のアメリカってやっぱり極端な拝金主義で、特にトランプになって金が儲かれば何をやってもいいんだみたいなことを鮮明に言い出して、それが恥ずかしいことだという感覚すらなくなってしまった。そこで英語は物事をお金に換算する道具として使われている。グローバリズムの言語だから仕方ないともいえる。そもそも、トランプって言葉がものすごく貧しいでしょ。

亀山　ひどいですね。だから恐怖を与える。「今に見てろ」とか平気でツイートしますものね。

沼野　あのプーチンでさえも、とあえて言いますが、言葉の使い方に関してははるかにレベルが上です。プーチン大統領に対しては今年、来日直前に日本の読売系が独占インタビューをしたんです。二時間くらいの長いインタビューでした。北方領土問題についてはこちらの甘い期待を打ち砕くような、厳しい内容で、それを聞いた日本人の多くはあまり嬉しくなかったのではないかと思いますが、それは別として、私自身は聞いていて感銘を受けました。それはどんな質問をしてもプーチンは自分の言葉で、きちんと論理的に話すんですよ。もちろん答えたくないことは答えないんですが、日本の政治家のような変なはぐらかし方はしない。しかも、そのまま印刷できるのではないかと思うほど立派な、文法的にも正しいロシア語です。この言語能力の高さはすごい。トランプはこんなふうに英語を使いこなせないし、残念ながら日本のトップの人たちも、国会でのあまりに低いレベルでの言葉のやりとりを見ている限り、比較にならない。

亀山　ゴルバチョフもそうでしたね。

沼野　ゴルバチョフは原稿なしに数時間延々としゃべることができたでしょう。僕はペレストロイカが始まってからロシアの新聞、雑誌をかなり熱心に追っていて、そのころ読んで印象的だったものに、『文学新聞』の紙面を何ページか使っての、ゴルバチョフとアイトマートフの対談がありました。アイトマートフはキルギス人の作家ですが、当時のソ連では全ソ連的な権威といってもいい大作家です。その作家に向かって、いきなりゴルバチョフが「私はあなたの小説を全部読んでいるけれども」と始めた。アイトマートフは著書が何十冊もある人ですよ。これは日本だったら、安倍首相が大江健三郎と会って「私はあなたの小説を全部読んでいる」と言うようなものです。こんなことは日本でも、アメリカでも想像ができない。それが当たり前な国というのは、文学的教養以前に、言葉というもののあり方が違うんじゃないでしょうか。

亀山　違うと思いますね。これは想像ですが、おそらくロシア語を口にするという行為それ自体にものすごい快楽が約束されている。それを語ったり、読んだり、あるいはそのリズムがね。

沼野　でもペレストロイカ以降、いやソ連崩壊以降というべきか、ロシアがアメリカと同じような「普通の」国に変わってきて、言葉自体の重みがなくなってきた。アメリカと同じような拝金主義に感染して、精神性を失っている。

亀山　確かに。そうなると危機ですね。しかしそれは、すでにソ連崩壊期から始まっていたという印象を持ちます。ソルジェニーツィンがある時、ゴルバチョフに向かって、ペレストロイカ、グラスノスチがロシアの精神性を滅ぼしたと楯突いているんですが、それぐらい、何かしらある明晰なものによって改革がなされるというのに、ものすごい心理的な抵抗を感じる。それが長い伝統のなかで培われたロシア的な精神性だと思うんです。

沼野　十七世紀半ばに起こったいわゆる教会分裂、ラスコールですが、あれもそうですよね。

亀山　確かに。ニーコンによる宗教改革って、今日でいうグローバル化、宗教のグローバル化だった。それに対して、古い精神性をもった連中が猛反発する。古い精神というよりも、ある強烈な一体性の感覚をもった宗教者たちですね。その後、十八世紀初頭には、ピョートル大帝の一連の改革によって同じ分裂が起こります。これも、西欧的な合理主義による改革ですから、それをどう評価するかで、西欧派とスラヴ派の分裂が生じるわけです。ここでもドゥホーヴノスチ、つまり霊性を守ろうとするスラヴ派は、敗北を余儀なくされる。さらにそれから約一世紀を経て、ロシア革命が起こるわけですが、歴史的意味においては、十七世紀中葉の教会分裂と同じようなパターンを繰り返しています。

そう、もう一つ述べておきたいことがあります。先ほど、スラヴという言葉に「奴隷」の語源を見るまちがった考えがあると指摘されたときにふと思ったことです。これは、ロシア人の精神性そのものに繋がるし、ことによると「ドゥホーヴノスチ」の帰結といってもよいかもしれないんですが、「ロシア人は『千年の奴隷』である」、というワシーリー・グロスマンの見方です。スラヴ派の思想家のアクサーコフたちが、西欧派との論争のなかで、「全一性」という概念を持ちだしてきますよね。ロシア語ですと、「ソボールノスチ」ですが、ロシアの民衆を長く自立から疎外してきたのが、この非常に保守的な精神性であったと思うわけです。全体のなかにあって初めて個は完成するといった考え方。悪い言い方をすると、長いものに巻かれろ的な、他人依存の考え方が根本にある。さらに悪く言うと、まさに奴隷根性です。この奴隷根性がどこから来たか、というと、やはりロシア正教にあると思うわけです。ですから、ロシア正教に対して反旗を翻すことは、別に無神論に走るのではないにせよ、ある意味で個人の自立という問題とじかに繋がった。つまり、教会から離反した分離派とか、様々な異端派は、曲がりなりにも自立の第一歩だったはずなのです。しかしそれでも、反抗は常に単位が集団だった。西欧的な個人主義はとうてい生まれようがなかったといってもよいわけです。しかも彼らは強烈な終末論に侵されていた。終末論も、これまた、一種の集団主義的な願望です。教会をアンチキリスト、つまり悪魔の館とみなしてこれを忌避した異端派の人たちは、ある一定のリズムで世界の終わりの年を定め、集団で焼身自殺をとげる。つまり、正教会から自立したはずの人々が、正教以上に集団主義的な観念に取りつかれているわけですよ。これじゃ、どこまで行っても個人が出てこない。さっき、フレーブニコフとの関連でちょっと話題に出たスキタイ主義のメンタリティだって、おそらくはこの筋道にあるんじゃないか、と思いたくなるわけです。ただ、二十世紀も一九一〇年代になると、確実に個人の目覚めが起こってくる。それは、終末の幻想が潰《つい》えたあとのことですがね。二十世紀に入ってから、ベルジャーエフがロシア人を「終末の民」だと言ったり、ヴェイドレが、「ロシア史は失敗の歴史だ」と言ったりする背景には、確実に、ロシア人の黙示録的な想像力が息づいているわけですね。ロシアのある哲学者なんか、ロシアの歴史は「二進法」だとまで言いきっている。要するに進化がないんです。

革命に暴力は必要なのか？

亀山　で、ここからまたロシア革命の話に戻るんですが、革命は善であるという前提が、いつ、どこで崩れたのかということです。

沼野　その疑問自体がちょっと意外ですね。私にとっては革命は善であるという前提はもともとなかったからです。しかし、亀山さんのなかにはそういう前提があったということですか。

亀山　ありましたね。

沼野　アヴァンギャルドにまず興味をもっていましたから、当然の前提としてあったということですよね。

亀山　うん、だけど、僕自身はものすごく臆病で、暴力というものに対してすごい嫌悪感があった。にもかかわらず、つまりロシア革命というのは正義の暴力だったと自分なりに理解していた。無前提に、革命軍である赤軍は善で、白軍は悪いもの、と決めてかかっていたところがあるわけです。若かったというか、浅はかだったというか、僕らの世代の大半がそうだったのじゃないかと思いますね。しかし現実にその場で内戦の状況を見たら、白軍は反革命で悪、赤軍が善とか、単純には割り切れなかったはずなのです。ウクライナで生まれ、二十世紀最高の作家と目される ミハイル・ブルガーコフの立場は、初めは反革命のほうからいって、徐々にソ連社会に順化するなかで、それでもある種、二枚舌的にスターリン権力と付き合っていく。彼自身、一九二〇年代初めのウクライナで起こった革命の暴力をつぶさに見ていますから、いかにソビエト権力が確立した後とはいえ、そう簡単に全面肯定というわけにはいかない。何といってもアイデンティティがかかっていますから。でも、結局のところは屈折せざるをえず、最後は、スターリン礼賛の戯曲まで書いている。その一方で、社会主義リアリズムの作家のアレクセイ・トルストイなんかは、『穀物』という小説で内戦時代の戦時共産主義をもう堂々と書いている。ブルガーコフは別としても、彼らの多くは、革命軍によっておこなわれた暴力は、一種勧善懲悪的に、善が悪を制圧していくプロセスとして素直に見ていたところがあると思う。目的は手段を正当化する、というのは、一種のマキアベリズムだけれど、これは、もう絶対的前提としてあったと思いますね。だから、この暗黙の合意が崩れるというのは、非常につらい体験のはずです。よく引き合いに出されるのは、トゥハチェフスキーによるタンボフ農民の反乱鎮圧や、トロツキーによるクロンシュタットの反乱鎮圧ですが、そうした現実を知っていて、倫理的にそれを悪いと認識できない、ということは、まさに、内戦が文字通り、食うか食われるかの戦争だったことを意味しているわけです。それこそすさまじい暴力が、社会主義という正義の名の下にふるわれた。それも戦争だから許された。それじゃ、その戦争は誰が起こしたのか、ということに行きつく。それが本当に不可避だったかということの検証も含めて、革命がもっていた暴力性に対するある種の拒否反応が徐々に生まれてくる。でも、それははるか後、つまり、ゴルバチョフが登場した後のことです。

沼野　ペレストロイカからですね。

亀山　ええ、それ以前はソ連の国内では、たとえスターリンの暴力に対する批判はあっても、当然のことながら、レーニンの暴力に対する批判まではいかなかった。

沼野　今言われたことは、亀山さんの個人史の問題でもあるけれど、ペレストロイカの後のソ連の精神史の問題でもありますね。一九五三年にスターリンが死んで、フルシチョフによるスターリン批判があって、ソ連では部分的にではあれ、スターリンというのは悪いことをした奴だという認識が共有されていったわけです。だけどそのスターリン批判というか、「非スターリン化」の流れのなかで、知識人たちがその事態をどう受け止めようとしたか。それは和田春樹の近著『スターリン批判　一九五三－五六年――一人の独裁者の死が、いかに二十世紀世界を揺り動かしたか』（作品社）に詳細に書かれています。この執念の書は、結局、和田先生にとってもこのテーマが生涯をかけて追究すべき課題であったことを感じさせます。しかし、事態はスターリンを批判していればいいということには留まらなかった。止めようもない流れのなかで、スターリンが悪かっただけじゃなくて、諸悪の根源はその前のレーニンにあった、といった論調がペレストロイカの後、公然と出てきた。これはペレストロイカの結果開けられた「パンドラの箱」から出てきた、もっともショッキングなことの一つだったわけですよ。

亀山　それがソ連崩壊を導いた一つの大きな原因でもあるんですよね。つまり「レーニンから疑え」ということになったら、ソ連共産主義がもつ唯一の神聖性みたいなものが失われてしまうわけですから。

優しいレーニンおじさん像が崩れたあとで

沼野　ソ連のいわば政治的フォークロアのなかでは、レーニンというのは伝統的に善い人だというイメージで語られてきました。「ジャージャ・レーニン（レーニンおじさん）」と呼ばれ、子どもたちにも優しい、親しみやすい人だったとか。レーニンといえば、中沢新一に『はじまりのレーニン』（一九九四）という興味深いレーニン再評価の本があって、そこでもレーニンが「よく笑う人」であったということが強調されています。ただ、中沢さんは、その笑いが「人間の本質をなすものの根底に立って、精神にその外に広がる無底の宇宙への通路を開くもの」だと主張して、レーニンの「笑う唯物論」とは、無限の深みを見えなくする「底」の上に築かれてきた西欧近代を根底から爆破する可能性を秘めたものだった、というふうに驚くべき論を展開するんです。

そこまで思想史の物語を展開できるのは、中沢さんの天才があればこそで、現実のソ連やロシアの歴史に関わってきた立場からすると、これはどうも空論でしかないように思えるのですが、それはともかく、「笑うレーニン」のイメージを鮮やかに描き出した手腕は見事なものです。で、レーニン死後、どうなったかと言えば、スターリンは「優しい父」としてのレーニンをさらに発展させて、全国民の偉大な父としての地位を固めたともいえる。なにしろ、スターリン時代のもっとも重要な標語の一つは、子どもたちがスターリンに対して捧げる「同志スターリン、ぼくたちの幸せな子供時代をありがとう！」というものだった。スターリンは、家庭の父を殺して、自分一人で全国民の父のように振る舞うようになったわけです。「家庭の父を殺す」というのは必ずしも、単なる比喩ではありません。一九三〇年代前半、パヴリク・モロゾフという少年が、悪質な富農として実の父親を告発して、国民的英雄に祭り上げられた時代です。

しかし、まずスターリン神話が徐々に崩され、スターリンは極悪非道の暴君であったということになっても、「レーニンはいい人だった」というイメージはなかなか崩れなかった。ソ連国内で公然たるレーニン批判の声が上がったのは、やはりペレストロイカが始まってからですね。一番鮮烈だったのは、ヴラジーミル・ソロウーヒンという作家のレーニン批判でした。この作家は主として農村のことを書いてきた、いわゆる「農村派」に分類される人で、反体制とか、人権活動家というわけではまったくないんですが、「レーニンを読む」というエッセイで、諸悪の根源はレーニンにあると主張した。それまでの主流は、レーニンの原則を「歪曲《わいきょく》」して国を酷い状態にしたのはスターリンであって、レーニン自身は悪くない、という考え方でしたからね。ソロウーヒンの主張は強烈な反応を引き起こした。ペレストロイカ以前、まだ発表できないこの原稿をカバンに入れて持ち歩いていたとき、ソロウーヒンは自分のカバンのなかには爆弾が入っているように感じていた、とも言っています。

そういった批判の流れがあったにもかかわらず、最近のプーチン政権下のロシアでは、国粋主義的なメンタリティのロシア人の間では、むしろスターリンの権威が復活しつつあるのに対して、レーニンの権威は相対的にどんどん下がっています。レヴァダ・センターが二〇一七年に行った世論調査では、ロシア人がもっとも尊敬する歴史的偉人としてはスターリンが堂々トップに挙がっていて、レーニンはプーチン、プーシキンに次いで四位にまで落ちている。欧米ではスターリンといえば、相変わらず、ヒトラーと並ぶ極悪非道の独裁者でしょ。その人がロシア人には一番尊敬されているんですからね、このギャップの大きさは、われわれのやわなロシア理解を吹き飛ばすようなものでしょう。

レーニンの権威失墜に関しては、最近、一つ象徴的な面白い話がありました。最近、ロシアでポクロンスカヤという、「美しすぎる」ことで有名な女性政治家の言動が世間を騒がせているんです。彼女はもともとクリミアの検察庁の検察官だったんですが、クリミアの強制的ロシア編入後、ロシア側について、親ロシア的で強硬なタカ派的発言で目立つようになりました。プーチンの覚えめでたく、今やロシアのドゥーマ（国会下院）の議員にまでなってしまった。まだ三十代半ばですから、すごい出世ですよ。その彼女が最近ブログ上で「二十世紀の極悪非道な悪人ども」について言及したとき、ヒトラーと並べてレーニンの名前を堂々と挙げた。彼女は皇帝崇拝者なんですね。これにはさすがに、ロシア共産党の党首ジュガーノフが嚙みついた。ヒトラーと並べてレーニンを悪人と言うのはあまりにも非常識ではないか、というわけです。与党「統一ロシア」のなかでも、「これはまずいんじゃないか、少し口を慎め」という声が出てきた始末です。

亀山　しかし逆に言うと、そういうメンタリティがもうできちゃっているんですよね、若い世代に。

沼野　うん、そこが面白い。ポクロンスカヤのような若い世代のなかには、ロシアの皇帝を崇拝している人たちがいますね。

亀山　皇帝崇拝というのは、まさに「ドゥホーヴノスチ」の核にあるものの一種の表現形式なのかもしれません。

「撃ち殺せ」とアリョーシャは叫んだ

沼野　ロシア革命に話を戻しますけれど、ロシア革命を歴史的に見ると、これは十九世紀以来のすべての経験を経てロシアがたどり着いた目的地、終着地であったとするのと、もう一つは、ここからすべてが始まった発端だという、両方の見方が可能だと思うんです。先ほど亀山さんが、ロシア革命は善であるという前提から始まったと言ったわけですが、ソ連という体制、社会主義を支持する人にとっては、イデオロギー的な立場から、革命は当然善なわけですね。それがすべての始まりで、新しい素晴らしい社会の建設が始まるということになる。それは、革命前と革命後に根本的な断絶を見る立場になります。しかし現代の視点から振り返ると、はたして、革命というのはそれほど根本的にロシアを変えたんだろうか、という疑念も強い。つまり、ロシア革命で決定的に変わったものがある一方、本質的に変わっていないものも多いのではないか。われわれは政治や歴史の研究者ではなく、文学や文化を通してロシア人のそれこそドゥホーヴノスチ（霊性）を考えているわけですけど、そういう立場からすると、ロシア人というのは実はあまり変わっていないんじゃないかと思える面もある。これは日本でも似たようなことがあって、明治維新の前後で日本人ははたしてどこまで変わったのか、明治維新の前後で日本はどのくらい断絶しているのか、という問題にもつながります。

今、亀山さんが暴力ということを問題にしましたけれども、ロシア革命はもちろん政治的には暴力の問題だったわけですが、別の視点から見ると、言葉の問題でもあった。『ソヴィエト文明の基礎』の著者、アンドレイ・シニャフスキーが力説するところによれば、ロシア革命を引き起こしたパトスは、実は一種宗教的なものだった。革命を支えた民衆のなかには、世界の終末の予期と新しいユートピアの到来への強烈な願望が混ざり合っていた、というんです。それが言葉の問題でもあるというのは、人間が想像力を用いて、悲惨な現実のなかにいながら、新しい理想世界を思い描くためには、言葉が必要だからです。未来を導くイデオロギー的な言葉がないと、想像できないんです。ロシア革命を指導したボリシェヴィキの職業的革命家は、レーニンを筆頭にして明らかに言葉の人たちでした。彼らの言葉が民衆の想像力と共振したという面があるんじゃないかと思うんです。言葉というのはいつも必ずしも理性的なものではなく、危機的な状況のなかでは、人間の根源的な情動とか自然力みたいなものに対する触媒というか、それを爆発させる契機にもなる。

亀山　言葉それ自体というよりも、言葉によって喚起される側の想像力の問題ともいえそうですね。

沼野　革命を引き起こしたパトスというものを考える場合に、一つ出しておきたい例というのは、『カラマーゾフの兄弟』の有名な「プロとコントラ」の章、例の「大審問官」の直前に、イワンがアリョーシャに紹介するすさまじい残虐なエピソードです。ある残虐な地主で将軍という人物が、自分の大事にしていた猟犬の足に怪我をさせたというので、使用人の子どもを皆の前に引きずり出し、真っ裸にして獰猛《どうもう》な猟犬の群れに追わせ、母親の見ている前でズタズタに引き裂かせる。この挿話が出てくるのは、「大審問官」の前に置かれた「ブント」、つまり「反逆」というタイトルの章です。イワンはそういう恐ろしい話をアリョーシャにたっぷり聞かせたうえで、「お前、この領主をどうする」と問いかける。するとアリョーシャは思わず反射的に「ラストゥレリャーチ（銃殺だ、撃ち殺せ）」と答えてしまうんです。この「銃殺だ！」という心の叫びこそが、ロシア革命のパトスだったのではないか。これはシニャフスキーが『ソヴィエト文明の基礎』のなかで雄弁に主張していることです。

つまり、ここにロシア革命を起こした人々の抑えがたい情動の根源がある、と。アリョーシャは見習い修道士で、宗教的な修行をして、清く正しく生きようとしている人ですから、人を撃ち殺せなんて言葉を発せるような青年じゃない。そういうセリフは、ロシアの極右政治家のジリノフスキーとかフィリピンのドゥテリテ大統領にはお似合いかもしれませんが、こともあろうにあの純真そのもののアリョーシャが、世の中で子どもに対して行われている残虐行為に対する義憤にかられて思わずそれを口走ってしまう。イワンはアリョーシャの口からそういう言葉を引き出して、喜びます。アリョーシャはしまったと思い、「馬鹿げたこと」を言ってしまったと訂正しようとするんですが、イワンは、世の中というのはまさにその馬鹿げたことの上で成り立っているんだと追い打ちをかける。この「撃ち殺せ！」がはからずも明らかにしているのは、世の中を動かしていくもの、暗く淀んだ、しかし根源的な力があって、ある言葉が引き金のようになって起動したということではないでしょうか。だからドストエフスキーはある意味では、「革命の予言者」だったとも言える。

亀山　アリョーシャの「撃ち殺せ！」のエピソードは、確かにものすごくショッキングですね。

一種の義憤とでもいうんでしょうか。無神論者のイワンとしては、修道士のアリョーシャにそのひと言を吐かせて、してやったりだったわけです。しかも、その後で、アリョーシャは、イワンについて「ひょっとしてフリーメーソンかもしれない」と思うわけですから、ここには確実にある種の文脈が隠されていることがわかります。今、沼野さんのお話を聞いて、これはたぶん『カラマーゾフの兄弟』の続編を暗示する伏線かもしれないと思えてきました。

ドゥホーヴノスチ、スチヒーヤ、革命

亀山　で、ドゥホーヴノスチと言葉、革命と言葉の関連についていろいろ考えながら、頭に浮かんでくるのが、スチヒーヤ（基本要素、自然現象、盲目的本能）という問題なんですね。一般には、「自然力」とか訳されているわけですが、その根本の意味を一語で翻訳するのは非常にむずかしい。ところが、一九一〇年代に、スキタイ主義という運動が現れてきて、革命というのは自然発生的な自然力の爆発だみたいな主張がなされる。最初、僕はアヴァンギャルドの時代の芸術と文学をやったときに、「スチヒーヤ」という観念がいまいちはっきりとつかめなかった。たとえばブロークの「十二」にしても、革命という究極的に人為的であるはずの行動が、なぜ自然力の爆発といった用語で説明できるのか、感覚的にはわかるような気もするのですが、鮮明にはイメージできなかった。最近になって少し理解できるような気がするのは、やっぱり根底に言葉の

問題があるな、と気づいたせいかもしれません。さっき言った、ある種の言葉によって経験されたものが、人と人との間に共感力の輪みたいな中間領域をつくる。それが、最終的にはドゥホーヴノスチ、霊性の共同体を形作っていくということになるのかもしれないけれども、そこではもう人為的なものと言語的なものは不可分なんじゃないかと思うんです。それは、ひょっとすると、言葉とモノ、観念と事物の一体性の感覚そのものかもしれないとさえ思えます。つまり、言葉とモノの区別が意識されなくなった、一種の憑依《ひょうい》状態とでもいいますか。つまりそこに、スチヒーヤ的なものが宿っているので、言語に対するある種の信仰が、自然力、スチヒーヤに対する信仰と重なっていくわけですね。アレクサンドル・ブロークが叙事詩の「十二」のなかで革命を一種の疾風怒濤《どとう》、自然力として描くということの意味が、この言葉の問題を介するとよくわかるような気がします。

沼野　なるほど。そこでブロークについて話を少し続けたいのですが、彼は二十世紀初頭、革命が迫りくるという予感のなかで、非常に重要なエッセイや評論を書いていて、そのなかには「スチヒーヤと文化」（一九〇八）というものもあるくらいです。そして一九一八年一月には、起こったばかりの十月革命という歴史的事件を受け止めながら、「インテリゲンツィヤと革命」を書いた。で、彼がこういったエッセイで表明しているのは、基本的に、知識人は民衆的なスチヒーヤの激発にはついていてはいけないけれど、それを受け入れるしかない歴史的な流れにのみ込まれつつあるという自覚ですね。もちろん彼自身もスチヒーヤにのみ込まれていく立場として自分を捉えているんですが、面白いのは、彼にとって革命を生み出す抑えがたいスチヒーヤの流れというのは音楽のようなものなんです。彼は「革命の音楽」を聴いていた。「インテリゲンツィヤと革命」は「すべての体、すべての心、すべての意識をもって、革命を聴け！」という言葉で結ばれます。

亀山　なるほど、よくわかります。ブロークの脳というのは、非常に古代的なんですね。中沢新一さんがよく引用する折口信夫の「類化性能」の典型といってもよいくらいに。

沼野　ブロークは、革命後ほどなくして「十二」を書いて亡くなってしまいますが、彼がもうちょっと生きていたらスターリン時代にどうなっていただろうかと想像してしまうんです。シンボリスト（象徴派）のなかには、ベールイとかブリューソフとか、国内に残っていた人たちもいて、彼らは創造的知識人としてそれなりに遇されながらも、革命後のソ連の体制に溶け込んでいたわけではなかった。

亀山　一線は引いていたみたいですね。

沼野　当然そうですね。他方、メレシュコフスキー、ギッピウス、バリモントのように亡命した人たちもいますが、ソログープみたいに亡命しないまま、ソ連国内で不幸に……。

亀山　ソログープは、象徴主義のなかでも、非常にデカダン的な色彩の濃い作家で、「人間は人間にとって悪魔である」といった徹底して個人主義的な世界観をもった作家でしたから、とても革命後のロシアを生き延びることはできなかったと思います。ですからなおさら悲惨でしたね。でも、不思議なことに、彼のデカダン主義は、『小悪魔』なんかをみても、自他の境界が失われた、どこかスチヒーヤ的な自然観に包まれていたような気がします。

沼野　特に前期の象徴派《シンボリスト》は、宗教的な世界観が色濃いため、全般に、ロシア革命の後国内に残っていても適応しにくかった。

亀山　ただ、どれだけ生きにくくても、スターリン体制のなかで生き延びても、ああいう跳ね上がらない知識人に対して、スターリン体制は緩やかだったと思います。象徴派の知識人たちは、厚遇されたとは言わないけれど、それなりに生き延びることができたと思います。

終末論とユートピアの希求が同時に存在した

亀山　象徴派の知識人たちはベールイもブロークも、一九〇〇年というのを世界の終末としてイメージしていたわけですよね。かたやアインシュタインの相対性理論がもうすぐ出ようという時代の流れのなかで、世界の終末という観念にあれだけ没頭できるという、真剣に信じることのできる精神性というのは、ロシアでなければありえないと思う。カンディンスキーの絵がよい例ですよ。彼の『インプロヴィゼーション』が世界の終末を描いているといっても、僕らには、正直ピンとこない。つまり、物質と精神が融解した世界が「世界の終末」なんだよと説明されて、初めて彼の抽象画の世界の意味が理解できるようになる。

沼野　ロシアの文学者や芸術家のなかでは、どこか終末論的というか、黙示録的な想像力が常に働いていて、それはロシア革命を生み出した歴史の流れともつながっていく。つまり芸術家のヴィジョンは、ロシア革命に内在していた宗教的パトスとも、深層で関わっていたと言うことができますね。文学の領域でも、そういった終末論的な想像力は、十九世紀から強固なものとしてあって、一種の伝統であったといってもいい。近代ロシア文学の祖、プーシキンの叙事詩『青銅の騎士』も、ゴーゴリの『死せる魂』も、ドストエフスキーの『白痴』にも、そして二十世紀初頭のシンボリスト、ベールイによる『ペテルブルグ』などにも感じられます。それらの作品で宗教的な終末論がはっきり展開されているわけではないけれども、そのいずれにも破局に対するアンビバレントな感情がある。つまり、恐ろしい破局が訪れて終末を迎えるのではないかという恐怖が一方にあり、他方では、そのような破局によって現実が全否定されることによって、生が更新され、理想的なユートピアができるのではないかという願望もある。破滅の恐怖とユートピアの希求というまったく反対のものが、渾然《こんぜん》一体となっている。これはロシア特有の感覚ですね。

亀山　そう、ベルジャーエフの言う「終わりの民」の真骨頂です。でも、プーシキン、ゴーゴリ、ドストエフスキーにしても、世界の終末の具体的なヴィジョン、つまり自分自身の生きている間にそれが起こるというリアルな感覚はなかったんじゃないかな、と思うんですよ。むろん、小説の登場人物たちは別です。『罪と罰』のマルメラードフとか、『白痴』のレーベジェフとか、ほとんど黙示録待望論者みたいなところがありますから。でも、ドストエフスキーはさすがにそうした登場人物とは一線を画していたと思います。ところが、アレクサンドル・ブロークやアンドレイ・ベールイになると、今現実に世界が終わりつつあるという、そういうリアルな体験として世界の終末を捉えているわけです。あのあたりは本当に唯我論的とでもいうしかない精神性が、一八九〇年代の終わりから一九〇〇年代頭までの十年の間に醸成されたことを意味しているのだと思います。その理由って何なのか。単に、ソロヴィヨフが一九〇〇年に発表した『三つの対話』（正式には、『戦争と進歩と全世界史の終焉をめぐる三つの対話』）の影響という説明だけでは捉えきれないような気がします。同じくソロヴィヨフの影響を受けたベールイが主張したアルゴナウタイ同盟なんか、もう、狂っているとしかいいようがない。観念と現実の境界が溶けています。日本で、ひと頃はやった「パフォーマンス」などというのとも、文字通り、次元が違います。それまでの歴史的な流れがあって、その時期に一気に盛り上がるものが、一九〇〇年のあの端境期《はざかいき》に普遍的なものとして生まれたとすると、それをもたらしたものって何なんでしょうか。

沼野　怪僧と言われるラスプーチンがペテルブルグに出てきて、皇帝一家の信頼を得て、暗躍し始めるのもちょうど一九〇〇年代ですね。ラスプーチンというのは、ドゥホーヴノスチ、つまりロシア的霊性の一つの典型、究極のあり方でしょう。彼を非難する人たちからすれば、ラスプーチンなんて国家を破滅にむかって転落させた――そして結局はロシア革命への道を開いてしまった――いかさま師で悪人でしょうけれども、彼を信じる人たちにとって、ラスプーチンは奇跡的な救済者だった。彼は一身に破滅と救済という両立しがたいものを表現していたんだと思います。

終末論は皇帝権力の揺らぎによって生まれた

亀山　とすると、終末論というのは、やっぱり皇帝権力の揺らぎというのが根本にあって生まれたものではないか、という仮説が成り立つわけです。アレクサンドル二世につづくアレクサンドル三世、そしてニコライ二世とつづく皇帝権力の神聖性みたいなものが根本から揺るぎ出すことで、初めて世界の終わりみたいなものがリアルに想像できるようになる。

沼野　そういえば、ロマノフ王朝三百周年記念の大舞踏会が一九一三年に行われていますよね。ソクーロフの映画『エルミタージュ幻想』はそれを意識して作られたものですが、あのものすごい大舞踏会は、ロシア帝国が破滅の縁に立っているとき催されたわけですよ。この舞踏会では実際に皆仮装して、昔の歴史的な人物の扮装をしたというんです。帝国が破滅しかかっているときに、最後の巨大な花火のように、ああいう絢爛《けんらん》豪華な舞踏会をやっている。これはさっきから話題に上っている、ロシアの両面価値性の現れだと思うんです。華やかさは破滅と表裏一体になっている。

亀山　終末論と日露戦争（一九〇四年二月から一九〇五年九月）の関係も問題ですね。一九〇五年という年は、まず一月にペテルブルグで起きた血の日曜日事件があった。ニコライ二世に直訴誓願する労働者の行進に軍が発砲するという事態が起き、それを発端に後に第一次ロシア革命（一九〇五年一月から一九〇七年六月）と呼ばれる反政府運動や暴動が全国に飛び火し、ゼネストや、エイゼンシュテインの映画で有名な「戦艦ポチョムキン」の反乱（六月）につながっていく。五月にバルチック艦隊が全滅し、九月にポーツマス条約で日露戦争に敗北し、皇帝崇拝が根本から揺らいで、ロシア社会は混沌のなかに陥り、そこから坂を転げ落ちるように崩壊のプロセスが始まるんだけれども、そこでもういわば文化全体が根本から変わってしまう。完全に主役が入れ替わるわけです。むろん、主役が入れ替わるといっても、ロシア象徴派の運動が一日にして終焉《しゅうえん》するわけではない。当然、サバイバルの模索と、新たなシンボル理念の再構築に進むわけですね。そこで出てくるのが、ヴャチェスラフ・イワーノフですね。彼が新たに持ちだしてきたのが、「詩人と俗衆の和解」というヴィジョンです。彼の考えでは、プーシキン以来、知識人と民衆は分断され、それぞれに別の道を歩んできた、今こそ、象徴、つまりシンボルを通して両者は一体となるべきだとか、いうわけです。それ自体かなり高尚な議論で、はたして民衆がそれについていけるのか、というとこれが大いに疑問なんですが、イワーノフは、この知識人と民衆をつなぐ環をディオニュソス的な陶酔の原理に見出すわけですね。ニーチェ学者ですから。正教に起源をもつソボールノスチがいわば横軸での一体化をめざしているとすれば、こちらは縦軸での一体化です。表現はうまくないのですが、少し極端な言い方をすれば、バフチンの言うカーニバル的世界観の先駆的なかたちがここにあった。とにかくそこで持ちだされたのが非キリスト教的な一体化の原理であったことは大きくて、実は、ここに芸術上の一大転換点が生まれてくるわけです。僕好みのタームでいうと、「ユーフォリア」から「熱狂」への転換ということになるのかもしれないですね。イワーノフと同じようなことはブロークなんかも言っていますね。徐々にキリスト教的なヴィジョンと距離を取って、イタリアのコンメディア・デラルテの世界を取り入れたり、異教世界や民衆文化へと積極的にアプローチしていく。そうした試みのなかで一詩人として確実な成熟を遂げていくわけだけれど、でも、一つのイズムとして影響力というか、その時代を司るドミナントとしての役割は終わって、次に未来主義の時代が来るという流れですね。フレーブニコフ、マヤコフスキーの時代です。でも、未来主義の運動というのは、イタリアから始まっていて、言ってみれば完全にヨーロッパ起源のものだし、ああいう徹底した言語破壊なり、幾何学を多用した絵画が本来的にはロシア的なものだとは思えない。「ドゥホーヴノスチ」の破壊という観点でみると、彼らもまた、それぞれ異なった方法で世界化というかグローバル化の道をめざしていたことは明らかです。

沼野　確かに未来主義というのは、名称自体が「フトゥリズム」で、未来を意味するラテン語起源の言葉から来ていますものね。

亀山　でも、ロシア未来派のなかでも、ナショナリスティックな傾向の強かった詩人たちは、英語のBe動詞にあたるロシア語の「ブイチ」を変化させた「ブージェトリャーンストヴォ」という新造語で対抗した。

沼野　フレーブニコフですね。

亀山　さっき、それぞれ異なった方法で、と言ったのは、その意味なんです。世界化という道にもいろいろあったということです。つまり、ヨーロッパ的な未来志向的なものがいわゆる西洋的なパラダイムのなかで志向されるのではなく、あくまでもロシアの土の上で花開かせたいという願いがたとえばフレーブニコフにはあって、そうなると、根っからのヨーロッパかぶれのマヤコフスキーなどは、同じ未来派内で対立せざるをえない。しかも、マヤコフスキーはマルキストの出自がありますから、別に彼らの文学がロシア固有の土壌に花開かなくてもいいと考えていたと思います。たとえば未来派のマニフェストで「プーシキン、ドストエフスキー、トルストイ、その他もろもろを現代という名の汽船から投げ捨てろ」とか言っちゃうわけですが、はたしてフレーブニコフがその言葉に本気で同意したかどうかは、やっぱり疑念は感じますね。そもそもフレーブニコフにおける「未来」というのは、詩の言語のもつ未来性といったところとかかわりがあって、それが「創造の故国は未来である」みたいな名言に繋がっているわけだけれど、この場合、創造というのは、一種の超意味言語、ザーウミのことですから。

沼野　つまり、未来主義はもともと西欧起源であって、ロシアの未来主義は西欧のものを後から取り入れたんだという面が歴史的にあるにしても、ロシアの未来主義は西欧の未来主義とは、最初から根本的に違うものを起源に含んでいた、ということになりますね。

亀山　ええ、おっしゃる通りです。

沼野　芸術史的にいえば、未来主義はマリネッティがイタリアで一九〇九年に宣言を出したのが始まりとされますが、マリネッティとロシアの未来主義者との関係については面白いエピソードがある。一九一四年に、マリネッティがロシアを訪問して、ロシアの未来派たちと会った。これはロマン・ヤコブソンという言語学者が書きとめている象徴的な話なんです。芸術家どうしだから、どうもあまり外国語が得意ではなく、言葉が思うように通じないことが多い。語学の天才ヤコブソンが通訳をしていたみたいなんですが、通訳を介した会話なんてみなだんだん面倒になってきた。そこでロシアの芸術家ラリオーノフが、ジェスチャーなら通じるだろうと思って、首筋を指で弾いたわけ。これはロシアでは「一杯やろう」という意味なんですよ。ところがもちろんマリネッティはわからないわけ。ジェスチャーというのは必ずしも普遍的ではなくて、国による固有のものがありますから、まあ当然なんですけれども。でも、ラリオーノフは、このイタリア人、こんなこともわからないのか、馬鹿じゃないかと、怒り出したというんですね。これはヤコブソンが身ぶり言語を扱った論文で紹介しているエピソードで、はっきりと書いてはいませんが、おそらく彼自身がその場に居合わせたんでしょう。この話が象徴的なのは、やっぱりロシアとイタリアの未来主義者どうしで話が通じなかったということなんです。イタリアの未来主義は、運動の感覚に優れたアーバニズム（都会主義）、都会の新しい文明みたいなもののなかで花開いたところがあります。ロシア未来派にもアーバニズムはあるけれども、やっぱり地面のほうに降りていって、土臭い感じになるでしょう。フレーブニコフは根源的なものに遡っていく。そこがすごく違いますね。

芸術の革命が政治の革命に先行した

沼野　とはいえロシア・アヴァンギャルドでも、古いものを否定するパトスは突出している。古臭いものを「現代という名の汽船から投げ捨てろ」というのは、ロシア未来主義の実質的な宣言「社会の趣味への平手打ち」にある言葉ですよね。そのアヴァンギャルド的なものと政治的な革命がある時期まで同じ方向を向いているうちは、皆幸せだったわけでしょう。それが一九一七年の革命へとなだれ込んでいきます。今言及したロシア未来派宣言が一九一二年。それは政治の世界でのロシア革命に先行していた。

亀山　マレーヴィチは「芸術の革命が政治の革命に先行する」ということを言っている、らしい。文字どおりに。ただ出典が明らかじゃないんだけれど。

沼野　でもそれは多くの人が言っていたんじゃないでしょうか。たとえばウラジーミル・タートリンも。ちなみに、僕も言ってますよ。（笑）

亀山　芸術においては、ものすごく革命的なことがすでに一九〇七、八年あたりから始められている。つまりロシア革命より十年早く革命が始まってるわけですね。フレーブニコフの場合、芸術の革命というのは、まさに詩的言語の誕生のことで、その意味で、彼に言わせると、もう、彼が詩を書きはじめた一九〇五年まで、つまり「ツシマ」での日本海海戦まで遡ってしまう。イタリア未来派のマリネッティが来たとき、彼ははっきりとそう宣言していますね。

沼野　亀山さんがロシア革命を最初は善なるものとして考えていたというのは、アヴァンギャルド芸術に心酔していた頃から始まっているわけですね。そのアヴァンギャルド芸術は政治の革命に先行していたわけで、亀山さんにとっても芸術が政治に先行していた。

亀山　なるほど、そういう言い方もできるかもしれません。つまり革命に対してそれを善とする見方がなければ、アヴァンギャルド芸術そのものが成り立たないわけです。だって、芸術の行為そのものが悪ということになってしまうので。アヴァンギャルドが志向したのは、最終的に現実のユートピアであって、ユートピア実践運動の前段階として個々の領域での芸術革命があった。

それを政治革命によって具体的に実現していきましょうという話につながっていたわけです。しかし現実に社会をつくろうとしても国土は内戦で荒廃しつくし、そのなかでアヴァンギャルドの掲げるユートピア的ヴィジョンばかりが上意下達的に伝えられていく。マヤコフスキーの「ロスタの窓」がそうですね。それはマレーヴィチにしたってそうだし、同時代、マレーヴィチがヴィテプスクで展開したウノーヴィスの運動だってそう。ウノーヴィスの連中は、芸術の国家、絵画の国家を夢見てスプレマティズムの絵画を一方的に生産していった。だからまさに夢見る革命というのかな、現実は荒廃して惨憺《さんたん》たる状況だけれども、ユートピアを夢見る権利だけはずっと一九一七年から、二一年に施行されたネップ（新経済政策）の導入まで、現実に続いていたということが言えると思う。

テロリズムは高貴な行為と見なされた

沼野　芸術のアヴァンギャルドたちが抱いていた世界観のなかでは、世界を芸術的な立場から全面的に更新していくという志向性が非常に強かった。政治の分野でも、革命によって旧体制を全面的に壊して新しいものをつくっていこうという志向性がすごい。つまり、生の全面的更新への限りない希求ですよね。それがある時点までは、一緒になっていたわけです。出発点にあったその希求が強烈であっただけに、芸術と政治の間にだんだんずれが出てくると、非常に悲劇的な事態になっていったと思うんです。政権をとった政治権力の側からの暴力が芸術に対してふるわれて、粛清につながっていく。

亀山　政治が芸術を切り捨てていったのと同じように。

沼野　ここで、暴力について一言補足しておきたいんですけれども、ロシア帝国が坂道を転げ落ちていき、世紀末的、終末論的な雰囲気が濃厚になり、結局は革命になだれ込んでいく――そういった流れのなかで、世紀末的な雰囲気をいやおうなしに高めたのは、革命家たちによるテロルでした。当時の状況をみると、一方では政治的に先鋭化していったインテリ、ナロードニキ運動に起源をもつ革命家たちの一部がテロルに走っていく。他方では、オカルティズムに親和性の高い、いわば霊的なものが社会にだんだん蔓延していく。宗教の面でいえば、旧教徒たちももちろんいたけれども、いわゆる「セクト」、つまり鞭身《べんしん》派、去勢派といった怪しげな異端派が様々あって、民衆の間に広がっていただけでなく、インテリや上流階級にまで影響を及ぼすようになっていた。ラスプーチンもこういった状況のなかから出てきたわけです。

つまり革命思想もあれば、オカルティズムもある。そういった思想的に入り乱れた状況のなかで、政府要人を狙ったテロルが次々に続きます。皇帝狙撃事件というのは、実は一八六〇年代から起きていて、亀山さんの『ドストエフスキー　父殺しの文学』のなかでは、カラコーゾフによる皇帝暗殺未遂事件を初めとして、ドストエフスキーの生きた時代の様々なテロ行為が描きだされている。十九世紀後半のロシアというのは、テロによって引き起こされたきな臭く物騒な雰囲気が蔓延していたんですね。ただ僕は絶対にテロリズムを肯定するわけではないけれども、革命以前の革命家たちによるテロリズムは非常にはっきりと標的を定めていて、限定された目的があった。テロリストの内面については、エスエル（社会革命党、一九〇一年結成）の武闘団のメンバーだった革命家サヴィンコフ（筆名ロープシン）も後に書いていますが、世の中に悲惨をもたらしている権力者を暗殺することは、ある意味では自己犠牲的な高貴な行為だったわけです。たとえばヴェーラ・ザスーリチをはじめ、自分では裕福な暮らしをしていた貴族出身の女性が、道徳的な義憤にかられて革命家になっていった。彼女はペテルブルグ特別市長官のトレーポフを狙撃したでしょう。そのときだって、逮捕されて裁判にかけられても、最初は無罪になっている。つまり高貴な動機による行為と見なされ、むしろ社会の同情を呼んだ。

亀山　暴力との関係でこの事件は非常に重要なものを示唆していると思いますね。

沼野　しかもヴェーラ・ザスーリチがトレーポフ狙撃に走ったのは、ええと……。

亀山　確か、アレクセイ・ボゴリューボフ。

沼野　監獄を視察したペテルブルグ特別市長官のトレーポフ将軍に脱帽を拒否したというので、報復として鞭打ちされた。

亀山　そうです。それを怒って囚人だけでなく、知識人たちが立ち上がった。確かに、トレーポフ狙撃事件は、すさまじく革命的な事件だったと思います。実際にトレーポフは重傷を負った。ところが、重傷を負わせたテロリストが、陪審裁判所では無罪となる。無罪判決が下った瞬間、裁判所内に歓喜の声がこだましたといいます。しかもロシア各地で勝利のデモが勃発した。ザスーリチは、結局、再逮捕を恐れて、スイスに亡命するわけですが、市民の裁きによってテロリズムが肯定されるという驚くべき事態が生じたわけです。これこそ、きわめてロシア的現象というか、これ自体すでに革命ですね。このトレーポフ事件のことを思い浮かべるたびに、『カラマーゾフの兄弟』の「誤審」のことが思い出されるのですよ。ドストエフスキーは書いている。「お百姓さんたちが意地を通した」って。このトレーポフ事件のパロディといってもよいほどです。ひょっとして二枚舌の可能性がありますね。

沼野　女性革命家として傑出していたのは、一八八一年の皇帝殺害のグループに入って活動していたペロフスカヤとフィグネルですね。ペロフスカヤは絞首刑になりますけれど、二人とも高潔な理想を持った女性で、自分たちの目的を達成するために無差別殺人なんてしないわけですよ。ペロフスカヤの裁判では、皮肉な運命のめぐりあわせで、彼女を糾弾する検察側に立ったのは幼馴染みの男だったらしいんですが、ペロフスカヤは罪状を突き付けられたとき、自分がそういった行為を行ったことはすべて認めるけれども、一点だけ、絶対に認められないことがあると言った。自分たちは決して卑劣なことはしていない、ということなんです。自分たちの革命家としての質素で誠実な生き方を知っている人にとってそれは明らかだ、という主張だけは譲ることなく、彼女は絞首刑になったわけです。それが昨今のテロ、ISなどもそうですが、目的のためには手段を択《えら》ばず、無差別に誰でも大量に殺してしまうといったやり方とは、まったく違うんです。

ただし、ロシア革命を境に暴力が変質していくことも確かです。それまでのテロが、権力をもたない側の道徳的抵抗の究極の手段としてあったとすれば、革命後はむしろ政権をとった側、権力者によって、権力を脅かす者をおさえこむ手段としての暴力、という具合に反転していった。そこが一つ大きな転換です。

テロリズムは十九世紀のロシアで生まれた

亀山　確かにそこは大きな論点です。まずテロリズムというのは十九世紀のロシアで生まれたと言っていいわけです。ドストエフスキーの生きて書いた時代はまさしくテロの時代ですし、ドストエフスキーが『カラマーゾフの兄弟』の第一部を完成させ、急死したその直後に皇帝暗殺が成功した、というのも象徴的です。これは何度か書いたことですが、ドストエフスキーの死によって革命家の一部が刺激され、皇帝暗殺につながった側面だって否定しきれません。
それに、ドストエフスキーが晩年、私はネチャーエフ党員の一人になっていたかもしれないみたいなことを言っているわけですが、あれはぎりぎりの真情告白ですね。『悪霊』であそこまでえげつなく批判してみせた相手ですよ。これも二枚舌です。それに、先ほどのヴェーラ・ザスーリチの事件を見ても、ドストエフスキーはむしろ共感してるんですよね。

沼野　ドストエフスキーは裁判を聴きに行ってますね。

亀山　ええ。だからあの時点で、テロ、皇帝の命を狙う、あるいは政府の上層部の人たちの命を狙うということについて、知識人の側にすでに嫌悪感がない、というか、必ずしもそれを絶対的な悪とは考えていないふしがみられるんです。むしろ悪と考えたのは一般民衆のほうであって、それはむろん一般民衆は皇帝に対しては絶対的な信仰をもっているからなんです。しかし一般民衆だって一枚岩ではない。デモが起こったあの時点での、民衆の本当の気持ちだってわからない。それに、当時の知識人の暴力に対する考え方では、僕らが考えるような一人一人の命の重さは同じであるみたいな、生命中心主義とでも言うか、安全や生命の維持を第一に置くものではなかったと思うんです。正義とはいったい何なのか、神の番人のもとでの平等、神という存在の前では皇帝といえども絶対的な善の体現者ではないという認識が完全に若い世代から育っていた。人間の命といえども正義の前には大したことはないんだという思いがあった。それは日本の若い知識人にだって、一九六〇年代や七〇年代くらいまではそういう思いがあったのだと思う。何といっても貧しかったから。安全とかセキュリティの考え方なんてまるでなくて、だからこそ六〇年安保も七〇年安保もありえたわけです。あの勢いを一九一七年の革命に照らし合わせてみると、現代の視点から命の重さの問題についてうんぬんする、あるいは「レーニンから疑え」などというのは、根本的に反革命なことなんです。

沼野　「一人の命が地球全体と同じくらい大事だ」とする現代のヒューマニズムの観点から見ると、とうてい理解できないということでしょうか。

亀山　そう思いますよ。

沼野　確かにドストエフスキーと皇帝の問題は大きくて、それは『カラマーゾフの兄弟』の書かれなかった第二部がどうなったのか、という問いに直結します。第二部では本当にあのアリョーシャが皇帝暗殺に関わったのか、というのは亀山さんの年来のテーマでもあって、『『カラマーゾフの兄弟』続編を空想する』という著書にも結実していますね。しかし、素朴に考えても、そもそも皇帝を殺すなんてことがいくら小説の上でさえ許されたのか、というのは大きな疑問ですね。だってさっきおっしゃっていた皇帝暗殺が実際に起こってしまったのは、『カラマーゾフの兄弟』第一部を完成させた三ヶ月後のことでしょう。だから予言的な書だったわけですが、当時のロシアではそれくらい思い描いても当たり前の雰囲気だったんでしょうか。

亀山　考えていたし、普通にあったんでしょうね、いつか殺されるという予感が。それくらい異常な空気に支配されていた時代だったと思います。

沼野　それを今の日本にそのまま置き換えたら大変危険なことですよ。深沢七郎問題になりますよ。日本ではそんな小説は書けないと思いますが、当時のロシアだってドストエフスキーが本当にそんなプロットの小説を書けたかというのは、どうですかね。

亀山　僕の仮説だと、ドストエフスキーが『続編』で空想した筋書きですと、皇帝暗殺は、むろん未遂に終わるということなんです。

沼野　そして亀山さんの説では、その企みの中心になるのは、アリョーシャでなくて、コーリャ・クラソートキンですね。アリョーシャは、むしろ革命家グループの背後にあって精神的なリーダーの役割を果たす。それはたぶん穏当な推理でしょうね。だけどちょっと不思議なのは、皇帝暗殺なんてこと自体が途方もない、うっかり口にしてもいけないような恐ろしい話でしょう。ドストエフスキー自身はこの点についてはっきりした言葉をどこにも残していないのに、ソ連のグロスマンのような権威ある研究者がそういう推測を公然と書いてしまう。

亀山　ソ連時代だからできたんですよ。でも彼は、完全に『カラマーゾフの兄弟』の序文の存在を忘れている。

沼野　ソ連時代の文学研究は、ドストエフスキーをなるべく革命思想に近づけて解釈することで彼の評価を高めようとした傾向が強かったですからね。ただ僕が先ほどから疑問を呈しているのは、皇帝暗殺を思い描くこと自体、絶対にありえない突拍子もないことではなく、当時のロシアだと、自然にそういう方向に向かうような、ありうる話だということだったんだろうか、ということです。

亀山　一八八〇年代にはありえたと思います。口に出しては言えないけれど、誰もが固唾《かたず》をのんで状況を見守っていた。

沼野　なにしろ、暗殺はすでに実際に起こっていたわけですからね。

亀山　それまでに六回、未遂事件があったわけです。いつかはという感じが生じていたからこそ、ドストエフスキーも第二部でこれを扱いたいとどこかでひそかに願っていたんじゃないですか。ただ、だからといって本当に書けると思ったかというと、そうじゃなかったかもしれないですね。

第一章　農奴解放からテロリズムの時代へ
――ドストエフスキーの父殺し

一八六六年　ドストエフスキー『罪と罰』を起点として

沼野　前回の話で出てきた、「文学がロシア革命を準備したのだ」という視点から、ロシア文学を新たな視点で見直してみたいと思います。ロシア革命に先行し準備した文学のパワー、潜在的な力は何であったのかという視点から、新しい光を当てられないかという話をしたいと思います。

ドストエフスキーの一八六六年の名作『罪と罰』を一つの起点として話を始めましょう。亀山さんは日本を代表するドストエフスキーの翻訳者であり研究者の一人であるわけですが、『罪と罰』という作品を、ロシア革命に至る歴史の流れのなかにどう位置づけられますか。

亀山　僕が『罪と罰』を読んだのは中学三年のときで、そのときの印象というのが、もうすさまじくて、主人公と完全に一体化してしまった。そう、主人公のラスコーリニコフの孤独、恐怖を彼と同じ空間で経験したという記憶があるのですね。その経験を、今の言葉で解説すると、きわめて強烈な観念癖をもった男の内面の破綻のドラマということになるのですが、六十代に入り、翻訳者としてこのテキストを読み進めていくにつれ、別の角度からの、何と言うのでしょうか、歴史の光とでもいうべきものが差しこんでくるのを感じましたね。ドストエフスキーは何かを隠している、と随所に感じて、その何かを突きとめようとするなかで出会った本が、ボリス・チホミーロフという研究者の書いた『罪と罰』の注釈本です。『ラザロよ、出でよ』でしたか、結構分厚い本ですが、これを丹念に読むうち、僕の頭のなかにある歴史的な事件が浮上してきたんです。この、ある事件というのがすなわち、ドストエフスキーが小説を執筆している最中、一八六六年四月四日にペテルブルグに起きた皇帝アレクサンドル二世の暗殺未遂事件です。この事実を抜きにして『罪と罰』の何たるかについて語ることはできないと思いました。

沼野　皇帝暗殺テロとしてはそれが、最初でしたね。

亀山　ええ。皇帝暗殺未遂はこのあとも続くわけですが、これが最初のテロで、犯行は、ドミートリー・カラコーゾフという二十五歳の青年ですね。ロシア・テロリズムの端緒ともいうべき事件です。

沼野　ちなみにカラコーゾフの名前はカラマーゾフとも繋がるという説もないわけではない。

亀山　いや、大いにあります。なにしろファーストネームは、カラマーゾフ三兄弟の長男と同じドミートリーですから。

沼野　カラコーゾフやカラマーゾフの「カラ」の語源は、チュルク系言語で「黒」を意味する単語だと言われていますね。

亀山　おっしゃる通り、カラマーゾフの「カラ」は黒で、マーゾフのほうは「マザーチ（塗る）」という意味ですよね。カラマーゾフというのは、天才的命名だったと今にしてつよく思います。ものすごく多義的で、「黒く塗る」がどういう連想を引き起こすか、読者にとっては悩ましいところですが、「黒く塗られたもの」という受動形として理解することも不可能ではありません。中世の道化は、顔を黒く塗っていたという事実があるわけですから。実際にカラコーゾフの事件をドストエフスキーは注意深く追っていて、最終的に『カラマーゾフの兄弟』を書くときもカラコーゾフの運命を意識しながら書いていたことが明らかです。『罪と罰』という小説では一人の青年が二人の女性を殺し、そのなかでほとんど死者への悼みや悔恨を感じることなく流刑地に行って、流刑地で最後に、一人の女性による癒しを得て、精神的な蘇りを経験する。それはキリスト教的なドラマとして、一人の人間の再生のドラマとして読まれてきたし、それがおそらくもっとも順当な読み方なのだろうけれども、でも実際にはラスコーリニコフが随所で発するセリフのなかに当時のフランスのアナキストたちの言動が、検閲者にはわからないかたちで引用されているわけです。そのことを考えると、そうとうにこの小説自体は危険な小説であることがわかるわけです。しかしそれが巧みに覆い隠されて、キリスト教的な救済のドラマとして読める物語に変わっていた。しかしそこにはやっぱりドストエフスキーの真意、あるいは彼が一八六〇年代のあの時代に小説を書くということの困難さが浮かび上がってきます。

個人的殺人のむこうに、革命が透けて見える

沼野　今の亀山さんのお話を聞いていても、『罪と罰』は個人の問題ではあるんだけれども、背後にもっと大きな社会的な問題がある。つまり、一人の人間が一人の人間を個人的動機で殺したという次元の殺人のむこうに、結局革命に至る巨大な歴史のうねりが背景として透けて見えてくる、という気がします。ここにすでにテロルに繋がる問題が先取りされているんじゃないでしょうか。テロリズムというのは現代では、無差別大量殺人、政治的目的のために無差別に人を殺すということになってしまった。しかしその根源がすでにここにあるのかもしれない。

どういうことかというと、ラスコーリニコフも金貸しの老婆を、これは虫けらである、人類のためにはこういう人は殺していいんだ、その金を奪うべきである、そう思って殺す。まあ、このこと自体は革命に繋がる思想的な犯行といってもいい。ただ、一人を狙って一人を殺すだけならテロはそこに限定されますが、そのときラスコーリニコフは金貸しの腹違いの妹のリザヴェータという女性も殺さなければならなくなった。これは想定外のことです。しかし、革命的な暴力も、同様に、常に本来の目的を逸脱してとめどなく広がっていく危険がある。一人が二人になってというのは、たまたま一人増えたのではなく、無限増殖する可能性をそこにすでに含んでいるわけ

です。そういう意味で、ドストエフスキーの小説には、テロルが無限に広がる危険を予見させる面があったんじゃないかと思うんです。

亀山　おっしゃる通りです。

沼野　それは暴力の本質に関わる、予言的なものだったという気がしますね。

亀山　しかも、ラスコーリニコフは、このあたりの自分自身の考えについてきわめて曖昧《あいまい》な態度をとっている。問題なのは、予審判事のポルフィーリーです。なぜ、彼は、あそこまでしてラスコーリニコフをかばおうとしているのか。自分のことを「終わった人間だ」とか言って、妙に達観しているところがあるのですが、彼はまだ三十代半ばですよ。しかもポルフィーリー自身に一種の政治的な過去があることが暗示されている。つまり、かたや予審判事、かたや殺人犯という対極的な位置にありながら、実はどうも共犯者的な何かが感じられるのですね。想像されるのは、一八六一年にペテルブルグ大学で起こった学生運動です。ポルフィーリーはたぶんそれに何らかの形で関わっていたんじゃないでしょうか。ですから、若いラスコーリニコフの将来を案じる親心といったようなものではなく、より根源的なシンパシーが感じとれるのです。でなければ、二人の女性を殺した殺人犯に向かって、「太陽におなりなさい」などとは口が裂けても言えないはずです。つまり、ポルフィーリーのラスコーリニコフへの共感というのは、実は、革命家たちに対するドストエフスキー自身の一種の隠された共感である可能性が強いわけです。

ところがその一方、『罪と罰』の草稿では、これとはまるで別の方向性が書きこまれていた。実は、草稿の段階ですと、ラスコーリニコフが殺すのは、二人の女性だけでなく、さらにもう一人道連れがいるのです。つまり本来標的でなかったリザヴェータが殺され、しかも彼女は、五ヶ月の男の子を身籠もっていたというディテールです。

沼野　そうすると、表に出てくる二人だけでなく、本質的にこれは三人目まで巻き込んだテロルとして想定されていたということですね。

亀山　ええ、しかも胎児というところがミソですね。先ほど無限増殖していくとおっしゃったけれど、まさにそういう構図があることは、意外とこれまでの『罪と罰』読解では見過ごされてきた。この小説が、テロリズムを意識した物語であることは漠然と感じていながらも、ドストエフスキーがきわめて具体的にそういう構図を意識して書いていたとまでは考えられてこなかった。

沼野　こういう小説を読んだ場合、読者に対してどういうインパクトがあるかということについて、前章でも名前を挙げたシニャフスキーという作家が面白いことを言っています。彼によれば、文学の効用というのは予測しがたい。『罪と罰』を読んだ者は、革命家になって皇帝暗殺に加わるかもしれない。逆に、敬虔な宗教者になるかもしれない。それは何とも言えないけれども、しかしいずれにせよ、優れた文学にはそれだけの力がある――と言うんですね。

シニャフスキーの指摘で改めて思い出させられるのは、この小説にはテロルや革命運動に繋がる面がある一方で、深く宗教的な面もあるということです。つまり革命と宗教の両方の契機をはらんだ小説ということになる。

「ラザロの復活」におけるドストエフスキーの二重性

沼野　ここで私が亀山さんに聞きたいのは、ラスコーリニコフがソーニャに頼んで聖書の「ラザロの復活」を読んでもらう場面についてです。殺人をおかしたラスコーリニコフがソーニャの部屋にやってきて、まだ殺人を告白する前ですが、彼女に「ラザロの復活」を読んでくれと頼む。そこでソーニャが蠟燭《ろうそく》の暗い光のもとで朗読してあげる。そういう印象的なシーンで、作品のだいたい真ん中に出てくるもので、小説の構造上も、ここで根本的な転換が起こると主張する人がいる。そのくらい重要な箇所です。ところがこれをナボコフという作家が、最低だとこきおろしています。ナボコフはかなり強烈に偏った文学の趣味を持った人で、トルストイを大絶賛するかわりにドストエフスキーのことを常々二流のメロドラマ作家だなどと言っていました。だから、彼の評価が客観的にバランスのとれたものであるという保証はないんですが、ドストエフスキーというと日本では大作家という前提で考えるので、すべてが無条件に素晴らしいなんてことになりかねない。だからナボコフのような厳しい批判は、われわれがうっかり見落としがちなことを思い出させてくれるという効果はあるでしょう。

で、ナボコフがなぜこれを最低だと考えるかというと、殺人者と売春婦が一緒になって聖なる書物を読んでいる。こんな三つの組み合わせは通俗なメロドラマそのものであって、馬鹿げている、と言うわけ。確かに言われてみればこの組み合わせはすごい。ただ、卑俗な街の底辺の売春婦から、急に聖なる書物に飛ぶ、そして、通俗なメロドラマから、いきなり生と死の大問題、形而上学的なテーマに飛ぶというのはまさにドストエフスキーの真骨頂であって、この精神の飛躍を受け入れられるかどうかが、ドストエフスキーを好きになるかどうかの分かれ目だとも思うんです。一応ナボコフの意見を踏まえたうえで、亀山さんはこの箇所をどう読み、作品全体の思想にどう関わってくると思いますか。

亀山　これはひょっとすると『罪と罰』を考えるうえでもっとも重要なポイントの一つかもしれませんね。前に加賀乙彦さんと対談したときも、ここがクライマックスで、ここがわからなければだめだ、みたいなことをおっしゃっていました。

沼野　加賀先生はキリスト教者だから、当然そう考えるでしょう。

亀山　ええ、キリスト教者にとって「ラザロの復活」に二重写しにされたラスコーリニコフ復活のモチーフがものすごく重要なのは自明ですし、ナボコフは全然クリスチャンじゃないのかもしれません。もし彼がクリスチャンならその意味はわかるだろう、と。

ただ、僕自身は、まったく別の見方をしていて、あれこそドストエフスキーの二重性がもっともよくあらわれた場面ではないかと疑っているんですよ。一方で、あれは、キリスト教的な文脈における真の人間としての蘇りの暗示として読める、端的には、逆にラスコーリニコフの運命に対するドストエフスキーなりの配慮とでもいえるでしょうね。ところが、これには、かなり複雑な裏事情があるんです。『罪と罰』で、ラスコーリニコフにラザロを重ねて「ラザロの復活」を描いていたとき、当時ドストエフスキーと編集者との間でかなり厳しいやりとりがあったことが知られています。ドストエフスキーは第四部を出版社に手渡したとき、福音書のなかの「ラザロの復活」のエピソードを、それこそべたで、つまり最初から最後まで引用したのです。ところが、編集者検閲によって半分くらいまで削られてしまった。理由は明確ではないのですが、研究者の一人はこんな推測を立てています。「ラザロの復活」のエピソードで削られたのは、前半の部分です。つまり、死にかけているラザロを、キリストがいったん見捨てる場面。少し乾いた言い方をすると、ラザロはいずれ神の力で復活するのだから、別に今ここで救わなくてもいいのだ、ということで、キリストは瀕死のラザロを放置してしまう。つまり神の栄光と人間の死を秤にかけ、前者の優位を絶対化する。これは本来、ドストエフスキーが理想化するキリストのイメージからは程遠い。だって、シベリア時代に彼はフォンヴィージナ夫人宛の手紙で言っているのです。「真理がキリストの外にあったとしても、私は真理とともにあるより、むしろキリストとともにあることを願う」とまでね。つまり、彼は、そういう、神の言いなりになってというか、神の意思を慮ってラザロを放置するキリストの態度そのものを問題視したかったのじゃないかと思うんですよ。つまりラザロは確かに復活するけれども、いったんキリストに見捨てられた存在ではないか、と。つまり、この「ラザロの復活」のエピソードのなかに「黙過」というテーマが隠されているということを、ドストエフスキーは暗に主張したかったんじゃないか。やっぱりキリスト教は、神によってキリスト自身が黙過されて、キリストもまたラザロを黙過し、その後にラザロの復活があった。そういう黙過する側に対するある種の批判ですよ。キリストに対する批判、神に対する批判……。ドストエフスキーの宗教、神、キリストに対するある種の根本的な不信がそこにせり出している。つまり物語として見ると、表面的に見ればキリスト教の救済というモチーフが出されているのに、テキストでは逆にキリスト教に対する不信が仕掛けられている。そういう二重構造になっていると僕は解釈しましたね。ですから、あの場面をありえない、と言うナボコフの見方は、ことによると、真実を突いているのかもしれない。それともう一つ高次のレベルで読むと、ドストエフスキーはドストエフスキーなりの信仰者としての信念を、そこから加賀さんのようなキリスト教者が読みとるような層と、さらにナボコフが読みとるような層の三つを同時に仕掛けていたんじゃないかなと思うんですね。そのことを考えると、ラスコーリニコフの老婆殺害に皇帝暗殺の影といいましょうか、いわゆるテロルのモチーフが重なる二重構造を、「ラザロの復活」の部分ももっているんだろうなと思うわけです。つまり、瀆神《とくしん》と信仰という二重構造です。それ自体恐ろしいことですが、なぜか検閲を通過している。

神に対する「不信」と「反逆」

沼野　作家と信仰の問題についていえば、ドストエフスキーを批判する当のナボコフには信仰があったかどうかは、ちょっとうかがい知ることが難しいんです。ひょっとしたら無神論か、不可知論に近かったかもしれない。

亀山　そんな感じですね。

沼野　面白いことに、チェーホフという人も宗教に対する態度がよくわからないですね。作品や手紙のあちこちから、かなり無神論に近い、冷静な見方をしていたということはひしひしと感じられる。神秘的、超越的、つまり超自然的なものを信じない人でしたからね。

もう一つ、「黙過」ということも亀山さんのドストエフスキー論の重要なポイントですね。言うべきことを黙ってやり過ごすことによって、後でそれがどういう結果をもたらすかということがむしろ大きな問題になる。もう一つのキーワードが「使嗾《しそう》」、つまり人を「そそのかし」て何かをやらせることですね。使嗾のほうも、ドストエフスキーの小説では、いろんなところで大きな役割を果たしています。特に「カラマーゾフの兄弟」のイワンがそうでしょう。『悪霊』におけるピョートルやスタヴローギンの人間関係にも多分にそういう面がある。で、この黙過と使嗾には共通点があって、それは表面的には直接的な作用をいったん回避するかたちで、より深いところで何か事が起こるということです。

そこでやや牽強付会《けんきょうふかい》になるかもしれませんが、言うべきことがあっても言わない、自分でやるべきことを、そそのかして人にやらせる――この二重性というか、本来あるべきことと現実の二律背反という構造は、どうも信仰の問題にも見られるんじゃないか、と僕は思うんです。というのは、イワン・カラマーゾフの――ひょっとしたらドストエフスキー本人の問題でもあったかもしれませんが――信仰に対する態度というのは、最初から神などいないと否定しているわけではなくて、神を信じたい、でも信じることができないという背反の状態だからです。神を求める気持ちが強いだけに、逆に神に対するある種の「不信」、場合によってはあからさまな「反逆」という形をとってしまう。先ほど言及した『カラマーゾフの兄弟』の一章が「反逆」となっているのは、まさにそれゆえなんです。ここで注意すべきなのは、宗教的パトスが一方では神の探求に向かう。ドストエフスキーでもトルストイでも彼らは一生自分なりに探求し続けたんですよね。ところがその一方で、神を求めれば求めるほど、不信や反逆が強烈に出てくるという面もある。「カラマーゾフの兄弟」のイワンは無神論者と言っていいと思いますが、それでも西欧的な、神そのものを否定するような無神論者とは違う。

亀山　ええ、違いますね。イワンは子どもたちがこんな悲惨な目に遭っているのに、この世はこれでいいのか、とアリョーシャに問いかけますが、その際、神が存在することは認めてもよい、とも言う。けれども、神が造ったというこの世界がこうなっていることは受け入れられない。つまり、神よ、お前はなぜ世界をこういうひどい状態に放置しているのか、と。だからこれは、神に対する反逆なんですね。革命家は基本的に信仰を否定するはずですが、それでも革命を起こそうという反逆精神には、イワン的な意味での反逆というものが含まれている。今の世界がこんなにもひどいということに対する憤慨があり、それが反逆に繋がっていくわけですから。神を求める宗教的パトスが革命のパトスにも通底している。

沼野　特に民衆レベルでは強烈にあった。ロシア革命になだれ込んでいく歴史のうねりの基底には、神が造ったはずのこの世界の現状に対する憤慨から反逆へと至る情動の動きがあったと思うんですよ。それが萌芽的なかたちでドストエフスキーの『罪と罰』にすでに提示されているという感じがしますね。

亀山　『罪と罰』以前の文学で、たとえ二枚舌というほどのものではないにしても、そこまでダイレクトに革命を予感させる文学ってあったんですかね、十九世紀に。

沼野　皇帝の専制を批判するような文学者はもちろんありましたね。十九世紀の初頭から、プーシキンやレールモントフによって切り開かれた「反逆者」の系譜はあった。そもそも詩人は自由を求める人たちですから、表現の自由を奪うような国家権力とは相いれないところがある。ロシア文学史のなかで政治権力べったりになって皇帝にすりよるような人は、そもそもインテリとして尊敬されなかった。たとえばプーシキンの時代、一八二五年にはデカブリストの乱が起こりましたね。これはナポレオン戦争後にフランスを見て、西欧の先進的な思想に触れた青年将校たちが、現状に対して反逆したものです。彼らは西欧の進んだ政治の形を知って、ロシアももう少し民主的な立憲君主制の国にしたいと考えて戦うわけですが、彼らにはドストエフスキーがもっていたような複雑な二重性はあまりなかった。それから百年近く経って、ロシア革命のときも、最初の二月革命のときも、同様に比較的わかりやすい目標がとりあえず立てられたと思うんです。皇帝はそのまま残して、立憲君主制でもいいから、ともかくもうちょっと西欧的なきちんとした国にしましょうというリベラル志向が出てきたのが、二月革命だったといってもいい。最近出版された池田嘉郎さんの『ロシア革命』（岩波新書）という本は、タイトルは「ロシア革命」ですが、実際には基本的に二月革命とその後の、十月革命によって二月革命が葬り去られる過程しか書いていない。そこからも明らかなのは、簡単に言ってしまえば、二月革命の際に出てきたのは、もう少し民主的な、西欧的な近代国家にロシアをつくり変えていこうというリベラル志向だったということです。その発想自体は、二重性のない、わかりやすい合理的なものでした。しかし、そういう合理的な志向ではロシアは結局統御できなかった。それがすぐに潰されて、国民の深い奥底の欲望を吸い取るような形で、レーニンに指導される十月革命が起こる。この過程で何が潰されたのか、もう一度考えないといけないと思います。

亀山　革命の話になっちゃうけれど、レーニンにとって予想外のアンコントローラブルな状況がどんどん生まれてきてしまったということがあるわけですね。

沼野　レーニンの率いるボリシェヴィキのリーダーたちは、職業的革命家であって、本来一握りのエリート指導集団ですね。二月革命が一種の起爆剤になって、深いところにマグマのようにたまっていた大衆的な不条理な熱いパトスが呼び覚まされた結果、エリートの指導集団を構成する革命家たちにも簡単には収拾することのできないものが一時的に解き放たれてしまった、ということでしょうか。

亀山　それはありますね。

沼野　ドストエフスキーはそういう奥底に潜む欲望とか、澱《よど》みのなかの複雑な感情の渦とかがよくわかっていた作家ですね。彼が把握していたことは、合理的に考えて、西欧のほうがいい、ロシアは遅れているとか、そういう議論では片付かないんです。

一八四九年　ドストエフスキーの空想的社会主義と死刑宣告

沼野　ドストエフスキーについてもう少し話を続けると、彼はいきなり『罪と罰』を書く境地に達したわけではなく、その前に大変な経験を踏まえているわけですね。

亀山　若い頃、ペトラシェフスキーの会というユートピア社会主義者のサークルに入っていた。

沼野　今風に簡単に言えば、若い頃に左翼だった。

亀山　そうですね。一八四九年に逮捕され、死刑判決を受け、銃殺寸前にニコライ一世から特赦を与えられて五四年までシベリアで服役し、のちに六〇年に『死の家の記録』を書く。監獄に入れられて、囚人たちの姿も見て、民衆の姿を初めてそこで知った。その後、刑期終了後軍隊勤務を経て、やっとペテルブルグに戻ってくるのが、五九年。

沼野　逮捕されてから復帰するまでに、十年の時間があった。その間に劇的な思想的転換を遂げ、そういった準備期間を経て『罪と罰』を生み出した。その過程を振り返ってどうでしょう、一種の保守派に転向したとはいっても、ドストエフスキーは若い頃はある意味では革命家に近い人だったわけでしょう。

亀山　その通りですね、空想的社会主義サークルですからね。

沼野　左翼と言っても、あの頃はマルクス主義はまださほど普及していない段階ですね。マルクス＝エンゲルス『共産党宣言』は一八四八年ですから。ペトラシェフスキーの会でロシアの若者たちが勉強していたのは、主にフランスの社会主義。

亀山　フーリエ、サン・シモンですね。他にカベー、コンシデラン。

沼野　その後、エンゲルスが空想的社会主義と言って批判するような人たちだったわけです。しかもドストエフスキーに関して言えば、実践的な革命家ではなくて、いろいろな文献を読んで、若き日に夢を抱いて議論をしていたということだと思います。ドストエフスキーが逮捕された直接の理由は、ベリンスキーの「ゴーゴリへの手紙」を集まりで読んだということでしょう。ベリンスキーは、ドストエフスキーの処女作を読んで感動して激賞し、彼を文壇デビューさせた恩人で、当時非常に大きな力のあった批評家ですね。彼自身も民主的知識人の系譜のなかの最初に位置する批判精神の強い批評家でしたが、もちろん職業的革命家というような存在ではない、知識人です。そのベリンスキーは最初ゴーゴリを高く評価していたのですが、ゴーゴリがおかしくなってきて、教会や農奴制を擁護する反動的な思想に凝り固まってきたものだから、彼を厳しく批判した。それは優れた才能を持つ作家に対する情熱的な同志的批判でしたが、内容は激烈な体制批判を含むものでした。

亀山　教会の否定とかね。

沼野　そういう文章だったので、当然当時は発禁になって、活字にできなかった。原稿の写しが今でいえば「地下出版」みたいなものですが、流通していたようです。なにしろこの文章がロシアで初めて活字になるのは半世紀以上も後の、一九〇五年のことですからね。それをドストエフスキーはサークルの集会で読み上げた。ただこれは批判的精神の鋭い評論ですけど、決して革命を扇動する政治文書ではなく、やはり文芸評論でしょう。だからドストエフスキーが「革命家」

として逮捕されたといっても、罪状はむしろ文学的なものでした。ただ、ベリンスキーは、十九世紀ロシアの批評の流れのなかではチェルヌイシェフスキー、ドブロリューボフ、ピーサレフといった急進的批評家の流れの原点に来る人ですから、非常に長い目で見れば、はるか後のロシア革命を準備した思想家であるとは言えますね。

亀山　ただ、ペトラシェフスキーの会時代のドストエフスキーは、革命家とは言っても、けっこう同時に臆病ですよね。というか、根本的に原罪意識を抱えている人間だった。だから、彼の革命的な気質の内にもかなりの屈折があったのだと思います。ただ、確実に言えることは、『罪と罰』を書くあたりから、農奴解放後、いわゆる六〇年代にナロードニキ運動が徐々に盛りあがりを見せ政治的な色分けがはっきりするなかで、ドストエフスキーは否が応でもジレンマに立たされていたということです。ニコライ一世の圧政の下で何も言えないような状況が続くなら、それはドストエフスキーとしても革命への隠されたシンパシーを表に出さずにすむので精神的には楽です。しかし、革命運動が勢いづいてきて、自分なりに何がしかの意思表明を求められてくるとなるとこれは苦しい。脛《すね》に傷もつ身ですから、ロシア国内で作家として生きていくためにはどうしたって国家のイデオロギーにはそれなりに乗っかって書いていかなければならない。けれども、本音の部分では罪の意識があったと思うんですね。一つには、やはり偉大な父としての皇帝を裏切り、同時にまた、革命家たちをも裏切っているという二重の罪意識。そこで土壌主義のような世界観が出てくる。土壌主義というのも、ある意味で二枚舌の産物です。ナロードニキの部分とスラヴ派の部分と両方もちながら生きていく。キリスト教的な原理によるロシア民衆の救済みたいな考え方にどこかシンパシーを感じつつも、それは無理だよねという思いがあったと思う。では革命で救えるのかというと、それも無理だよねというのがあったはずなんです。肝心なのはミハイロフスキーが言っている例の「悔悟せる貴族」というか、ものすごい民衆に対する罪の意識をもっていたことです。

沼野　ともあれ、ペトラシェフスキーの会時代の彼は、若いだけあって、それなりに社会変革のヴィジョンをもつことができていたけれど、死刑判決を受けた以上は、どうしても変わらなければ生きていけないという思いがあった。

亀山　ええ、だけど、これが眉唾なんです。転向は、ある意味で、自分がロシアで作家として生きていくためには絶対に不可欠だったからともいえるんですね。でも自分が若い頃にもった変革の理想、フーリエ主義の理想は消えないわけで、そのフーリエ主義よりもナロードニキたちのほうが過激かというと必ずしもそうではない。むしろドストエフスキーはフーリエ主義のほうが過激だと思っているところがあった。いずれにしても西欧派と呼ばれる人たち、あるいはニヒリストと言われている非常にラディカルな人たちに対してある種申し訳ないという思いを抱きながら、その彼自身の内面の複雑さを二枚舌という、見えないかたちで表現していくということがあったと思う。実際その当時、特に晩年、ドストエフスキーがメシチェルスキーとかポベダノースツェフとか、極右派のイデオローグに接近していくなかで、他方において、文学のわかる彼らはドストエフスキーの文学性の高さとその影響力の大きさをわかっていたから取り込もうとする。一方で、もしもこいつが本気で自分たちに敵対するようになったらとんでもないことになるという危機感は皇帝シンパのイデオローグにもあった。最後までドストエフスキーは疑いの目で見られていて、彼の死の直前まで皇帝アレクサンドル二世はドストエフスキーを疑っていたくらいなんですよね。最後の一年はイーゴリ・ヴォルギンが書いているけれども、ひょっとして皇帝権力が倒れちゃったら自分はどうなるのだろうかという、皇帝シンパとして革命派からやられてしまうのじゃないかという恐怖もあったから、もしも革命が成就したとき、自分が標的にならないよう、ある種ニヒリストたちに対する追従、おべっかとは言わないまでも、流し目はくれて、何とか自分の身を保全しようという思いはあったのではないでしょうか。ヴォルギンによると、ドストエフスキーと同じ建物の隣室に、「人民の意志」派のアジトがあった、というぞっとするような話、あれはミステリーです。

沼野　でも、事実なんですね。

一八八一年　ドストエフスキーの死の謎

沼野　おっしゃる通り、イーゴリ・ヴォルギンというドストエフスキー研究者の『ドストエフスキー最後の一年』という興味深い本では、作家と皇帝との関係が詳しく描かれています。権力と作家の関係を論ずる際に亀山さんが使う「二枚舌」というのは、独特のキーワードで、これについては異論もあって、いくらでも議論ができますが、それはさておき、ドストエフスキーの最期に即して少しコメントすると、この辺のことについては、ラジンスキーという歴史ドキュメンタリー作家が、文学的想像力を駆使して興味深い仮説を展開しています。ドストエフスキーは『カラマーゾフの兄弟』を書き上げて間もないころ、あっけなく亡くなってしまった――確か心臓発作でしたか。

亀山　肺動脈が破れたとされていますね。

沼野　ドストエフスキーはあの頃『カラマーゾフの兄弟』の第二部も書くつもりでいたのに、実際は一行も書かないで亡くなった。しかし、亡くなり方があまりに突然だったので、何かあったのではないか、と想像を逞しくしたくなるところです。で、ラジンスキーが『アレクサンドル二世暗殺――ドストエフスキーの死の謎』で小説仕立てにして書いているように、ドストエフスキーの住居の隣にあった「人民の意志」派のアジトに警察の捜索が入ったんですね。ドストエフスキーはひょっとしたら自分にも累が及ぶんじゃないかとパニック状態に陥って、それが発作の引き金になったのではないか、と。これがラジンスキーの説です。僕は本当かどうか疑わしいとは思うんですが、象徴的なのはさっき亀山さんがおっしゃったように同じ建物のなかに、左翼の革命家と当時は皇帝寄りのいわば右翼の小説家であるドストエフスキーが同居していたということですね。

亀山　実際ドストエフスキーの最期はミステリーで、彼が「人民の意志」派にシンパシーを抱いていた可能性があるということをヴォルギンは言うわけですが、それを裏づける証拠として、アンナ夫人の『回想』があるわけです。実は、最後の数日間のドストエフスキーの行動についてアンナ夫人は、『回想』の内容を何度も書き換えているらしいのですよ。奥さんとしてはむろん夫が革命家の側についていたかのような形にしてはならないと思っているので、あえて事実を曖昧にしている部分があると思うんですが、確かにかなり危うい点がある。沼野さんが今おっしゃったように、そこはラジンスキーとしても目を付けざるをえない。非常に複雑なエンディングであることはまちがいありません。これは、ロシア革命の話とは直接に関わる話ではありませんが、示唆的ですよね。だって、ヴェーラ・ザスーリチの裁判を見れば、誰だって、ひょっとすると本当に革命が起こるかもしれないって予感するはずですから。

で、さっきのラスコーリニコフの話に戻ると、ポルフィーリーの「太陽におなりなさい」という言葉は、彼の将来へのポジティブな期待ですね。はたして一般読者としてそれが許容できるのか、どうか、大いに問題視したいところでもあるんですが、次に期待されているものが何かということです。まさか、皇帝暗殺ということではないはずですが、ポルフィーリーが、彼を口説き落とすために口八丁を弄したとも思えない。

沼野　そうですね。ラスコーリニコフは、結局自首して、裁判にかけられて、シベリア送りになるので、中心にあって皆を照らす太陽には実際にはなれなかったわけですが。改めて少し大胆に私なりに定式化すれば、ラスコーリニコフという存在は、行動ではなく、まず何よりも言葉です。殺人も、超人思想も、実際の行為として考えるよりは、言葉によるメッセージとして読者は受け止めたほうがいい。ただし、ロシアでは言葉そのものが革命的行為になってしまう。だから中心においてある決定的な言葉を発した人が、その言葉ゆえにそこから追い出されて辺境に追いやられる。流刑ですよね。これがロシア史を通じて構造的なパターンになっている。先ほど言及した一八二五年のデカブリストの乱、このときは首謀者級の五人は死刑になったんですけど、死刑にまでならなかった百人以上の人たちがシベリア送りになった。皆貴族ですから、シベリア送りといっても実際にはそんなに悲惨な生活ではなかったようですが、それでも当時のシベリアは世界の果てみたいなところで、ペテルブルグから見ればほとんど別世界です。十九世紀も末の一八九〇年になると、シベリアよりもさらに東のサハリンが流刑者の島になっていて、チェーホフはわざわざそこを見に行くわけです。その時も、サハリンに行くだけでも三ヶ月もかかる決死の大旅行だった。流刑というものを私なりに「言葉」の問題として考えると、中央における言葉は非常に大きな影響力を持つがゆえに、それが中央から排斥されて……。

亀山　声が聞こえないようにするためにね。

沼野　そういう構造がロシア史を通じてありますよね。これは言葉の問題でもあるんです。

亀山　そうだと思います。

沼野　八一年に皇帝暗殺事件が起き、しかも成功してしまったと。この事件はドストエフスキーの死の直後で、亀山さんも言われたように、ドストエフスキーの葬儀に集まった民衆のパトスがこのテロを後押ししたという見方もできます。ドストエフスキーが死んだのは同じ年の一月でしたね。皇帝を暗殺した「人民の意志」派のメンバーにはペロフスカヤとフィグネルという女性革命家も入っている。ソフィア・ペロフスカヤは当時まだ二十代の貴族の女性ですが、有罪判決が出たかと思ったら、あっという間に処刑されてしまった。体制側としては一刻も早く処刑したかったんでしょうね。ソフィアの言葉が響き始めたら、ロシアの世論にどんな影響を与えたか、計り知れないものがありますからね。ただ当時の革命家グループのなかには、テロ路線から撤退したグループもありますね。ナロードニキが分裂して「人民の意志」と「土地と自由」に分かれたんですが、「土地と自由」のほうはテロはやめようということになった。

亀山　どちらかというと穏健でしたね。

沼野　他方テロを相変わらずやろうとしていた人たちがいて、先ほど亀山さんが説明されたように、歴史的に見れば何度も皇帝暗殺の試みはあったわけですが、一八八一年にとうとう実現してしまった。もちろん皇帝暗殺というのは、何度も失敗に終わった試みがあったとはいえ、迂闊に口にできないような大それた行為でしょう。それが実際に起こったのが、『カラマーゾフの兄弟』完成のすぐ後だった。この事件は、ドストエフスキーが生きていたら、この先彼が書いたであろう小説にいやおうなしに反映していたでしょう。実際にどう反映したかについては、亀山さんのように「空想」力を逞しくするしかないにせよ。

亀山　で、そう、じつは今、ひそかに抱いている、とっておきの仮説があるんですよ。『カラマーゾフの兄弟』のフィナーレの一行、「カラマーゾフ万歳!」ですが、あれ、ひょっとして二枚舌ではないかとね、疑っているんです。つまり、『カラマーゾフの兄弟』を読む革命家たちへのエールとしても聞こえるように。わかりますよね。「カラコーゾフ万歳!」です。最初からもう、確信犯的に、「第一の小説」はこういう形で終わらせて、「第二の小説」につなげる、という……非常に高等な戦略です。

第二章　一八八一年からの停滞
——チェーホフと黄昏の時代

奇跡の時代のあとに、または世紀転換期のロシア文化

亀山　では、続いてトルストイ、チェーホフの話に入りましょう。

沼野　ええ、でも、その前にちょっと復習しておきませんか。一八八一年というのは、ドストエフスキーの急死と皇帝暗殺ということで象徴的な年になりましたが、暗殺されたアレクサンドル二世は、一八五五年に即位して以来、農奴解放をはじめとする大改革を推し進めた大きな功績のある皇帝で、「解放帝」とも呼ばれたほどです。その前はどうだったかというと、まず十九世紀初頭に理想家肌のアレクサンドル一世がいて、彼が亡くなった一八二五年にデカブリストの乱が起こる。彼を継いだニコライ一世は対照的に専制体制を軍隊と警察の力で厳格に守ろうとする、一言で言えば反動的な専制君主でした。皇帝直属の政治警察が作られたのも彼の下でしたが、これは体制こそ違え、ソ連時代の政治警察の先駆とも言えるでしょう。このニコライ一世が亡くなり、アレクサンドル二世の時代になってロシアはようやく近代化に向けて舵を取り始めた。彼の

治世は大改革の時代であったと同時に、ロシア文学にとって奇跡的な豊穣の時代でした。十九世紀初頭はプーシキンに代表される詩の時代でしたが、同じ世紀の半ばにはいると、小説が圧倒的に強くなってきて、特にアレクサンドル二世の時代には、今日、十九世紀リアリズム小説の古典と呼ばれるものの大部分がものすごい勢いで書かれたんです。生産性は爆発的ともいうべきもので、ツルゲーネフの長編六作、『罪と罰』から『カラマーゾフの兄弟』に至るドストエフスキーの長編五作、トルストイの二大巨峰『戦争と平和』と『アンナ・カレーニナ』だけでなく、ゴンチャロフの『オブローモフ』も、サルティコフ＝シチェドリンの『ゴロヴリョフ家の人々』もすべてこの時期に書かれています。しかも大長編ばかりです。世界文学の歴史を見てもこれだけの長編小説群がこれほど短期間に書かれ、しかもそれがいまだに世界中で読まれているというのは類例がないことです。ついでに音楽、美術のジャンルにも触れておくと、「五人組」（音楽）、「移動展覧会」（美術）といったグループ単位で素晴らしいアーティストが次々と登場してくる。音楽では何といってもモデスト・ムソルグスキー、美術ではイリヤ・レーピンですね。彼らは今挙げた作家たちとの強い絆を意識しながら活動していきます。

チェーホフはそのあとに出てくるわけですから、大変なプレッシャーのかかる歴史的ポジションですよ。これだけの大作家たちが大長編を書きまくったあと、小説家としてもう書くことは何もない、なんてことになりかねない。農奴解放直前の一八六〇年生まれのチェーホフは、ドストエフスキーが『カラマーゾフの兄弟』を発表し始める七九年に南ロシアの地方都市タガンローグからモスクワに出て、モスクワ大学の医学部に入る。家庭では暴君だった雑貨商の父親が破産して、夜逃げ同然にやっぱりモスクワに出てきて、息子のチェーホフは一家を経済的にも支えなければならなくなった。そこで彼は自分の才能を活かしてユーモア小説を原稿料を稼ぐために書きまくった——それが一八八〇年代前半です。だから文学史的には、ドストエフスキーが死んだところからチェーホフは始まっていると言ってもいい。亀山さんから見ると、チェーホフはやっぱりドストエフスキーと比べると小粒なマイナー作家という感じがするでしょう。

亀山　いえいえ、僕は隠れチェーホフ派なんですよ。何と言っても最初の翻訳がチェーホフの短編集ですから。それに三十代には、チェーホフの病と独特のニヒリズムの関係について「知者のペシミズム」というけっこう長い論文も書いています。でも、チェーホフが、ドストエフスキーなみに大きな小説を書けなかったのは、作家の資質という以上に、それはもう時代の宿命でもあったと思いますね。知的渇望の質とでもいうべきものが、八一年の皇帝暗殺を契機に大きく変わってしまった。検閲からすると、長編小説というのは危険な器だし、読み手の側からすると、やはり、皇帝暗殺で一種ストレスからの解放が起こったのかもしれない。そんな気がします。小説より、現実のほうがはるかにリアルだったわけですから。で、いよいよ鬱屈の時代が始まるわけです。八一年から二十年間、象徴主義の運動が始まるまでの時代というのは「黄昏《たそがれ》の時代」とか

「停滞期」とか呼ばれて、皇帝暗殺にともなう知識人弾圧がものすごく激しくなった時代です。そのなかで政治的言説は一切封印され、進歩的教授は大学から追放され、スパイ網が張りめぐらされた。そういうがんじがらめの状態で、若い芸術家たちはどうなるか、というと、もう、個人的なレベルでの夢想、個人的なレベルでのロマン主義だけが唯一はけ口になっていくわけだけど、一八九〇年代というのは、ロシアが帝国主義の段階に入ったとレーニンが言ったくらいロシアの産業は大変な成長を見ていて販路も拡大していくのと同時に、ヨーロッパからの文物が九〇年代以降はどっと入ってきてヨーロッパの世紀末文化も入ってくる。メーテルリンクとかワイルドといったヨーロッパの世紀末文化もきわめて非政治的なものであるから、ロシアの若い芸術家も一緒になって世紀末文化の創造に励みはじめる。いわゆる世紀末デカダンと呼ばれる連中が、それこそ極度にロマンティックで、極度に唯我論的な世界観の作品を作っていき、一八九二年から八年間にわたって隆盛した。一八九二年というのは、とても重要な年号なんですね。ちなみに作曲家のチャイコフスキーが死ぬのが、一八九三年です。いずれにしても、この一八九二年が一つの転換点となってデカダンから象徴主義の時代に入っていくわけです。アプーフチンとかゴレニーシチェフ＝クトゥーゾフとかミンスキーとかいう群小詩人あるいはメレシュコフスキーもこの時代ですね……。

沼野　いや、メレシュコフスキーは群小詩人のなかにはくくれませんね。彼の周りには、今忘れられている詩人たちも確かにいっぱいいますが。

亀山　もちろんそうです。メレシュコフスキーはむしろ大作家ですね。他にも九〇年代には、ブリューソフ、バリモントとかが出てきていますが、でもまだ若書きの段階で、そのなかで唯一作家として孤高でありつづけたのが、チェーホフです。ドストエフスキーの死とともに、ほぼ大形式の時代は終わって、その後半世紀にわたって小形式の時代が続きますね。ロシア・アヴァンギャルドの時代もまさに小形式の時代なんですよね。小説では、短編と中編が支配していきます。ところで、チェーホフの文学とロシア革命がどう結びついているのか、ここは沼野さんに語ってもらわないといけない。

沼野　チェーホフは一般にはあまり政治的な人ではなかったとされるので、革命と直接結びつけるのはなかなか難しい。でも非常に微妙な関係はありましたね。僕の好きな喩えで言うと、ドストエフスキーとトルストイは言うまでもなくけたはずれの巨大な作家で、十九世紀ロシア文学の鬱蒼たる森のなかで、この二人はそびえたつ二本の巨木ですよね。しかしドストエフスキーは一八八一年に死ぬ。トルストイはもう少し長生きしますが、作家としてのトルストイの最高傑作は『戦争と平和』と『アンナ・カレーニナ』の二つでしょう。それに対して、一八八〇年代以降のトルストイはいわゆる宗教的回心を経て、芸術や文学の価値を否定するようになり、宗教的な探索の道にはいって、普通の小説を自分ではあまり書かなくなります。だから十九世紀ロシア・リアリズム小説の奇跡の時代を支えたトルストイはこの時代にはすでに消えているんです。つまり二本の巨木が倒れたことになる。巨木は元気に生い茂っている間はいいんですけど、倒れると朽ちて邪魔になるだけです。そこで、腐った巨木を土に還元して大地に戻すキノコが必要になる。それがチェーホフだったというわけ。で、巨木とキノコのどちらが偉いかといえば、それは巨木だろうと思いますよ。だけど、どちらが好きかと言われたら、僕はやっぱりキノコかな、と答えたい。キノコのほうが自分に近い存在として好きになれる。それが僕の比喩的な立場なんです。

ドストエフスキーやトルストイと比べた場合、非常にはっきりしているのは、二人の巨木は思想的立場も作風も全然違っていたにしても、いわば社会の教師の役割を果たしたわけで、人生や社会の大きな問題があるとすれば、それに正面からぶつかって、全身全霊で取り組んできた。もちろん彼らは職業的な哲学者でもなければ、社会活動家でもありませんから、彼らだけの力では問題は解決できないかもしれないけれども、ともかく文学を通じて問題に解答を与えようとしてきた。それが作家の使命だと彼らは信じていたはずです。神の問題にしたって、社会問題にしてもね。ところがチェーホフにはそういうところがない。有名な話ですが、チェーホフがスヴォーリン宛の手紙のなかで、作家の仕事は問題を解決することではない、問題を正しく提起することだ、それだけが作家の仕事なのだ、と言っている。トルストイやドストエフスキーがこんな言葉を聞いたら、問題を提起すればいいだなんて冗談じゃない、と怒り出すかもしれませんよ。チェーホフは基本的にそういうスタンスの人だったので、様々な問題に直接コミットしない。ちょっと距離をおいて人生のあらゆる問題を見ていた。だから革命運動に対しても独特のスタンスがあったと思います。

亀山　答えを出そうという二人の巨木、それに対して、言葉を無限に遅延させ、先送りしながら文学をつくっていくということかな。

沼野　ええ、それでよく誤解されるのですが、チェーホフは無思想な人だとか、社会問題に関心がなかったとか、そういうイメージができる。おそらく、革命運動にもまったく無縁だったろうとか。

亀山　一種のミニマリストですか、そんなふうに見えるわけですね。

沼野　ミニマリストといえば、アメリカの作家、レイモンド・カーヴァーはチェーホフを非常に敬愛していました。彼の最後の短編「使い走り」はチェーホフの最期の瞬間を想像して描いた傑作です。しかし、本当に無思想だったわけではないし、革命運動と何も関わりがなかったのかというと、そうとも言い切れない。伝記を調べても、革命家たちとの直接的な接点はほとんどないと思いますけれど、まったく関心がなかったわけではないでしょう。しかし、彼はその種のことは評論で書くことも一切ないし、手紙でも言及しない。ドストエフスキーやトルストイが社会時評や論文を大量に書いたのと比べると、社会評論らしきものをチェーホフがほとんど何も書かなかったというのは驚くべきことです。これも作家のスタンスの違いでしょう。

チェーホフと革命

亀山　チェーホフと革命という問題設定のなかで特に気になるのは、自然の話です。

沼野　自然ってどういうことです？

亀山　つまり革命を具体的に夢見ることが不可能な時代にあり、なおかつ資本主義が順調に育ち、むしろ生活をエンジョイするみたいな、全体として知識人の間に弛みが生まれて、それがデカダン的なものにどんどん向かっていくなかで、社会変革という夢を抱くこと自体が時代錯誤的に思われるような状況が生まれつつあったわけです。

逆に言うと、そういう状況とともにそこからはみ出ていくニヒリストたち、アナキストたちがいたわけですが、そのなかでどうやって社会変革を夢見るかということについて先ほど沼野さんがおっしゃった一連の社会活動がチェーホフの場合あったわけですよね。と同時に、彼の場合、結核との闘いという、さらにシビアな戦いも強いられていて、そこをどうやってどう生き抜いていくのかという切実な問題があったと思う。その彼がそれでもその社会とのコミットメントを考えたときに自ずから出てくる問題の一つに自然の問題があった。チェーホフだって、遠い未来における社会全体の変革といったようなヴィジョンを片時でも見たことがあるわけですよね。それがどんなものか、とても気になるわけです。つまり、たとえば、一九一七年をつゆほどにも予感することがなかったのか。

沼野　チェーホフは結核のために早く、一九〇四年に亡くなってしまったので、何とも想像しにくいところがありますけれども、いくつか手がかりを考えてみましょう。チェーホフは先ほども言ったように思想がないとか政治的に無関心だなどと見られがちですが、社会的コミットメントの姿勢は彼なりにあった。まず医者としてきちんと診療を続けたうえで、病院や学校をつくる着実な運動をしたし、飢饉《ききん》のときにはずいぶん援助活動をしている。そういう面では実はトルストイを受け継ぐ社会活動家でもありました。さらに有名な話ですが、一八九〇年にはサハリンに行っています。いったい何のために行ったのか、と当時からみなを不思議がらせ、ほとんど無意味じゃないかとか、自殺行為じゃないかとか、いろいろ取りざたされましたが、いまだにはっきりした結論はなく、ちょっと謎めいているんですが、確実に挙げられる一つの動機としては、流刑囚の実態調査がある。サハリン島は流刑囚が送られる島で、流刑囚たちは非常に劣悪な環境にいた。その実態調査をしようというのが実際に目的としてあったわけです。それほど詳細で深い調査ができたわけではありませんが、それでも地元でちゃんと十三項目からなる調査カードを一万枚も印刷しているんですね。そのうち七千枚以上が回収され、文書庫に保存されていて、研究者でさえも、つい最近まで全部を見て調査することがなかったんです。サハリンの石油企業の寄付のおかげで、最近ようやくその全貌がまとめられて、本になりました。

亀山　チェーホフのサハリン旅行についても、僕なりに考えがあります。端的に革命というのは、基本的に体制転換をめざしているわけですから、当然、民衆の意思や欲求と結びついていなくてはならない。ところが、十九世紀の民衆の多くがエリートである若い革命家たちを裏切っていった。それだったらいつまで民衆のことをくよくよ考え続けるのか、という一種の反民衆的な機運が高まってくるわけですね。それにヨーロッパから先進的でエレガントな世紀末文化が入ってくれば、当然、そちらに目を向けたくなるし、民衆なんてどうでもいいじゃないか、ということになる。つまり、徐々に「悔悟せる貴族」のトラウマを吹っ切っていくわけですよ。そんななかで、チェーホフは、何かしら不気味に変革を望んでいたような気がしてならないんですね。最初は、自己脱出の願望です。原因は、病の自覚から来る鬱屈です。その最大の試みがサハリン旅行だったわけですね。彼は、結核を自覚した後というのは、徹頭徹尾、相対論主義的だったし、ものすごいペシミズムを吐露している。ところが、そのペシミズムを何とか克服しなければならないと自覚するようになる。彼のサハリン旅行は、ほとんどマゾヒスティックとしかいいようのない自己脱出の願望だし、自己懲罰的な意味をもった旅です。もっとも旅先では、日本人女性と一夜を共にした記録も残されているくらいですし、そのことをあっけらかんと手紙に書いているくらいですから、腹は決まっていたと考えていいのかもしれません。でも、きっとその自己克服こそは、彼にとっての最高のエロス、生きる意志としてのエロスだったと思うのですよ。そしてこのサハリン旅行の終わりに、「グーセフ」が書かれるわけですね。あそこでチェーホフのペシミズムは頂点を迎える。そしてそこが言ってみれば、生命への折り返し点となる。それ以後は、すべてに対して非常にポジティブになっていく。腹がすわったという感じでしょうか。彼の登場人物が発する呻きは、もう現状脱出への叫びです。でも、彼の現状脱出というのは、むろん社会主義による革命ではなく、やっぱり近代化だったのだと思いますが。

沼野　確かに、おっしゃる通り、サハリン経験がその後のチェーホフに何らかの形で決定的な影響を与えたことは間違いないと思います。ただそこで悲観が一番深いところまで降りていって、そのあと、生の肯定に回帰したとまで明確に言えるかどうかは疑問なんです。チェーホフは穏やかな外見にもかかわらず、恐ろしく強い精神の持ち主だったので、サハリンでの強烈な体験もまた作家としての自分の人生の一段階として結局、消化したんじゃないか、という考えに僕は最近傾いていますね。

参考までに、他のチェーホフ研究者がどう言っているかというと、たとえば、浦雅春さんは、日本でもっとも優れたチェーホフ読みだと思いますが、サハリン以後のチェーホフ作品では「閉所」のイメージが強まったことと、中心の喪失が起こったと指摘しています。後者は必ずしも悪いことではなくて、世界は一つの中心だけで成り立っているわけではない、といういわばちょっと開き直ったような脱中心化の考え方で、それが彼に力を与えることになったとも考えられる。だから浦さんはチェーホフのサハリン行きを「仮死と再生」の旅と呼んでいるわけで、亀山さんの考え方に近いとも言えます。

いずれにせよ、サハリン行きにもチェーホフの社会的コミットメントの面があったことは確かでしょう。で、先ほどの自然の話に戻ると、彼は医者でもあるから現実や自然に向き合ったときに、単なる抒情詩人としてではなく、いわば科学者として観察して分析するようなところがある。サハリンでの人口調査もそうです。十九世紀半ば以降のロシアは産業の発達とともに、そろそろ自然の破壊も進んでいく時期です。破壊されるといっても、日本と違って桁外れに大きい国ですから、危機意識がどのくらい普通の人たちに共有されていたかは疑問ですが、チェーホフのような鋭敏な観察眼を持った人には見えていた。だから『ワーニャおじさん』や『桜の園』にも、森林の減少とか、果樹園の破壊といった問題が出てくるわけです。最近は環境に関して意識的な立場から文学を研究しようというエコクリティシズムの方法が、欧米では盛んになってきましたが、チェーホフもこういう批評的立場から、先駆的な作家として見直すことができますね。こういう視点は自然をもっと美しく、あるいはもっと豊かに描いたツルゲーネフやトルストイにはなかった。

亀山　社会変革は、一種の近代化、都市化につながっていくわけで、都市の建築、都市の拡大みたいなことにも結びついているので、自然保護や、エコ的なものとは真逆の関係にある。

沼野 チェーホフは一方で環境保全に関して先駆的な立場をもっていたわけですが、もう一方で実践的には医療とか学校教育を充実させるために尽力していた。そういう意味では実践的知の持ち主でした。しかし行き詰まった同時代の社会を革命的変革によって打破して、何か新しい理想的な社会をつくろうという具体的なプログラムやヴィジョンを彼がもっていたかというと、彼の知性はそういう方向に働いていなかったと思う。とはいえ、彼の作品を読んでいると随所に、遠い未来はどうなっているだろうかと夢想的に語る人が出てくるでしょう。『ワーニャおじさん』の結末のソーニャも、『三人姉妹』のヴェルシーニンもそうだし、「六号病棟」でも医者がそんなことを言っている。遠い将来、はたしてこんな監獄とか病院みたいなものに人を閉じ込めなくてもいい自由な社会が来るだろうか、と。チェーホフの小説では登場人物の誰一人として、革命家的な、実践的な革命のヴィジョンをもっていませんね。チェーホフ自身もおそらくそんなものは信じていなかった。じゃあどうしたらいいかと言えば、現実には地道に社会活動にコミットメントするしかない。それで未来の理想社会が実現するのかという話になると、話が急に三百年後に飛んじゃったりするわけです。

こういう女性は革命家になるか？

沼野　有名な作品に則して言えば、「中二階のある家」に、何もしないでぶらぶらしている画家が出てくるでしょう。彼を取り巻く女性としては、彼が恋したミシュスというあだ名の清純な少女と、そのお姉さんのリーダ。彼女は熱心な社会活動家なんですよ。裕福な貴族のお嬢さんなのに、ゼムストゥヴォという地方自治組織で活躍して悪い男の政治家を追い落としたりもする。そして、自分は一生懸命教師として働く。貴族だから別に遊んで暮らしたっていいわけですけれど、働いて得た普通の給料で暮らす。そして病院を作って、不衛生な状態で生きている農民たちにちゃんと医療を受けさせなければならない、といったはっきりした主張をもって、実行しようとする。それに対して、画家はぶらぶらしていて、夢みたいなことばかり言って、リーダの活動なんて本質的な救いにならないと考えている。そこで二人の間に、険悪な対立が生じるわけです。画家とリーダを比べると、リーダのほうが自分の正しさばかりを主張していて人間としてどうも嫌な感じがするのに対して、画家のほうがだめな人間みたいだけれども、共感を覚えさせる面もある。ただ面白いのは、ある程度までは画家もリーダもチェーホフの分身のような面があるということです。リーダはこの時点では革命家ではなくて、地道な活動を通じて、実践的に社会を少しでも改善していこうという立場です。しかし前にも見たように、こういう強固な意志と正義感を持った貴族令嬢が、社会活動にコミットしていくうちに、ついには女性革命家になったというのが、この時期のロシアなんです。

先にも触れましたが、チェーホフが作家デビューする少し前の一八七八年には、ヴェーラ・ザスーリチという女性革命家によるペテルブルグ特別市長官の暗殺未遂事件があった。その後、一八八一年の皇帝暗殺には、ソフィア・ペロフスカヤとヴェーラ・フィグネルという二人の女性革命家が参加していて、当時のロシア社会を騒然とさせたわけですが、チェーホフは不思議なことにこういった女性革命家について一言も、作品でも手紙でも触れていないんですよ。しかし無関心であったとは思えない。チェーホフ最晩年の「許嫁《いいなずけ》」（一九〇三）という小説があるんですが、これは若い女性が因習にとらわれた地方都市で、好きになれない無能で不愉快な男と結婚させられそうになって、結局それを自分の意思で拒否してペテルブルグに一人で出ていく、という話で、物語は彼女が家を出て、これから大都会で勉強しよう、というところで、つまり決然たる家出で終わるんです。チェーホフにしては珍しく、主人公の意思的な行為によって物語が終わるんですが、そうはいってもじゃあ、彼女が大都会にいって、勉強して、その先何をしたいのかについてはまったく書いていない。当時の読者は、ひょっとしたら、彼女は将来革命家になるんじゃないかと思ったんじゃないでしょうか。つまりチェーホフは、こんな形で革命家になるかもしれない女性を描くところまではやっているんです。しかし例によって、そのメッセージが明確に伝わったかどうかは分からない。ヴェレサーエフという、チェーホフよりもちょっと年下の、自身も医者だった作家がいまして、彼は「許嫁」の校正刷りを読ませてもらって、チェーホフに対して

「若い娘たちはこんなふうには革命運動に入ってはいきませんよ」と感想を述べた。それに対してチェーホフは、「革命に至る道はいろいろありますよ」という含蓄のある答え方をしたというんです。

僕も気になって校正段階のテキストを調べたんですが、確かに校正刷りではたとえば「ひっくり返す」という言葉が象徴的に使われている。「ひっくり返す」というのはロシア語で「ペレヴェルヌーチ」なんですが、その名詞形「ペレヴァロート」は政変とか、クーデターの意味でも使われます。つまり、世の中をひっくり返す可能性がここでは仄めかされていて、チェーホフはここでやっぱり、非常にデリケートな形でですが、未来の女性革命家を描いたんだと思いますね。

亀山　そのときにチェーホフの頭のなかには「革命《レヴォリューツィア》」という語彙はあったんですかね。

沼野　「革命」という言葉が浮かんだかどうかはわかりませんが、すべてを「ひっくり返す《ペレヴェルヌーチ》」というのは、要するに「革命」じゃないですか。

亀山　だけど、十九世紀末のロシアは資本主義が新たな段階に突入しようという時代で、アレクサンドル二世暗殺後、一時、すさまじい締めつけが起こり、それが逆に帝政権力そのものを蝕《むしば》んでいって弱体化が起こる。かりに革命が起こったとしても、立憲君主制の道も残されていたわけで、それが、いきなり社会全体が転覆するようなイメージを抱けていたのか、というと、疑問ですね。

沼野　確かにそれは疑問ですね。というか、チェーホフは具体的な政治制度の転覆については、イメージもなかったし、どのようにそれを実現すべきかということについても考えはなかったといったほうがいいかもしれない。

チェーホフは文学史的に言えばリアリズムの最盛期の巨木が茂っている時代から、それが崩れて、いわゆる世紀末デカダンへロシア文化が爛熟すると同時にある意味では腐ってぐじゃぐじゃになっていく時期に、新旧をつなぐような存在でした。世紀末にデカダン、象徴主義が盛んになると、「銀の時代」と呼ばれる詩の時代が到来する。象徴主義者の多くは詩人ですからね。つまりロシア文学は、小説全盛の時代からまた詩に戻ったわけです。十九世紀の半ばから後半にかけてリアリズム大長編が書きつくされて、これ以上長編は書けないというくらいの飽和状態になったとき、長編だけが偉いといった価値観に縛られていた文学界を脱臼させるような形で、短編と戯曲を中心に書いた。しかし、彼の周りにどんどん出てきた象徴主義者たちは、詩人であり、チェーホフのような現実感覚とはまったく違う、異世界やイデアへの志向性を強く持った人たちでした。世紀末ロシアのこの象徴主義には、フランスの影響が強く、それまでヨーロッパ文化とは一線を画した独自の路線で文学を発展させてきたロシアの文学者にとっては、ヨーロッパ文化との再統合という課題を引き受けることにもなりました。こういう形で、世紀末ロシア文学は爛熟していくとともに、世の情勢は不穏さを増し、革命が現実的なものとして見えてくる。チェーホフはその少し前、日露戦争のさなかに亡くなりました。体調がよくなったら、戦場に医師として赴きたいなどという夢のような希望を、実際には結核の悪化で死にかけているときに、洩らしています。

第三章　革命の縮図
――トルストイの家出

世紀転換期のトルストイ

亀山　ここまで話をしてきて、一八八一年のアレクサンドル二世暗殺以降、誰がロシア帝政に対してもっとものが言えたのかというと、結局トルストイだったのかなという気がしてきました。僕は今回、『復活』を何十年ぶりに読み直してきたんですが、一八九〇年代のロシアの知識人たちが停滞期とか黄昏の時代と言われて、ものすごい沈鬱のなかで……。

沼野　『復活』は九九年ですね。

亀山　本当に世紀末。いい時期に書いています。僕は大学時代に『復活』を読んでとても感銘を受けた記憶があります。でも、まだ十分に社会的背景が理解できていなかったし、問題意識も希薄だったせいで、一種のメロドラマとしてしか『復活』を読めませんでした。で、今回、読み直し『復活』のストーリーのもつ深さを再認識したような気分になりました。トルストイってドストエフスキーがちょっと青臭く感じられるくらい、ものすごく悩み苦しんでいるのがわかったんです。人間的な成熟の度がものすごい。あれだと、小説は書けないのではないか、という気がするくらいに。でも、実際、『復活』は短期間で書き上げちゃっている。それは一八九〇年代に例のドゥホボール派という、ロシアの正教会に対して抵抗する運動に亀裂が生じたことが大きな動機になっていますね。正教と国家は完全に一体化していますから、正教会に抵抗するということは、ある意味で国家に刃向かうことを意味しているわけでもあって、ドゥホボールはまさに正教会と正面から対決し、教会の存在を認めようとはしなかった。教会も彼らを懐柔・弾圧し、最後は追い出しにかかる。神は自分の心のなかにあるわけで、教会じゃない。トルストイはこういう状況のなかで教会が今なお存在していることに対し、敢然と否定の声を上げていく。ドゥホは「精霊」、ボールは「闘う」。精霊と戦う、教会と戦う。正教会にとって異端派である彼らを援助するために『復活』の小説を書いた。

沼野　でもドゥホボール側自体は、精霊とともに戦うというふうに主張していくわけですよね。

亀山　ええ、そうです。ドゥホボールはあくまで教会側の名付けです。

沼野　で、印税を全部彼らのために使ったわけでしょう。トルストイはもちろん革命家でもないし左翼思想家でもないけれど、レーニンは「ロシア革命の鏡としてのトルストイ」という論文を書いていて、トルストイのラディカルな体制批判的なところを評価しているわけです。

亀山　似ているんですね。

沼野　すごくラディカルなんですよ。今、日本では一般的に、ドストエフスキーが現代の予言者としてもてはやされている反面、トルストイは古臭くて説教臭いというイメージが強くなってしまってたとえば『クロイツェル・ソナタ』という小説では性欲はよくないから人間はセックスをするべきではない、みたいなことを言っているし、『芸術とは何か』では芸術をほとんど全面否定しているし、なんだか禁欲と道徳ばかりを説く堅苦しいお爺さんという感じで捉えられていますが、実際には、すごく「ぶっとんだ」ところもあり、そのラディカルさは精神的にロシア革命に繋がる源泉になっているという側面は確かにあると思うんです。

亀山　一種のイスラム原理派みたいなところもあってね。

沼野　でも、そこへいきなりいく前に、まず作家としてのトルストイについて問題を提起してみたいと思います。よく言われることですけど、十九世紀ロシア文学では、ドストエフスキーとトルストイが二大巨峰になっている。よくドストエフスキー派かトルストイ派かなんて、犬が好きか猫が好きかみたいに二つの陣営に分けられたりもする。確かに二人はけっこう対極的です。

この二人を対照して論ずることはこれまでもいろんな人がやっていて、たとえば象徴派のリーダー格だったメレシュコフスキーは、「ドストエフスキーとトルストイ」という長編評論を書いていて、そこで彼はドストエフスキーを「霊の秘密を見抜く者」、トルストイを「肉の秘密を見抜く者」と呼んでいます。この二人をこのように、精神と肉体の二項対立でそれほどはっきり分けられるかどうかは疑問ですが、見方としては面白く、なるほどと思わせるものがある。もっと後になると、ジョージ・スタイナーが「トルストイかドストエフスキーか」（一九五九）という長編評論を書いていて、これも二人を対照して、トルストイが叙事詩の系譜に連なるのに対して、ドストエフスキーは古代的な悲劇から源泉を汲《く》んでいる、といった類型化をしています。

まあ、いずれにしても、これほど対照的な二人が同じ時期に並び立っていたというのはすごいことですね。この二人はもちろん互いの作品を読んでいて、互いに意識しあっていたのですが、実は驚くべきことに会ったことがなかった。哲学者のウラジーミル・ソロヴィヨフが講演をしたときに、二人とも聴きにいって、同じ場所に居合わせたことがあるだけだそうです。

それに付け加えて、もう一つ挙げたいのは、ラトヴィア出身でイギリスに帰化したアイザイア・バーリンという政治哲学者による著作で、『ハリネズミと狐』というものです。これは、トルストイの『戦争と平和』における歴史哲学を主題にしている本なんですが、ここに非常に興味深い類型化が出てきます。バーリンは、古代ギリシャのアルキロコスという人物の、これはあまり有名ではない詩人ですが、詩の断片に「狐はたくさんのことを知っているが、ハリネズミはでかいことを一つだけ知っている」とあるのに基づいて、芸術家や文学者を狐タイプとハリネズミタイプに分けるんですね。その分類に従えば、たとえばプーシキンは世界の多様な楽しみを多元的に享受した詩人なので狐タイプ、まあ、モーツァルトもそうでしょう。それに対してドストエフスキーは、ハリネズミ型だということになる。

亀山　そう言えば、『白痴』にハリネズミが出てくる。（笑）

沼野　世界をある一つのヴィジョンの下に見て、一元的に把握したいというタイプですね。それに対してトルストイはどうかというと、ここがトルストイの複雑なところなんですが、バーリンの説明によれば、トルストイは狐だったのに、自分がハリネズミだと信じたかった。つまりトルストイは世界を統一的な原理によって説明しようと常に志向していたにもかかわらず、実際には世界の多元的な表れをよく知っていて、様々な生の喜びに関心を持っていた。トルストイの生涯には、思想と生活の間に様々な矛盾がありましたが、それもこういったトルストイの複雑な性格から説明できる。矛盾は、自分はハリネズミだと信じていた狐というねじれがあったからこそなんですね。

亀山　当たっていますね。

沼野　トルストイは肉欲を否定しながら、この世界の肉の喜びをよく知っていた人。そこが自己矛盾。『クロイツェル・ソナタ』で性欲を否定したくせに、自分はかなり晩年に至るまで何人も子どもを作っていた。ともかく、そういったトルストイの性格付けを念頭に置いたうえで、小説家としてのトルストイについて考えましょう。亀山さんは今『復活』のことを話されましたが、これはトルストイのいわゆる宗教的回心以後の作品です。回心以前の時代の――「世俗」時代といちおう呼んでおきましょうか――代表的長編はなんといっても、『戦争と平和』と『アンナ・カレーニナ』の二作になります。これらの作品は今では、十九世紀リアリズム小説のお手本のように見られがちですが、当時の小説美学、特に西欧の立場から見ると、なんだか異様な作品だったということを忘れてはならない。なにしろ巨大すぎて、構成がよくわからないし、特に『戦争と平和』には小説の筋とは直接関係ない、歴史哲学に関する論考が長々と挿入されている。ヘンリー・ジェイムズというアメリカの作家は、こういったトルストイの小説を「ルース・バギー・モンスター」、つまり「ぶよぶよ、ぶかぶかのモンスター」だと呼びました。つまり彼には、ともかく巨大でとりとめもなく、合切袋《がっさいぶくろ》みたいに人生のすべてがぶちこめるような入れ物のように見えたんでしょう。西欧的な基準からすれば、きっちり構成された芸術作品とは言い難い。そこが逆に、何か生の根源に触れるラディカルなものとして、西欧に衝撃を与えたんです。そう考えると、トルストイは決して抹香臭い道徳家ではなくて、思想においても、小説の書き方においても、常識を破り、人を驚かせ続けたラディカルな人物だったと思います。

肉の秘密を見抜く者トルストイ

亀山　かつて日本でも「全体小説」という言葉がはやりましたが、小説の形式そのものが、一種の宿命のように、全体、あるいは全体性へ向かうところがある。人間の生命の営みを全体として描きとろうという野心そのものが形式になっている。それに、後進国ロシアでは、小説というメディア以外にロシアの現実を外部に伝えるすべがなかったということもおそらくあるでしょうね。だけどトルストイとドストエフスキーを比べて、霊の秘密を見抜く者、肉の秘密を見抜く者というのは、昔は逆だと思っていた。ところが最近、ドストエフスキーはほとんど性的なものを表に出さない。性的なものに対する関心がほとんどないのかもしれない、と思うようになってきたんです。

沼野　確かに精神と肉体の二分法で、メレシュコフスキーが言っていることは逆じゃないかと、われわれは若い頃に思ったでしょ。

亀山　うん、思った。

沼野　ドストエフスキーは性的なものを表に出さないと言いますが、彼の文学におけるセクシャルなものってどうなんでしょうね。たとえば『カラマーゾフの兄弟』のグルーシェンカや『白痴』のナスターシャ・フィリッポヴナには、もちろん生々しいセックス描写はないけれども、すごく性的な存在感を醸しだしているじゃないですか。

亀山　いや、僕はあまり感じないですね。むしろトルストイの描いているものが、官能なんですよ。ドストエフスキーの場合、みな傷ついているというのかな。ナスターシャ・フィリッポヴナにしても他の女性たちにしても官能からほど遠くて、傷ついた人間の、むしろ性をトラウマとして捉えている人のほうが多く登場している。それに対してトルストイは性に対してもっと大らかというか、エロスの本質にめざめていると思う。

沼野　それは言われる通りですけれども、若い頃に熱中してドストエフスキーを読んでいた時、われわれを強烈に惹きつけたのは、やっぱり女性の魅力と、それからさらに言えば女性の魅力に惑わされる男たちの姿だったじゃないですか。『カラマーゾフの兄弟』だって、親父と息子が一緒になってグルーシェンカという同じ一人のあまりに魅力的な女を争う話ですよ。『白痴』ではロゴージンとムイシュキンがナスターシャを奪い合う。明らかにドストエフスキーのほうが、性的な情念をむき出しにした人々が渦に飲み込まれるように女に惹きつけられていく。それに対して、トルストイは不倫を否定していて、そのうち性欲そのものも否定しているから……。

亀山　そっちのほうが精神的だと思っていた。ところが逆。

沼野　トルストイがなぜそこまで性欲を否定するかというと、肉欲がそれだけ強いからじゃないですか。

亀山　そう、それを知っているからだよね。

沼野　イタリアのタヴィアーニ兄弟という映画監督がトルストイの『神父セルギイ』をもとに、『太陽は夜も輝く』という映画を作っています。日本で公開されたときに、僕は島田雅彦さんとこの映画とトルストイをめぐって対談をしていて、そのとき話したことを今でも鮮烈に覚えています。映画の原作になったトルストイの『神父セルギイ』という短編は、宗教的回心の後のトルストイの作品なんですが、強烈にセクシュアルな作品でもある。映画にはなんと、ナスターシャ・キンスキーが出演しているんですよ。主人公の神父セルギイは、敬虔な人で修行を積もうと思っているのに、女の誘惑に負けそうになって、斧で指を切り落とすことまでして、性欲を断ち切ろうとする。すさまじい話でしょう。それほどセックスを否定しようとしているのは、実は性的欲望がそれだけ強いということの表れでもあるわけですね。

亀山　ドストエフスキーはというと、『悪霊』だって、十四歳の少女の陵辱とかものすごくいびつなかたちでしか性表現ができない。そういう意味ではやっぱり、性の向こうにある人間の精神の深淵みたいなものにドストエフスキーの関心があった。それに対して、トルストイは官能そのものに対するラディカルな理想化があったと思う。だからこそ彼はそれを危険なものというふうに、最終的に禁じようとするくらいになった。だから彼は、官能の肉の表現者だったんじゃないかな。話はちょっとずれますけど。

国家への反逆、正教会からの破門

沼野　多くの日本の読者には、ドストエフスキーがドラマティックな現代性を強く帯びているのに対して、トルストイのほうは平板で教訓くさい感じがあるようなんですが、性の描き方についても禁欲的というより、実はものすごく激しかったんだってことを言いたかったわけです。現代の文学だと、とかくセックスの場面を露骨に描くのがセクシーだと単純に思う人が多いけれども、そんなことはない。トルストイは十九世紀リアリズムの手本みたいに思われていますが、そういうときのリアリズムというのは、「現実をありのままに描く」ことだという程度の理解しかない。ところが、トルストイがやったのは、そういう次元のことではなかったんですよ。

二十世紀初頭のロシア・アヴァンギャルドは、芸術の革命であると同時に、批評理論の革新でもあって、芸術上のアヴァンギャルドに伴走するように、ロシア・フォルマリストたちが出てくるでしょう。それからミハイル・バフチンも。ロシア・フォルマリストの宣言みたいな論文で「手法としての芸術」というのがありますが、これをシクロフスキーが発表したのはちょうど、一九一七年だった。ロシア革命の年に、批評理論の革命も宣言されたんです。これは「異化」の概念を文芸史上初めて明確に打ち出した論文です。シクロフスキーは芸術の根本は異化という手法にあるというんですが、その例として一番多く取り上げているのが実はトルストイ作品で、『戦争と平和』からたくさん引用している。『戦争と平和』は神のような全知の語り手が歴史的現実を描いたリアリズム作品だろうと思っていたら、とんでもない。これは現実を異化する方法を使っていると言うんです。シクロフスキーがそこで挙げているのは、たとえばヒロインのナターシャ・ロストワが劇場でオペラを鑑賞する場面、ですね。舞台の上にあるボール紙の書き割りも、太った女が声を張り上げて愛の歌を歌っていることも、すべてが変に見えた。オペラというのは約束事の世界ですが、ナターシャはそのとき約束事を受け入れられるような気分ではなく、舞台が異様なものに思えた。それがつまり、一般の人が普通に受け入れている約束事をすべて引きはがして、「変なもの」に見せるという、異化の手法なんです。それからフランス軍にとらわれたピエールがそこで出会うプラトン・カラタエフという農民出身の男を通じても、異化が起きている。彼の素朴な農民的世界観に触れてピエールは初めて、自分を捉えている世界のばかばかしさが分かる。シクロフスキーはその他、トルストイの「ホルストメール」という作品を引き合いに出しています。これは邦訳では「ある馬の話」という副題が添えられることが多く、実際、馬が自分の生涯を振り返るという趣向の作品で、馬の立場から見た人間社会が異化されています。実際、馬の目には人間社会は非常に変なものに見える。普段土地を持って土地を耕している人たちが土地の所有者ではなくて、ときどきしか来ない偉そうな地主がそれを自分のものだとしている、とか。つまり人間社会の土地の所有といった、誰もが当然の約束事として受け入れているものが、その前提を理解しない立場から見ると、なんだかとても奇妙に思える、というわけです。

亀山　誰もが知っている『イワンの馬鹿』にしたって半端じゃなくラディカルです。資本主義の根幹を突いている。

沼野　そう、トルストイはものすごくラディカルな作家で、原理的に国家に対決する人です。国家に立ち向かうということは、教会とも対決するということでもある。ロシア正教会はピョートル大帝の時代から国家権力の下におかれて、国家権力を補佐する役割を果たしてきました。それは現在のプーチン政権下でも同様です。しかし、正教徒であるということは大多数のロシア人にとって当たり前の前提なので、「お前は正教徒ではない」と言われたら「お前は人間ではない」と言われるのと同じくらいの重みがある。ところがトルストイは一八九九年に『復活』を出した頃から、ロシア正教会と対立するようになり、ついに一九〇一年にロシア正教会から破門されてしまう。これは大変なことなんですよ、「お前は人間ではない」と言われたようなものだから。日本で教会に通っていた人が「あなたはもう教会に来ないでください」と言われるのとは、わけが違うんです。それでもトルストイはびくともしなかったというからすごい。ロシアではある時期、政府が二つある、と言われていたほどで、一つはロシア帝国の普通の意味の政府、もう一つ「ヤースナヤ・ポリャーナ」。これは「明るい森の中の草地」の意味なんですが、トゥーラ近郊にあるトルストイ家の領地ですね。この領地の名前が、多くの人々にとって、政府に対抗するくらいの精神的な権威を持っていた。

亀山　ちょっと想像を絶する個性ですね。ソボールノスチ（全一性）といった概念で括れるような個性じゃない。

沼野　彼の小説を書くとき用いる異化という手法のラディカルさは、教会批判、社会批判とほとんど同じです。亀山さんは宗教と芸術のラディカルさがどう繋がるのかと問われました、僕はみなが当たり前のものとして受け入れているものを根底からひっくり返すラディカルさにおいて完全に繋がると思うんです。トルストイの宗教批判は、教会という組織に対してだけでなく、キリスト教の教義そのものにも向かいます。彼は聖書学者ではないにしても、一生懸命聖書の原典を読んで、自分なりに解釈を施し翻訳もしている。そういった聖書関係の著作で明らかになってくるのは、彼が奇跡とか霊性を信じないというか、そういった超自然的なものに重きをおかない、ということです。即物的な肉の人だから、現実に捉《とら》えられるものから出発する。だからキリストという人は信じるんだけれども……怪しげな奇跡はなくていいと。

亀山　そこがドストエフスキーと似ている。

沼野　ドストエフスキーもそう。キリスト教の教義はさておいても、キリストという人と常にともにあろうとする。

亀山　根本において二人は似てるんですね。二卵性双生児といってもいいくらいに。

沼野　ドストエフスキーはその上、聖者ゾシマの死体が腐って臭いを放つかどうかという、卑俗な肉体レベルのああいうところの即物的執着もありましたね。

亀山　あれはトルストイの異化と同じような、瞬間的な感覚、想像力が研ぎ澄まされて、一切世界から霊性が消えてしまうような、そういう瞬間の記録として読むと面白いと思います。そしてそういう驚きを書き留めることが文学にとって重要だとドストエフスキーは思っていたんじゃないですか。小説の真のリアリティというのは、自分が包まれている大きなオーラが破れちゃって、瞬間に陶酔が冷めてしまう。なに、何もないじゃないか、物しかないじゃないか、という即物的な瞬間の感覚や想像力を書き留めていくということこそ、もっとも純粋な文学芸術の手法と見ていたのかもしれないですね。さっき近代の予感と言ったのは、大げさかもしれませんが、そういう破れ目のことです。だから、ドストエフスキーもトルストイも面白いということじゃないですかね。

沼野　それで、トルストイのラディカルさは宗教に関して言えば、ロシア正教会に対する批判、教会という形で組織化された制度としてのキリスト教への強烈な批判になっていく。教会の権威を恐れないで、自分なりの聖書の解釈をどんどん打ち出した。これは一種の革命ですよ。現状を支配する既存の権威や組織を根底から覆そうとする。

亀山　アナキストとしてのトルストイ。国家がなくて宗教だけでいくというような。

沼野　トルストイは一八八〇年代初頭に宗教的回心をし、その後、宗教的な探求に向かい、自分が書いたものも含めて、芸術としての文学を否定するようになる。ところが、それでも『復活』という傑作を書いてしまった。これは先ほどの亀山さんの話にありましたが、窮境にあったドゥホボール教徒を助けるというはっきりした理由で書かれた。その意味では「不純」な小説ですが、それでも芸術的に生々しすぎるくらいのものを含んでいる。それから生前は出版されなかった、最晩年の『ハジ・ムラート』という作品がありますが、ここではロシアと戦っていたコーカサスの山岳民族の、実在の指導者の姿をあまりに生き生きと描き出した。非常に植民地主義的な考えが強い時代ですからね、ロシア人のナショナリストからすればイスラム教徒の「野蛮」な山岳民族の指導者を主人公にした小説を書くなんて、ある意味、信じがたい話なんですよ。しかし、トルストイは民族的な偏見を超越して、ハジ・ムラートの姿を英雄的に、悲劇的に描き出した。『復活』にしても、『ハジ・ムラート』にしてもぞっとするくらいの傑作ですが、トルストイの根本的な矛盾は、自分で芸術の価値を否定しながら、素晴らしい芸術作品をやっぱり作り出してしまった、ということでしょう。

一九一〇年　トルストイの家出と死

亀山　前回、ドストエフスキーの死の真相についてかなり詳しく話をしたので、トルストイの家出についても話しましょう。

沼野　トルストイは相当な財産を持つ貴族で、世界的名声も獲得し、何一つ不自由はなかったはずですが、晩年ずっと悩んでいた。簡単には説明しにくいんですけど、一つは、家庭のごたごたがあって、奥さんとの関係がうまくいっていなかった。トルストイは質素な生活を旨としながら、その一方で裕福な貴族である自分に対して、内心忸怩《じくじ》たるものもあったのかもしれません。そこで、彼は著作権として入ってくる膨大な収入を全部放棄しようとしたんですが、奥さんは——まあ、悪妻と言われることが多いけれど、僕に言わせれば、普通の人ですよ——トルストイのような過激な行動には走れない。そして、当然、子どもたちのためにも、自分の家の財産を守りたいから、トルストイの「奇矯な」行動を止めようとする。

しかし、二人の関係を決定的にこじらせたのは、ウラジーミル・チェルトコフという人物です。熱烈なトルストイ信奉者としてトルストイ家に入り込んだこの人物は、次第にトルストイをいわば支配しようとし、それを邪魔するソフィア夫人を攻撃し始める。そして作家の死後その著作権は、奥さんではなく、チェルトコフに委ねるという遺言状にひそかにサインさせたり、といった立ち回りをします。チェルトコフという人物は、トルストイの陰に隠れてしまって、一般のロシア文学の読者の意識にのぼることはあまりないのですが、彼の果たした役割をどう評価するかは、けっこう重大な問題でしょう。なかなか興味深い、端倪《たんげい》すべからざる人物であることは間違いありません。トルストイ主義者の立場からすれば、愚かな妻から作家トルストイを救った人物ということになるし、妻の側から見れば、夫婦の仲を引き裂き、夫を惑わした狂信者のようにも見える。従来はチェルトコフ側の見方が主流で、天才的な夫の価値を理解できない愚かな悪妻としてソフィア夫人が一方的に悪く言われることが多かったと思いますが、最近はちょっと風向きが変わってきた。二〇〇九年に作られた『終着駅　トルストイ最後の旅』は、ソフィア夫人の側にもう少し丁寧に寄り添った作品になっていますね。

亀山　ええ、メロドラマ的な味わいになっています。

沼野　トルストイの家出問題についてもう少し言うと、家庭の不和に巻き込まれて打開できない状況、そして自分の主義主張に反して裕福な暮らしをしていることについての忸怩たる思い、などが重なって、一九一〇年、すでに八十二歳という高齢であったトルストイは、ある日突然、家出を敢行するんです。ひょっとしたらチェーホフのサハリン行きのときのように、自己を閉ざしてしまった閉塞状況からの不条理な脱出願望に従ったのかもしれません。家出をしてどこに行こうとしていたのかも、実はよくわからないのですが、いずれにせよさほど遠くまでは行けず、アスターポヴォという寒村の駅で病に倒れ、家出後わずか一週間で亡くなってしまいました。一九一〇年のことですからね、今みたいにテレビ中継はありませんが、世界的なメディア合戦になった。これほど亡くなったときに世界の注目を集めた作家は、ロシアだけでなく、全世界を見ても、後にも先にもいないんじゃないですかね。

亀山　そうでしょうね。ですから、レーニンとしてはトルストイを味方につける必要があったんだと思う。あれだけ精神的な支配力をもっていたから。ロシア正教会を目の敵にしていたということはレーニンにとってきわめて好都合だし、その精神性、ボリシェヴィキ革命が終わった後の世界のヴィジョンって、けっこうトルストイのヴィジョンに似ていたのではないかと藤沼貴さんは書いている（『トルストイ』第三文明社）。

沼野　それはそうかもしれない。ただ彼の家出と死の象徴性を考えてみると、これまでラディカルな仕事を続け、それなりに思想体系を築いてきたのに、最後に、次にどこにいくかが見えない泥沼状態に陥ってしまった。ロシアだけでなく、全世界に影響を与えるような仕事をしていた人なのに、あえて正宗白鳥的な卑俗な見方をすれば、自分の家の中すらまとめられなかったのは皮肉なことです。

亀山　つまり、トルストイ家そのものが帝政ロシアのミクロコスモスだった。

沼野　そう考えると、彼があんなふうに家出して亡くなったということは、ロシアそのものがこの先どこに行ったらいいかわからなくなるという事態を先取りしていたということでもある。

亀山　彼はその生き方において革命を予言していたということにもなりますね。

沼野　家出してどこに行こうとしていたかについては諸説あって、トルストイ主義者の住んでいるコミューンに行こうとしたんじゃないか、という説もありますが、まあ、現実的にはあの歳で家出したってどうしようもない。だからこそ、すべてを「ちゃら」にして、すべてを捨てて、自分を解放したい、というところまで追いつめられたのかもしれない。その家出の決断というか、破壊的なパトスは、ロシア革命のパトスそのものでもある。

亀山　確かに、ロシアの末期症状であるとともに、ロシア革命のパトスでもある。この家出は、一九一〇年ですから、第一次ロシア革命と第二次ロシア革命のちょうど真ん中くらいの時期ですよね。その意味では非常にシンボリックです。

沼野　他方では、怪僧ラスプーチンが出てきて、皇室のなかもぐちゃぐちゃになっていくわけですよ。

亀山　帝政末期って、バブル崩壊後の日本がそうだったように、誰もがどうしようもないと思っていたということが大事なんですよ。

沼野　ロシア皇室もどうしようもなくなっていたわけです。それを、ある瞬間的な爆発によって全部を吹き飛ばすような力を待望する。待望しているとは口で言わないけど、心の底ではこのままではどうしようもないし、爆発でも起こらなければどうしようもないという暗い欲望が鬱積していた。

亀山　そこで、最後に確認しておきたいのですけれど、たとえば彼の『戦争と平和』は、ロシア革命とどう結びついてくるか、ということです。

沼野　直接どうつながるかは、何とも言えませんが、ロシアの国民的アイデンティティの問題が一つにはあると思います。『戦争と平和』というタイトルはもちろんそう訳していいんですが、ロシア語の「平和」という単語には、「世界」とか「共同体」の意味を持つ同音異義語もある。

小説全体を通して、外敵に対してロシア国民あげて一丸となって「共同体」として戦おうというニュアンスも強く感じられるんです。底辺からわきあがってくる、民衆のうねるような「スチヒーヤ（自然力）」がそこにはあって、それはロシア革命時のスチヒーヤの爆発とも重なるものでしょう。

それから芸術的手法に関して言えば、先ほどから話し合ってきた通り、トルストイの社会常識を疑うラディカルな側面はこの小説にも「異化」という手法を通じて強く出ています。それはシクロフスキーがまさにロシア革命の年である一九一七年に「手法としての芸術」という論文で論じた通りです。

亀山　それは異化の例としてね。あとエイヘンバウムも。

沼野　「異化」についてはエイヘンバウムもトルストイの日記を取り上げて興味深い指摘をしています。認識の自動化に対する芸術的抵抗がトルストイには常にあった。それは当然、社会に対する根源的な批判ですよ。だからそういう面を取り上げればトルストイは革命的な思想家で、レーニンが革命思想に繋がる同志という側面を評価したのももっともなことです。

亀山　ナボコフも『アンナ・カレーニナ』のラストの凄さみたいなことを言うけれど、やっぱり凄まじいショックなんですよね。「手法の裸出」というヤコブソンが言った、剝き出しの現象を拾い出してくるみたいな。先ほどのボール紙の書き割りじゃないけれども、いわゆる冷めた目線というのではなくて、全然違った視点から見てしまうような、とても宗教者とは思えないようなリアルな視点をもっているから、それ自体、瀆神的な視点ということを考えた場合にはロシア革命に繋がる視点があったと思います。ドゥホーヴノスチ（霊性）の破れ目とでもいうのか。それが革命であったとすれば、トルストイの小説のなかに革命の芽はあったし、ロシアでは、霊性の崩壊がそれこそ革命だったということもできる。それじゃ、霊性ってどこから来るのか、ということです。

第四章　世紀末、世紀初頭

世紀転換期

亀山　話はいよいよ十九世紀末から世紀初頭の、つまり世紀転換期に入ってくるわけですが、沼野さんにちょっと概観してもらおうかと思います。

沼野　ちょっと概観といってもその辺は亀山さんのほうが詳しいでしょう。それに世紀末のことを話すためには、やはりその前提として、そもそもそれ以前、十九世紀ロシア文学がどんなに異様な形で展開してきたか、押さえておかないといけない。ですから、世紀末そのものというより、それ以前の展開がどう世紀末につながるのか、もう一度振り返りましょうか。フランスではメルキオール・ド・ヴォギュエという、ロシアに外交官として滞在したことのある人物が、一八八六年に『ロシア小説』という本を書いて、十九世紀ロシアの作家たちが西欧の常識を超えた、いかに桁外れの作品を書いているかということを紹介して、衝撃を与えました。彼の本によって、西欧で一種のロシア文学ブームが起こったと言ってもいい。

十九世紀ロシア文学が「異様なもの」をつくり出してしまったというのは、もちろん、西欧近代の文学の規範から見て、ということなんです。それがよくわかるのは、トルストイ自身が書いた「『戦争と平和』という本について数言」という実質的なあとがきです。『戦争と平和』とはいかなるものかという自問して、トルストイは「これは小説でもなく、叙事詩ではもっとなく、それ以上に歴史年代記でもない」と自答し、さらに「これは著者が表現したいと欲し、今表現されているようなこの形に表現しえたものである」という、わけのわからないことを言う。トルストイはさらにロシア小説の歴史を振り返って、プーシキンの『エヴゲーニイ・オネーギン』から、ゴーゴリの『死せる魂』、そしてドストエフスキーの『死の家の記録』に至るまで、ロシアの少しでも月並み以上の小説であるならば、小説や叙事詩といった形式的な枠組みに収まるようなものは一つもない、などと宣言します。確かに『オネーギン』は詩で書かれた長編という特異な形式のものだし、ゴーゴリの『死せる魂』は散文による小説なのに、なぜか「ポエーマ」、つまり「長編叙事詩」と銘打たれている。レールモントフの「現代の英雄」は複雑でよくわからない不思議な構成の連作で、そもそも長編小説と言えるのかどうかもわからない。

こういった型破りな形式の小説の試みを通じて、十九世紀ロシア小説は西欧とは違った独自な発展を遂げたんですが、この特異な形式的自由は、表現されている内容と密接なかかわりがある。実は帝政時代のロシアでは検閲制度の下、表現の自由が厳しく抑圧されていて、特に政治、哲学、宗教などの分野では、自由な批判的意見の表明などまったくできなかったわけです。少しでも体制批判的な、あるいは当時の常識、社会良俗に反するようなことがあれば活字にならない。だから小説というジャンルはありとあらゆる思想を飲み込む、巨大な合切袋《がっさいぶくろ》のようになって、そこに思想も宗教も哲学も吸収されていった。小説という場がすべての表現を受け止める容器になった。

革命思想につながるものが小説のなかにあるのも、ある意味で当たり前なんです。当時のロシアでは小説以外にそれをまともに表現する手段はなかったといってもいいくらいです。しかし、その偉大な小説の時代は、一八八一年、アレクサンドル二世の暗殺とともに終わってしまった。もはや、長編小説というメディアに可能なことはほとんどやりつくされてしまった、という感覚さえあったでしょう。それが一八八〇年代で、それを前提にしてデカダン的世紀末になだれこんでいく流れを考えるといいと思います。

亀山　そして一八九〇年代の終わりくらいから、ウラジーミル・ソロヴィヨフの圧倒的な影響のもとで、一種の終末論が若い知識人の心を捉えていく。ソロヴィヨフは、『カラマーゾフの兄弟』に登場するアレクセイ・カラマーゾフのモデルとも言われている哲学者です。

沼野　ドストエフスキーはずいぶん心酔していたようですね。でもその『カラマーゾフの兄弟』執筆の時期には彼はまだそれほど影響力はなかったでしょう。

亀山　まだ若いから。『カラマーゾフの兄弟』では、アリョーシャのみならず、カルガーノフもソロヴィヨフがモデルだと言われていますね。

沼野　ソロヴィヨフは若くして学位を取り、新進気鋭の哲学者としてデビューした。ドストエフスキーは早くから注目していて、彼の講義を聴きにいったりもしていますね。

亀山　彼の最後の著作である『三つの対話』が決定的な役割を果たしたといってよいと思います。一八九〇年代の終わりです。帝政崩壊の予感のなかで、ロシアの知識人たちはそうとうペシミスティックだったんですね。いつか終わるんだという。

沼野　その終末論は、詩人のブロークにも直接影響を与えていますよね。

亀山　その心酔のなかで書いているわけですから。一九〇〇年に終わりがきて、一九〇一年に神の国が実現する。その終わりの瞬間に仲立ちとして「永遠なる女性的なるもの」が現れる、このストーリーを支持するというのかな。でもこんなこと、ロシア以外の人は考えないよね。

沼野　でも本当に信じていたのかなとかちょっと思うこともあります。そういうことを大真面目に信ずる振りをしても異様に見えなかったからこそ、世紀末は異様な時代だったのかもしれない。当のソロヴィヨフは、かなり若くして、まだ四十代で、ちょうど一九〇〇年に亡くなってしまった。

亀山　確かに演技なのかと思えるようなことがたくさんあります。ただ、終末論を信じられるか信じられないか、ロシアの終末論者、特に一九〇〇年前後の終末論者のメンタリティをどこまで信じられるか。これがけっこう試金石なんですよね、この時代を考えるときの。

沼野　世紀末思想は一八九〇年代以降ですけど、デカダンから象徴主義と言われる人たちはおおむね社会的コミットメントからは離れて、形而上的あるいは宗教的な探索に向かうわけですよ。しかし同時代的には革命運動の、弾圧のなかで多くの革命家が亡命しますけれども、素地がだんだんできてきている時代でもあるわけです。弾圧を通じて、暴力的に革命を起こすしかないと思うような人たちがむしろ育ちつつあったのではないか。その二つ、つまりデカダン主義と革命運動が、同時代に並行して進行していた時代だったということを忘れてはならないでしょう。そして第一次ロシア革命の前夜に、サヴィンコフ＝ロープシンが出てくる。どっちがペンネームだったかな？

亀山　ロープシンですね。

沼野　エスエルの武闘団に所属していたテロリストで、自分の経験に基づいて『青ざめた馬』という小説を書いてセンセーションを呼び起こしましたね。これはテロリストの内面をじつに繊細に描いていて、テロリストが非人情な悪人ではないことがよくわかる。日本でも翻訳でかなり読まれた本です。革命運動はそういったテロを容認し進んでいったわけですが、サヴィンコフは二月革命後には政治的な要職について、一時表舞台に出てきます。十月革命後はボリシェヴィキ政権に反対する立場に回り、レーニン暗殺を企てたりもしたようですが失敗に終わり、結局は西側に逃れます。彼のその後の運命は数奇というか、悲劇的で、その後、一時的にソ連領に入ったところを逮捕され、獄中で亡くなります。自殺と言われていますが、死因には諸説あり、実質的にはソ連体制に殺されたといってもいいでしょう。

亀山　エスエルの運命をもっとも象徴的なかたちで生きた人物ですね。で、ちょっとシンボリズムの話に戻ると、一八九〇年代から一九〇一年までの十年間というのは、ヨーロッパのデカダンの影響を受けて宗教的な色合いが薄かったわけですけれど、一八九九年あたりからソロヴィヨフの影響のもとに若い知識人の間で終末論が広がった。やはり帝政の終わる予感があったのでしょう。

沼野　象徴主義も二世代あって、アレクサンドル・ブローク、アンドレイ・ベールイが出てくるのは後半の世代ですね。

亀山　ブローク、ベールイはシンボリズムで第二世代。第一世代はデカダン主義。

沼野　ブローク、ベールイは、革命を予感していましたね。

亀山　直感は働いていたと思います。確かに、デカダンからシンボリズムへの変化の意味を考えてみる必要があります。唯我論的な世界観に閉じこもっていた連中が政治的なものに目覚めていくのは、一九〇四年から〇五年と思っていて、要するに、知識人の頭上に鉄槌が振り下ろされたのが、日露戦争の敗戦というわけです。敗戦後、多くの知識人が、われわれのロシアはいったい何をやってるんだろう、という感じになった。グルジア生まれのマヤコフスキーなんかもそこから出発している。一九〇五年というのはロシアの芸術文化にとってものすごい衝撃だった。日本人には想像もつかないパラダイムシフトが起こったと思います。

沼野　日露戦争について彼は何か書いていましたか。

亀山　いや、ないですね。ただ、「自伝」のなかで、当時、グルジアの故郷でデモや集会に参加した、といったことが書かれているだけです。まだ、十三歳、中学生の年齢ですね。

沼野　確かに日露戦争はロシア人に対して大きなインパクトをもった事件です。たとえば亀山さんが若い頃研究していた未来派詩人のフレーブニコフも対馬海戦のことを詩に書いていますね。

亀山　ええ、いい詩がいくつかあります。日本海海戦でロシアはバルチック艦隊とともに海の藻《も》屑《くず》と化したみたいな衝撃を受ける。そして「時間の法則」の探求とかいう作業をはじめる。要するに、この海戦でロシアは完全に終わったのかもしれない、そんな予感が出発点です。過去に歴史的海戦で敗北した国のその後の運命はどうなったのか。ロシアの再生は可能か、といったことを考えるわけですよ。こんなふうな説明ではたしてどれくらいの人にわかっていただけるのか、わかりませんが（笑）。要するに、ロシアの運命というのは、歴史の法則を徹底探求することで明らかにできるかもしれない、と考えたわけです。むろん、対馬の衝撃はフレーブニコフ一人だけではなかった。ヴャチェスラフ・イワーノフなんていう超高踏派の詩人も、「対馬」という詩を書いているし、ワレリー・ブリューソフは、手紙で「対馬とともに古いロシアは海の藻屑となった」とまで書いている。で、そこで現れた共通の認識というのは、「古きロシアは死んだ」ということです。先ほどパラダイムシフトと言いましたが、それ以上の転換です。つまり、キリスト教ロシアは死んだという認識で、結局その延長上で、キリスト教を土台にした芸術運動も死んだという認識につながる。そこで、まったく次元の異なるモダニズムが誕生する。未来主義のはしりがそこから生まれてくる。

沼野　亀山さんが世紀末のヨーロッパの影響について言ったので、もうちょっと整理すると、その前に私がロシア小説の非ヨーロッパ的な特異性ということを言ったでしょう。十九世紀半ばから一八八〇年ごろまでは確かにロシア人の芸術的天才が開花した時代ですが、それは西欧とは一線を画す——切り離されたとまでは言えないにしても——独自の展開だった。ロシア芸術の歴史に関しては。カミラ・グレイという美術史研究者に『芸術におけるロシアの実験』という古典的名著があって、これはロシア・アヴァンギャルドの歴史を概観したほとんど世界最初の本だったのですが、そこでも著者は十九世紀から二十世紀初頭の時代は、一時断ち切られていた西欧との関係を取り戻して合流しようとしていた時代である、と言っています。世紀末になってロシアにも登場した象徴主義の先駆者たちは、みな異様に高い西欧的教養を身につけた人たちで、ギリシャ・ラテン語から英独仏語など、語学もなんでもできる人が多かった。ヴャチェスラフ・イワーノフも、メレシュコフスキーも、ブリューソフもそうです。ブリューソフと親しかった象徴派詩人で、ややマイナーな存在ですが、ユルギス・バルトルシャイティスという人もいました。彼はもともとリトアニア人ですがロシア語でも詩を書くようになった。こういう周辺の民族出身者がロシア文学の大舞台に入っていったんですよ。で、バルトルシャイティスは小国出身の知識人の常として、おそろしく多くの言語に通じていた。十ヶ国語をくだらないんじゃないでしょうか。

バルトルシャイティスはちょっと例外的かもしれませんが、いずれにせよ他のロシア人を見ても——象徴主義の第一世代までは少なくとも——文学者がこんなに博識な時代は他になかった。この汎ヨーロッパ的といってもいい博識は、のちのスターリン時代以後に形成される、ロシア語しかできないモノリンガルな社会エリートと際立った対照をなすことになります。そういった人たちが十九紀末から二十世紀初頭にヨーロッパ文化との合流を夢見ていたんです。

亀山　政治において考えても、ボリシェヴィキもそうなんですよね。革命家たちは西欧に亡命し、世界革命をめざしたわけだから。

沼野　政治のほうで言えば、二月革命で一時擡頭《たいとう》するリベラル派、立憲君主制信奉者も、社会主義的な傾向の人たちも、おおむね皆、西欧の先進的な民主的な政治形態に近づこうと努力したわけでしょう。西欧崇拝ではないにしても、ヨーロッパ共通の教養の土台で文明を考えようとしていたといってもいい。それはロシア象徴主義詩人たちも同じことです。ところが十月革命の結果、西欧と合流しようという流れを断ち切るような、もっと根源的な求心的な力を解放してしまった。レーニン、トロツキーといった指導者たちも、当初はそんな事態になるとは覚悟していなかったのかもしれない。彼らだって西欧的な教養を持った人たちですからね。しかしボリシェヴィキの革命家たちは、自分が仕掛け人でもあると同時に、自分の仕掛けによって動き出したものが自分ではコントロールしがたい恐ろしい力を持っていることを悟らざるをえなくなった。そこで国家的な暴力、粛清という残酷な手段に頼らないと、とてもこの力は制御できないと思ったんじゃないかなと思います。というのは、まあ歴史や政治の素人の、きわめて文学的な説明ですけどね。

亀山　でもね、その説明が唯一正しい説明かもしれないなと思うことがある。レーニン、トロツキーまでは、世界革命をめざしていたわけで、ロシアの時間のなかにヨーロッパを抱き込むという意図があったはずです。しかし、それをスターリンが逆に一国社会主義に閉じこもることで、なんと「歴史」から離脱し、ポストヒストリカル、つまり歴史以降の無時間のなかへとロシアを切り離していった。テロルというのは使いたくてやるわけではなくて、スターリン個人の妄想だけでは起こらない。やっぱり状況がコントロールできないというところまで混沌が進んでいくんですね。だって一九三〇年代の、それに輪をかけて追い打ちをかけるがごとく、たとえばウクライナを中心に大飢饉が生じるわけですから。ちょっと話が先走りました。

沼野　シンボリスト世代に話を戻すと、後半にあたる第二世代、つまりベールイやブロークも、もともとは政治的人間ではなかった。ベールイは一時ルドルフ・シュタイナーに心酔して、人智学のほうに走ったりもするくらいで、政治よりはオカルティズムにひかれていた人です。ところが、彼の小説の代表作『ペテルブルグ』は一九〇五年の革命時代のロシアを背景に、アブレウーホフという政府高官を爆弾によって殺害しようというテロリストたちの企みを背景に展開する話なんですよ。それからブロークは十月革命の直後、一九一八年一月に、「十二」と「スキタイ人」という二つの詩を書きますが、これはどちらも革命後のロシアの情勢に呼応したきわめて政治的な詩だった。ブロークは結局、一九二一年に病気のためあっけなく亡くなるんですが、それまで詩は何も書かなかった、というか書けない状態に追い込まれていたので、結局この二編がブロークの「白鳥の歌」になった。「十二」は近代的・西欧的な原理ではとうてい説明できない自然力が吹き荒れるかのような、吹雪に包まれた革命後ロシアの首都を描いた。「スキタイ人」というのは、古代の伝説的遊牧民族スキタイ人のイメージを召喚し、自分たちロシア人こそそのスキタイ人なのだと宣言する。とはいえこれはブローク自身の属するインテリではなく、革命の際に古代的な荒々しい力をふるったロシア民衆のことを念頭に置いている。こんなふうにブロークも、ベールイも、テロや革命の暴力を見据えながら、革命とともに一時期伴走したわけです。ブロークが革命後書いたエッセイを読むと、革命の自然力を音楽にたとえて、「革命を聴け！」とまで言っている。このとどめようのない自然力の流れに、われわれは飲み込まれ、破滅するかもしれないけれども、それは避けられない宿命なのだ、くらいの覚悟で当時の政治的状況に向き合おうとしていたと思います。

世紀末から革命に至るまでの流れ

亀山　話が一挙に前に進みましたね。ここで世紀末、つまり一八九〇年代を少し丁寧に見ていくと、一八九二年が一つの重要なメルクマールになります。この年にフランスのシンボリズム宣言が初めてロシアに紹介され、それまで西洋で何が起こっていたかを、ロシアの知識人たちに認識させた。そうしてデカダン的な気分が一気に盛り上がっていく。文学界と思想界と宗教界という三つの層をごっちゃにしちゃうと、時代が見えにくくなると思うんですね。文学界も宗教界、思想界の影響を受けはじめて二十世紀に突入して、そこにいわば三つの層が一つになって本当の意味でのロシア風のシンボリズム運動が始まる。一八九二年からの八年間はある意味では模倣の時代ですが、一八九七年にモスクワ芸術座ができたり、その後『芸術の世界』という雑誌が刊行されたりして大きく盛り上がっていく。それもこれも一九〇〇年に世界の終末が来るというソロヴィヨフの予言が圧倒的に若い人たちの心を支配していたことが大きい。しかもニーチェが一九〇〇年に死ぬ。これらのモメントでロシアの文学界、思想界、宗教界が終末論一色になった。ところが一九〇四年の日露戦争の勃発と一九〇五年の敗戦が来て再び反転します。

世紀末の終末論というのは、非常にロマンティックな運動で、「永遠に女性的なもの」が地上に降りて世界を終末から救うという、黙示録にある「太陽をまとう女」のヴィジョンの現出に夢を託すものでしたね。世界が終末に至ってそこで新しい神の世界が現れるという、終末への期待というよりも、むしろ終末へ向かう運動に酔い、終末の混沌を救いだす永遠に女性的なるものへの信仰が若い知識人たちを支配して、みな恋愛詩や恋愛小説を書く。その「永遠に女性的なるもの」というのが「ソフィア」とか「永遠の妻」とか「永遠の女性」とかいろんな言葉で置き換えられていくんですが、その中心を担っていたのが、アレクサンドル・ブロークとアンドレイ・ベールイの二人で、その影響力は圧倒的だった。あとセルゲイ・ソロヴィヨフという人もいて、それはさっき言ったソロヴィヨフの甥だけれども、その三人が文壇の中心になった。しかし彼らが文壇の中心を占めることができたのは、わずか四、五年でしたね。

沼野　そこで決定的な転換が来るのは、一九〇五年でしょうか。第一次ロシア革命が起き、日露戦争でロシアが負けてしまう。

亀山　そうですね。一九〇五年、血の日曜日事件が起き、のちに第一次ロシア革命と呼ばれる事態が起きるとまったく別の潮流が生まれてきて、世の中にはパンを求める運動が起こっているのに、今頃「永遠に女性的なるもの」などを詠っている詩人たちの気が知れないみたいな風潮になるわけです。なおかつアジアの小国である日本との戦争における敗北というのは、ロシアにおけるキリスト教原理の敗北とでもいうべき根本的な問い直しを迫ることになります。キリスト教の神が敗れた、ニーチェ風に言うと、神の死を経験したわけです。これは、紀元九八〇年代末にウラジーミル一世のもとでキリスト教を受け入れてから、千年の歴史をとおして培われたロシア精神そのものの敗北です。もはやロシア精神はキリスト教のもとで蘇ることはできないという認識が生まれ、ここから未来派の運動が起きる。

未来というといかにもユートピア的な、あるいは未来社会への希望みたいなものを語った文学のように響くけれども、ロシアにおいてはそうじゃなくて、未来主義の前にいったん原始主義が起こっているんですね。原始主義、プリミティヴィズムというのは、キリスト教原理ではもうロシアは救われない、芸術文化全体がキリスト教原理から離れて、いわゆるスラヴ異教、つまりロシアがキリスト教を受け入れる以前の世界観に立脚した芸術を構築していく動きです。たとえば一九一〇年代に入ると、ストラヴィンスキーとプロコフィエフが出てくる。その先駆的な動きとして一九〇六、七年くらいから、いわゆるロシアの未来派といっても、今言ったプリミティヴィズムの運動が徐々に起こってきて、フレーブニコフなんかが汎スラヴ主義的な、古代スラヴの異教世界に立脚した詩を書く。文学や芸術の世界で起きたキリスト教への幻滅と否定は、そのままロシア革命におけるロシア正教の禁止へと引き継がれていったと見ることもできますね。ちなみに、『悦ばしき知識』でニーチェが神の死に触れたのは一八八二年で、ドストエフスキーの死と皇帝暗殺が起きた一八八一年の翌年。ロシアで起きた父殺し＝神殺しが、ドイツにフィードバックされたかのような感じさえします。ただ、ロシアの場合、神の死が無神論と、スラヴ異教の信仰の双方に回帰する方向に向かった。

つまり、原始主義も未来主義も根っこは一つだったわけで、フレーブニコフの出発もプリミティヴィズムつまり原始主義なんですが、それはあまり知られていない。キリスト教的な神話を書いてきたロシアの象徴主義の詩人たちも、やっぱり俺たちだめなのかもしれないということになって、たとえばレーミゾフ、ゴロデツキー、ブロークといった人たちもみなそれまでの終末論から脱却して、ロシアの民衆的なもののなかに自分の創作の源を見出そうとする。そのもっとも象徴的な作品がアレクサンドル・ブロークの戯曲『見世物小屋』ということになりますね。これはキリスト教とは全然関係なくて、イタリアのコンメディア・デラルテという民衆芝居に立脚して、かつての「永遠に女性的なるもの」への願望を徹底的に嘲笑する。そういう非常に自虐的な作品世界をつくり、その自虐によって生き延びていく。自分たちが二十歳前後につくり上げた独自の神話世界を、まだ四、五年しかたっていないのにそのまま否定するわけにはいかない。だから、それを捨てずにロシアの民衆世界を二重写しにしながら一種のアイロニーのかたちで新たな展開を模索する。それも一種の成熟のかたちなんですね。そういう時代が訪れてきて、その後、アレクサンドル・ブロークの場合、逆に、一人の詩人として非常に深く成熟を遂げていく。のちにロシア・アヴァンギャルド演劇を率いる演出家のメイエルホリドが注目するのもこれです。それはともかく一九〇五年以降のブロークの作品はどれもこれも素晴らしいし、最終的には最後のロシア革命をテーマに行進する十二人のボリシェヴィキ兵士を綴った「十二」という叙事詩の誕生に繋がっていく。これは、さっき沼野さんが、詳しく説明してくださったことですが、ブロークは最後はやはりキリスト教神話を捨て切れなかった。十二の数字は何といっても十二使徒とのダブルイメージ化を意図していますから。しかし、ロシアの文壇それ自体はもう、一種全然違った未来派的、アヴァンギャルド的志向をもった人たちによって支配されていた。

そういう流れです。次の章で、一九〇五年の第一次ロシア革命以後にでてきたいわゆる「ロシア・アヴァンギャルド」について話し合いたいと思います。

第五章　一九〇五年の転換
――ロシア・アヴァンギャルドのほうへ

一九〇五年　内容から形式への転換

沼野　トルストイが一九一〇年に家出して死を迎えた時期、いよいよ帝政も立ちゆかなくなっていたという背景が浮かび上がりました。前章では亀山さんが、世紀末から一九〇五年の第一次ロシア革命への流れを整理して終わりましたので、続いていよいよロシア・アヴァンギャルドの方へいきましょう。

亀山　ここでまず参考までに、同時代の西欧における二十世紀初頭の芸術革命とも言うべき運動を見ておきます。キュビスムの出発はピカソの『アビニヨンの娘たち』で、一九〇七年です。イタリアのマリネッティによる「未来派宣言」が一九〇九年。フランスではトリスタン・ツァラがダダ運動を起こしたのが一九一六年。同じくフランスのアンドレ・ブルトンによる「シュルレアリスム宣言」が一九二四年。一方ロシアに戻ると、未来派のマニフェスト、マヤコフスキーの『社会の趣味への平手打ち』が一九一二年ですからダダよりも早い。ロシア・フォルマリズムでは、シクロフスキーが「異化」概念を提唱した『言葉の復活』が一九一四年、『手法としての芸術』が一九一七年。ロシア構成主義運動も一九一〇年代半ば。マレーヴィチのスプレマティズムが一九一五年。ざっとこんな流れです。

さて、第一次ロシア革命があって、日露戦争での敗戦がロシア正教の神の敗北ととらえられたことで、芸術家全体がキリスト教の原理から離れていって、縛りを克服していき、ある意味自由になったわけです。これまでキリスト教というコンテクストにがんじがらめになっていた。そのくびきが切断され、そこで初めて芸術とは何かと考えたとき、芸術とは形式なのだという考え方に大きく左旋回をきっていく。そこにはフランスのキュビスム運動の大きな影響があるんですが、基本的にキリスト教という内容を取り払った瞬間、異教をどう表現するかというと形式しかなくなったんだと思います。十世紀以前のスラヴ異教世界をどうやって人間のドラマとして現代の人たちの前で再現してみせるか。近代的な意味での社会もコミュニティもないわけだから、その世界はきわめて美的な形式として再現するしかない。そこで形式の時代になった。そもそもロシアは形式というものをきわめて嫌うんです。形式の最たるものが言葉です。つまりある種の有機的、全体的なもののなかで言葉は溶け合っているのではなく、それ自体が一つの形式であり、芸術は言葉からなっているのだみたいな、そこまで逆にいっちゃったわけですね。さっきのブロークの「永遠に女性的なるもの」にしても何にしても、単調といっていいくらいのリズムを介してふわっとオーラが立ち上がってくればいいという、そういう幻想性に対する期待が読者のなかにもあった。ある時期から、それを経験できる読者がどんどんいなくなっちゃうわけですよ。何といっても戦争が目の前にあるわけですから。それで結局、原始的なもののほうにより働きかけるリズムと形式に対する関心が生まれてくるわけですね。原始的なものはもう旋律ではなく形式とリズムでしか表現できない。ストラヴィンスキーの音楽がそうであるように。

沼野　そこは面白いですね。でもフレーブニコフの原始的なものへの志向を、形式ということで説明できますか。

亀山　いや、両方重なっていると思います。彼は前にも述べた通り日露戦争での体験がショックで、そこでキリスト教のロシアは死んだのだ、と考えるんですね。フレーブニコフはそのあたりからスラヴ異教の世界に自分の作品のテーマを求めはじめなおかつザーウミと呼ばれるものも志向しはじめる。リズムが喚起する原始的衝動というものが浮かび上がる。

沼野　ザーウミ。「超意味言語」ですね。

亀山　そうすることで原始的な人間の心象を再現していくわけですね。そこにはドラマなんてない。神秘的な女性幻想なんてものもむろんない。結局、ドゥホーヴノスチの幻想を切り裂くには、ドゥホーヴノスチの温床であるロシア語そのものの解体に向かわざるをえなかったということだと思います。で、そこに何を置き換えようとしたか、というと、くどいようですが、人間の原始性です。その原始性を取り戻さないとロシアは復活できないと思ったわけですね。これは、イデオロギーと結びついている。しかも、彼は、マリネッティがロシアに来たとき、ロシアの未来派は一九〇五年に始まっているとまで豪語しているんです。端的に「ツシマ」ですが、対馬でロシアの文化は根本的に変わったと主張しているわけです。

沼野 ロシアから出てきた「原始性」のインパクトということで言えば、バレエ・リュスの場合もそうですね。『春の祭典』が一九一三年、パリのシャトレ座で西欧に大衝撃を与える。これも古代性、原始性ゆえです。『春の祭典』はスラヴ民族の古代の儀式を描いたものですが、音楽がストラヴィンスキー、美術がレーリヒで、振付けのニジンスキーも原初の力を感じさせるダンサーでした。

亀山 一方、ロシアの原始主義はものすごく純粋で、バレエ・リュスだけでなく、絵画運動とも結びついた。マレーヴィチは原始主義から始まっているし、タートリンもそう。一九〇八年から一九一一、二年くらいまでの原始主義はものすごく純粋な運動としてある。それが西側で受けるということをディアギレフが発見して、世俗化していった。それに音楽家たちが乗っかったわけです。もっとも実際にロシアの芸術家たちは一九〇五年あたりからパリに渡っている。そして帰ってきたのが一九〇八年から一九一〇年くらい。実はロシアの右派の未来派たちは自分たちのほうが早いと断言しているんですね。たとえばロシアのイコン絵画とか民衆版画のなかにキュビスムがすでにあった。だから自分たちのほうが早いと豪語する。ついにマティスもロシアに来てそれを追認せざるをえなくなる。いずれにせよ大事なのは、内容から形式への一大転換が起こったということです。そして彼ら詩人や画家たちがやっていることって何なのか、それをどうやって原理的に、批評の言語で説明できるのか、というところからフォルマリズムが起こる。たとえば最初の詩の音についてヤクビンスキーという人が書いたときに、やっぱり未来派の連中がやっているあの実験って何なのかと、それを自分の言葉で理解しようというところから始まっていますね。

沼野　だからフォルマリズムの最初は詩的言語の問題なんですよ。小説の分析は本来あまり得意ではなかった。内容から形式への転換というのにはまったく同意します。少し補足したほうがいいのは、文学においては内容こそが十九世紀ロシアでもっとも重要な要素だったということです。帝政時代の厳しい言論統制のせいで、思想や政治はそれ自体自由に論ずることが難しかった。そこで小説にすべての思想や主張が流れ込み、小説にかかる負荷が異様に大きかった。この時代、ある意味では小説がすべてだったんです。小説を批評する場合も、その後のソ連の社会主義リアリズム時代と同じように、作品のイデア、つまり思想性が最重要事項でした。形式的な表現の技巧なんて二次的なものだった。ロシアの小説や文芸批評は中身、内容、思想第一主義なんです。思想第一主義はしばしば人間主義にもなって、作家の人格と作品を直結させる。それに対して二十世紀の批評理論は、フォルマリズムもそうですし、西側のニュークリティシズム批評でもそうですが、作家と作品は別だとし、作家が誰であれ作品が良ければ作品は評価できると考える。それは二十世紀の批評理論では普通になりましたけど、十九世紀ロシアはそうじゃないんですよ。そういった伝統の重荷に対する反逆としてフォルマリズムを理解しなければ、その革命的意義はわかりません。アヴァンギャルド芸術も内容からの解放という点では同じでしょう。

亀山　形式が存在すれば内容はそこにおのずから生まれるものだ、という考え方ですね。十九世紀文学は形式に対するものすごい嫌悪があった。フォルムフォビアでずっときたのが、二十世紀初頭になって初めてロシアが自覚的に形式《フォルマ》というものを見いだした。それまで形式は詩のジャンルでしか意識されてこなかった。

ロシア革命の二重性

沼野　ところで「形式《フォルマ》」という言葉ですが、これはロシア語の文脈では基本的に蔑称、つまり馬鹿にした言い方なんです。内容中心主義の批評では、おおむね否定、批判のために使われることが多い。だいたいフォルマという言葉自体、外来語ですからね。「フォルマリスト」というのも自分たちで名乗ったのではなくて、トロツキーなど左翼の人たちが批判、悪口として貼ったレッテルです。つまらない形式のことばかり言っていて、肝心の内容や思想を等閑視している、といった感じでしょうね。とはいえ、それが長い歴史を経て、流派の名前としていわばニュートラルなものになった。革命的な行為はしばしば、敵対者の貼るレッテルで記憶されるというわけです。

亀山　言葉が革命に先行するという意味で考えると、形式主義は革命を予言していた面があるのかもしれませんね。革命というのはマルクスを信奉する革命家たちにとっては形式の破壊そのものですから。ロシア・アヴァンギャルドも外からの命名ですから。

沼野　そうですね。だいたいロシア・アヴァンギャルドの再評価・再発見も西側が先行した。フォルマリズムもそうでしたね。

亀山　大形式が終わって小形式が始まる一つの大きな動因としては、二十世紀初頭におけるアインシュタインの相対性理論をはじめ物理学的な世界像の転換という状況がある。ロシア未来派の連中は原始回帰とかスラヴ異教とか言いながら、他方では四次元の問題にも関心を持ち始めていた。フレーブニコフもマレーヴィチたちも自分たちの言語観、絵画観の向こうに四次元的な世界の、つまりキリスト教的な神の世界ではなくて四次元的な世界を見ている。彼らには、あるいはロシア人には、どうしても超越的なものが必要だったんですね。たとえばアインシュタインの相対性理論にしても四次元の理論にしても、西洋の芸術家だったら普通、そういったところに自分の芸術の動機づけ、説明づけ、裏づけなんて恥ずかしくて持ち出せないけれど、ロシアの芸術家たちは何かしら全体的なもののサポートがないと落ち着けない。フレーブニコフもマレーヴィチもそう。みな言語解体みたいなことをやりながら、なおかつキリスト教には戻れないから四次元的なものと繋がっていく。マダム・ブラヴァツキーの神智論も一瞬のうちに四次元の問題に変わっていく。ちなみにマダム・ブラヴァツキーはウクライナの生まれ、ニューヨークで神智学協会を作った女性で一八九一年には死んでいますが、音楽と文学、特にスクリャービンに影響を与えています。

沼野　ロシアでは原始主義と未来派が両輪で走っているという感覚は、ロシア未来派をイタリア未来派から分けるところでもあります。マリネッティが一九〇九年に宣言を出したイタリアの未来主義といえば、都会的で、自動車を賛美し、速度に酔いしれ、古代ギリシャ彫刻の美を否定した。ところがロシアではそこに原始主義的要素が強く入ってくる。大地への回帰、さらに昔の異教的なものへの回帰みたいなものが、フレーブニコフには強く感じられます。それで僕は、形式主義＝原始主義だという亀山さんの図式には、ちょっと疑問を呈したい。というのは、西欧ではフーゴ・バルとか、シュヴィッタースのような、ダダやその周辺の人たちが、純粋な言葉の遊びみたいな、音響詩を実践しているでしょう。しかし、ロシアではそれに近いことはクルチョーヌイフやその亜流が少しやったけれども、フレーブニコフは明らかに違う。彼の場合は意味が空っぽの純粋音声詩ではなくて、近代人が忘れている何か原始的な深い意味を言葉に探っているじゃないですか。

亀山　ええ、その通り、彼の詩的語源論がそうです。

沼野　だからフレーブニコフは形式主義とは言いにくいと思うんです。フレーブニコフの原始的なものへの志向と形式主義はむしろ、相容れないという気がします。

亀山　なるほど、じゃあ形式という言葉を、リズムであるとか、拍動とか、なんだったら音楽という言葉に言い換えてみることができるかもしれない。先ほどフレーブニコフのザーウミ（超意味言語）についても言いましたが、きわめて単純化されたリズムが古代的な衝動を呼び起こす。たとえば原始主義と呼ばれる時代のフレーブニコフの作品はストラヴィンスキーの音楽をそのまま言語化したみたいなところがありますね。そこには超越的なもの、あるいは人類の根っこに至ろうとする、そういう志向とは違うんだけれど、でもフレーブニコフの言語理論にはたとえば一つの母音のなかに人間の、あるいは本能の奥の奥を揺さぶるような、そういう全体的なもの、宇宙的なものへの志向が働いている。そこは形式主義とはまったく異なるように見えるけれどでもどこか重なってくるんじゃないでしょうか。もっとも、言語学者はそんな志向をもっていなかった。少なくともフォルマリズムに関わった人間、先ほど述べたような形式主義者たちは、ヤコブソンは若干別だけど、そういう超越主義的な志向はもっていなかった。同じ言語や形式の問題に対して、宗教的、超越的なものを持ち込もうとした人たちもいた。たとえばフロレンスキーとかがそうです。あの時代はそういうふうにして同じ言語の問題を取り扱うにしても、宗教界、哲学界が口出しをしてくるところがあったわけですね。それで純粋なマテリアリスティック（唯物論的）な感性をもった言語学者たちがまた言語観を整える。バフチンには言ってみれば宗教的なものは全然ない。言語オンリーな唯物論的な感覚で言語と文学の形式に迫っていく。フロレンスキーはまったく逆だけれど。形式というものを唯物論的に考えるのと、むしろリズムや音楽のように人間の古代的、太古の衝動に近づけてみるのと、両方のアプローチがありえますね。これをスチヒーヤと重ねて言い換えてみることもできるかもしれません。

沼野　ロシアのダダと言われたクルチョーヌイフはどうなりますか？

亀山　クルチョーヌイフは、子音と母音をアトランダムに組み合わせただけの意味のない言語つまりザーウミを創造して、ダダイストたちがやったような言語実験を、ダダより早くやっている。ところが、その彼もただ単にアルファベットを並べているだけじゃ足りなくて、言葉のもっている四次元性のようなものを意識していた人です。というのは、彼は神智論に凝っていてブラヴァツキーを読んでいたし、またウスペンスキーが書いた四次元に関する著作にも通じていたので、かなり神秘主義的で、そう、異端派に関心をもっていたようですね。鞭身派の宗徒が、たがいに鞭打ちながらエクスタシー状態で発する意味不明の言語を引用して、ザーウミの詩と同列に置く。未来派の持っている形式主義と、宗教的恍惚によって発せられる太古の言語という対極をなすような言葉のありようが並立していると考えてみると、革命のもつ相反的エネルギーを考える上でもヒントになるかもしれない。

沼野　話は少しそれますが、鞭身派といえば、ラスプーチンも鞭身派に関係があったのではないかという推測もありますね。そもそも十九世紀末から二十世紀初頭にかけてのロシアでは、知識人の間でこの種の民衆的異端派は一種の流行にさえなっていたといいます。アレクサンドル・エトキンドという文化史家がまさに『鞭身派』という分厚い研究書を書いているくらいです。

ロシア未来派における原始主義と未来主義の両立というあり方は、ロシア革命自体のあり方と同じ構造のものかもしれないですね。これまで繰り返し話してきたように、ロシア革命を引き起こした力は異質なものが絡みあっていて、単一なものではないんです。一方には、民衆的なスチヒーヤ（自然力）があった。大衆の意識の奥底にうごめいていた、どんよりとした集合的な欲望と言ってもいいかもしれない。革命はそういう非合理的で古代的な力を解放してしまった。これは宗教的な終末論的想像力にもかかわる部分で、理屈では説明しがたい、つまり形式には還元できない、原始的な力です。しかし他方では、リベラル派の政治家やマルクス主義者たちには、歴史の合法則的な進歩への信仰というものもあった。リベラルな政治家も、職業的革命家も、そういう思想のいわば形式的な側面に従ってプログラムを立てた。

亀山　そう、合理と非合理の戦いだったと言っていいと思います。未来派を動かしていたダイナモは、革命のダイナモと相似形をなしているように思えます。

第六章　一九一七年「ぼくの革命」
――マヤコフスキーの運命

マヤコフスキーという問題

沼野　革命後の芸術について語るところまで話が進んできたわけですが、革命後の文学といったら、まず何といっても、未来派の詩人として出発し、革命後にもひときわ目立った活躍を続けているうちに、ついに悲劇的な自殺に終わったマヤコフスキーでしょう。この詩人の革命後の運命をどう考えたらいいのか。亀山さんには『破滅のマヤコフスキー』という著書もありますが、アヴァンギャルド詩人として政治の革命を先取りするほどの人が、革命後、破滅に突き進んでいったのはどうしてなんでしょう。

亀山　端的に言って、自信喪失だと思いますね。革命前は、本当に素晴らしい詩を書いていた。「ズボンをはいた雲」や「背骨のフルート」なんかは、今読んでもまったく色あせていない、色あせていないどころか、現代みたいな鬱屈した時代には、ますますリアリティを帯びるような気がします。前田和泉さんが言っていましたけれど、今、ロシアでは、マヤコフスキーがリバイバルしているようなんですよ。それもありなんだと思いますね。まさに帝政ロシア時代の二極化の世界にあって、苦しみあがいた詩人ですから。ニコライ・ハルジエフという私のロシア時代の先生が言っていたんですが、マヤコフスキーに比べたら、他の詩人たちはみな室内楽だ、マヤコフスキーのもっている宇宙的なスケールでいったら、その傍にマンデリシュタームを置くなんて失礼だという感じなんです。パステルナークにしても一九一〇年代は彼に夢中でした。ただある時期から批判的になって、一九三〇年にマヤコフスキーがピストル自殺したときを「第一の死」と呼び、その後、スターリンが彼を「わがソビエト時代最高の詩人」とか持ち上げて、彼の銅像を広場に建てたときを「第二の死」だとまで言っていますが、一九一〇年代の頭から一九一七年の革命までに書かれた詩は、もうパステルナークなど及びもつかないくらい、素晴らしいテンションを帯びているし、手法も韻律も文句のつけようがないくらい斬新です。彼の初期の詩の前では、どんな詩人も顔色《がんしょく》を失うというか、二流の烙印を押されて当然だったと思います。フレーブニコフを除けばですが。

沼野　マヤコフスキーには人間としてカリスマ性もあった。男として魅力があって、ともかく、すごくかっこいい。

亀山　確かに。ロシアの作家詩人のなかでもっともフォトジェニックといえそうですね。最近のウラジーミル・ソローキンと双璧です。そう、マヤコフスキーはすごいヴィジョンを持った詩人だったと思います。だけど革命が詩人としての彼を堕落させた。というのは、彼は何かに歯向かうことでしか詩が書けない詩人なんです。父に対する子という立場で、権力に対する弱者の立場から、父的権力に歯向かうところで詩的なイマジネーションを爆発させることができた詩人だったんですね。ところが、革命後、革命詩人として持ち上げられると立場が反転し、彼自身が父、つまり権力の立場に立ってしまう。そうすると詩人としての抒情的エネルギーが湧いてこない。僕の印象では、そんな感じですね。革命が、自分たちの頭上にあって、何か永遠に届かないものとしてある時代は、わが身を犠牲にして革命を讃えたり、革命に人々を導くような詩を書けたけれど、革命がだんだん自分に接近したときにはもう抒情的な力は枯渇し、その詩もインパクトを持ちえなくなっていた。そういう危機感のなかで自分の子としての立場を改めて回復することによって詩を書こうとしたのが「プラ・エータ」(「これについて」)だったわけですね。「これ」とは、まさに「愛」のことで、彼は自分の弱さを全面的にさらけ出す詩を書くんだけれど、当然、批判を受ける。革命詩人の書くべき詩ではないという批判です。革命詩人であれば、革命を讃えなくてはならない。では、どうやって讃えるか。恐ろしいことに、讃えようとする革命が現実にはどんどん変質していく。特に、革命十周年にあたる一九二七年が危機でしたね。彼が子としてできるのは、徹底したアイロニーです。しかし、革命詩人として讃えなくてはいけない。完全に分裂していたと思います。さっき、彼の自殺は、自信喪失の結果だという言い方をしましたが、状況がもう彼本来の抒情詩を必要としてはいなかったということもあります。それじゃ、状況が変われば書けたのか、というと、もう書けなかった。後戻りできないくらい、枯渇していたんだと思います。その意味で、彼自身は本当に力を出し切って死んだとしか言えません。比較的評価の高い最晩年の戯曲も、初期と比べたらもう雲泥の開きがある。もちろん、革命前の五年間、つまり初期の詩が雲です。（笑）

沼野　ところで、多くの読者は興味があると思うのでうかがっておきたいんですが、亀山さんの考えでは、マヤコフスキーの死はどういうことだったんですか。

亀山　もちろん自殺。九十九パーセント自殺。

沼野　他殺説も有力でしたが、今では自殺したというのが定説になってます？

亀山　なっています。元に戻っている。

沼野　でも権力側による謀殺を疑わせる情況証拠もけっこうあって、小笠原豊樹さんなどは、執念でその説を追い続けましたね。読売文学賞を受賞した彼の最後の著書『マヤコフスキー事件』も他殺説を主張していますが……。

亀山　残念ですが、小笠原さんの説は、あまり説得力がありません。

沼野　マヤコフスキーが自殺か謀殺かはさておき、ロシア文学を彩る夥《おびただ》しい不審な死というのがありますね。ドストエフスキーの急死についても一種の変死ではなかったかという憶測があることは前にも紹介しましたが、ロシア革命後間もない一九二五年に自殺したエセーニンだって、本当は自殺ではないんじゃないかという説は根強くある。ゴーリキーも暗殺されたという説がありますね。

亀山　マヤコフスキーの自殺説は揺るがないと思いますが、ゴーリキー謀殺説はかなり信憑性が高いようです。記号学者のヴャチェスラフ・イワーノフもその線を主張しています。

沼野　プーシキンは自殺じゃありませんけれど、決闘で亡くなっている。その経緯にも不明な点が多く、皇帝や政治警察の陰謀じゃないのかという説さえある。これもロシア文学の夥しい変死の系譜に連なるものでしょう。有名な作家の詩の陰には、しばしば権力の関与が見え隠れしている。

亀山　それだけ文学が政治の強力なライバルとしてあって、政治が文学をそこまで危険視するということのなかに、前にも話題に上った、ロシアにおける言葉の問題が出てくるんですね。

沼野　今、「ポスト真実」時代とか言われて、たとえ嘘であっても、感情への訴えかけが世論を作り、それが本当のことになるといった風潮がありますね。それに抗する力というのがロシア文学の言葉にはあった。実際になぜそれほどにも言葉が、呪術的と言っていいくらいの魔力や強度をもったのかということを考えないといけないんですが、それはロシア人の歴史そのものを考えることにもなると思います。

亀山　ええ。で、話はマヤコフスキーに戻りますが、スターリンが登場してから革命というのはどんどん神聖化されていく。ということは逆に、革命が守りに入っていって、何とかそれを神聖化しないとついてこないという状況もある。したがって革命への批判は許されないわけです。そのなかでマヤコフスキーは、革命前までの彼はさほどアイロニーというものを前面に出さなくても、自己アイロニーさえあれば素晴らしい叙情が書けたわけです。ところが革命後は革命に対しても自分自身に対してもアイロニカルなものを出すことが許されないので、アイロニーという持ち前の才能が完全にブロックされてしまう。結局一九二八年くらいから何とかアイロニーを持ち出して、アイロニーで『南京虫』を書こうとした。一定程度アイロニーを武器にして。それもそうとう勇気のいることだったと思うけれど、結局のところ当局に睨まれ、革命詩人として与えられた特権も次から次へと剝奪されていく。ヨーロッパに行くのもままならなくなる。それまでは自由に行き来して、パリの恋人とも会うことができたけれど、最終的には身動きとれなくなり、鬱状態に入って、そこで自殺するという流れになってくる。一九三〇年四月の自殺というのは、かなり図式的な見方ですが、本当の意味で芸術運動が最終的に息の根を止められた時期と考えていいと思う。特に晩年の彼はいわゆるプロレタリア系といわれる左派に徹底的に攻撃されましたからね。彼ら自身も、これだったらすべての芸術団体はなくなったほうがいいのではないかというくらい、一九二〇年代末から三〇年代にかけてソビエトの芸術状況は悲惨な状態に置かれていました。

沼野　ただ革命後、一九二〇年代の少なくとも半ばくらいまでは、文学や芸術の世界ではある程度、プルーラリズム（多元主義）が認められていました。つまり、手法や思想的立場が違う様々な流派が競いあっていた。そのなかにトロツキーが「同伴者」と言って批判したような作家もいて、優れた作品を書いていた。ザミャーチンも、バーベリも、ブルガーコフも、オレーシャも、ピリニャークも——今でも読む価値のあるこの時代の重要作家は大部分が「同伴者」です。ところが一九二〇年代末から一九三〇年代にかけて、急進的左翼の「ラップ（ロシア・プロレタリア作家協会）」が猛威をふるい、違う立場の作家たちを攻撃するようになった。

亀山　致命的なところって、批判というか風刺が許されなくなったことですね。ロシア文学の伝統って、ゴーゴリやサルトゥイコフ＝シチェドリンから現代に至るまで風刺の要素に支えられてきたところが大きいわけで。ロシア人というのは、全一性とかいうとロマンティックに思えるけれど、その反対にものすごい風刺の毒というものももっているわけでしょう。その風刺の毒、批判の精神を封じられると、ロシアの文学、芸術を支えてきたものが牙を抜かれてしまう。そうなると芸術そのものが成立しなくなる。

沼野　確かに一九二七、八年頃まではまだ、かなり様々な表現が許されていたんですよ。ゾーシチェンコの風刺作品も、オレーシャの『羨望』も。ところがまず、そういった多様な声がラップの攻撃にさらされたあと、そのラップさえも解体させられて、一九三四年には第一回ソ連作家同盟大会が開かれて、ソ連の唯一の公認の文学団体はこの「ソ連作家同盟」であり、唯一の公認の創作方法は「社会主義リアリズム」だとされた。こうしてソ連文芸界は完全に一元的に共産党の支配下に置かれた。

亀山　スターリン時代の文学の始まりってことですね。

沼野　そう、そこへ行く前に少し補足したいんですが。今の風刺、アイロニーがなくなったという話ですけど、たとえば今でもみな読んでいるザミャーチンの『われら』がある。一九二〇年頃書かれた作品ですけど、ソ連では出せなかったわけです。ザミャーチンはソ連にはいられなくなって、確か彼がフランスに亡命せざるをえなくなったのが一九三一年。死んだのが三七年。三一年、出版を禁じられたザミャーチンはスターリンに手紙を書き、妻と共に国外へ移住。マヤコフスキーの死とザミャーチンの亡命がほぼ同じ頃でした。ああいうものを書いていた人がソ連にいられなくなった。いられる限度が一九三一年だったということ。しかし彼は亡命できただけ幸せだったと言えるかもしれませんね。

ニコライ・フョードロフの「復活」、そして宇宙主義

亀山　そう、それで少し思いだしたのだけれど、マヤコフスキーの革命後の詩には、ニコライ・

フョードロフも関連してくるんですね。一九二二年に書いた「これについて」という長編叙事詩ですが、あのなかでニコライ・フョードロフが取り上げられている。その問題が実は重要で、革命前に死んだ根っからのキリスト教思想家が、なぜか、ソビエト芸術のなかで受け入れられていく。影響はすさまじく広範に及んでいますよね。ソビエト時代の初期には、空想科学的な、というか科学が世界を変えていくみたいな理想があって、自分たちは、独自の科学の力によって人間の不死も実現できるというところまでいきつく。現代の先端科学でしか語りえないような夢を、社会主義にシンパシーを感じた思想家たちが真面目に主張しはじめるわけですよ。非常に奇異な光景です。たとえば血液交換研究所つまり輸血研究所ですね、なんてのがありましたが、古いボリシェヴィキの血と若いボリシェヴィキの血を交換することによって、新世代のボリシェヴィキ世代を実現しようとか、不死の実験を試みたりとか。脳髄研究所では、レーニンの脳髄をメスで解剖して、天才の天才たるゆえんを解明しようとか、もう荒唐無稽としかいいようのない実験が行われている。神秘主義と超科学主義がドッキングしたかたちで出てくるんですね。その最たるものが、宇宙主義、コスミズムということになると思うんですけど、その発想の源で、改めてニコライ・フョードロフの名前が出てくるわけです。

『カラマーゾフの兄弟』のラストの有名な「カラマーゾフ万歳!」の話と、トルストイの『復活』もフョードロフに関係する。トルストイは教会を否定し、神秘主義的なものも否定し、神は人間の心のなかにあるというところまでいくわけだけれど、ニコライ・フョードロフの物理的な人間の復活という思想に一時的だけど傾倒している。『復活』というタイトルは実は伏線があって、これはニコライ・フョードロフにおける人間の物理的な復活という理念をも含み込んだ「復活」なんです。カチューシャの恋人のシモンソンは、実はニコライ・フョードロフ主義者のペテルソンがモデルになっているとされていますね。だけど最終的にフョードロフ哲学は偽科学的であり俗悪であるということで、トルストイはこれを否定した。ドストエフスキーも最終的には距離を置くことになりますが、最後の作品の『カラマーゾフの兄弟』のラストで、死んだイリューシャ少年との再会に思いを馳せながら「カラマーゾフ万歳！」と書くとき、彼はニコライ・フョードロフをイメージしているわけです。キリスト教と唯物主義の奇妙奇天烈《きてれつ》なアマルガムといってもよいのですが、彼がソビエト社会主義における科学の思想をあるところで規定した人であったことは事実です。その最大の追随者が、コンスタンチン・ツィオルコフスキーであったわけです。

沼野　ロシア・コスミズムですね。

亀山　ええ、そうです。ここは、もう沼野さんにお話ししていただかなくては。

沼野　ロシア革命に直結している「イズム」といったら、もちろん、マルクス＝レーニン主義でしょうけれども、ロシアにはそれ以外にも様々な思潮があって、それらがロシア革命に流れ込んでいったわけです。「自由主義（リベラリズム）」もそういった「イズム」の一つですが、もう一つ、あまり広く知られていませんが、実は底流において非常に重要な役割をしていたのではないかと思われるのが、コスミズムですね。これは、コスモス、つまり宇宙という言葉から派生した言葉で、「宇宙主義」「宇宙精神」と言ったところでしょうか。その元祖と見なされるのが、十九世紀の特異な哲学者ニコライ・フョードロフでした。ただし、彼は生前著作はまとまったかたちでは出しておらず、だから「コスミズム」なんて言葉を提唱したわけではないのですが、同時代のドストエフスキーやトルストイなどにも影響を与えたと言われていますね。

亀山　沼野さんは、ツィオルコフスキーについて伝記を書いていらっしゃるから、あとで詳しく伺いますが、今の説明にちょっと補足すると、フョードロフの哲学には明らかに二つの軸がありますよね。「祖先崇拝」と「自然統御」という二つの考え方です。「祖先崇拝」はきわめてキリスト教的な、いわゆる「復活」の問題につながるテーマで、フョードロフに言わせると、キリスト教の奥義はまさに「復活」にあるということになる。しかし、その「復活」も、たとえばトルストイ的な、人間の良心のなかにおける神の復活といったような精神的な意味における考え方ではなく、現実的にというか、物理的にキリストの肉体の復活をわれわれ子孫の世代の総力を結集して実現していくのだという、そういうきわめてラディカルな科学主義です。イエス・キリストの復活を実現するには、まずわれわれが力を合わせて父祖を復活させ、父祖もまた力を合わせてその父祖を復活させ、イエス・キリストの復活まで辿り着こうというかたちで、遡ってゆく。そこで出てくるのが、「ブラートストヴォ」、英語ですと「ブラザーフッド」の考え方です。子どもたちの世代は、たがいに諍《いさか》いをやめ、力を合わせて復活の事業に邁進《まいしん》する。そこでは、当然、性愛は否定される。なにしろ、性愛は、父への尊敬を失わせるものですから、父祖の復活の事業を阻害する最大要因となりかねないと考えるわけですね。

で、フョードロフ哲学のもう一つの柱が、「自然統御」です。人間の最大の不幸は、死である、これが出発点ですね。死の克服ということを行わなければ、真のキリスト教の復活の奥義を実現したことにはならない。で、死はまさに自然がもたらすものですから、自然をいかにして統御していくのかが最大の関心事となる。弟子たちは、そうしたフョードロフの考え方をまとめて、「共同事業の哲学」と呼んだわけです。彼の哲学にもろに影響を受けたのが、さっきも言いましたが、まず第一にドストエフスキー。彼なんか、「フョードロフの思想を、まるで自分の思想のように読んだ」とまで書いているくらいです。革命期の新しい世代で彼の哲学を受けついだ画家が、マヤコフスキーとも交友のあったチェクルイギンですね。実は、話が横道にそれるんですが、僕はこのチェクルイギンについては、若干、悔しい思い出があるんですよ。一九九五年にモスクワで一年間、在外研究していたときに、このフョードロフの死者の復活をモチーフにしたチェクルイギンの絵が破格の安さでオークションに出たんです。あのとき買っておけばよかった、と思います（笑）。

沼野　パーヴェル・フィローノフに影響はありませんか？

亀山　ありますね。チェクルイギンなんかとはレベルの違う天才ですが、精神的なものと物質的なものが一体となった世界の雰囲気がよく描かれていくわけです。あれも一種の終末論といってよいでしょうね。そして、科学の分野では、さっきも言いましたが、沼野さんが伝記を書かれたコンスタンチン・ツィオルコフスキー、さらにそこから、ソビエト時代のいわゆる俗流唯物論者たちが、続々とフョードロフの哲学を自由に解釈していく。建神主義で知られたボグダーノフもそう。彼は、さっきも少し話題の出た「血液交換研究所」の所長で、最後は、輸血の最中に犠牲となる。でも、何としても不思議なのは、このゴリゴリのキリスト教思想家が、なぜ、ソビエト社会主義のエリートたちに受け入れられたのか、という問題です。理由は簡単で、彼らはおそらく、キリスト教と科学の結びつきに、さほど抵抗を感じなかったということじゃないでしょうか。さっき「自然統御」という用語を出しましたけれど、具体的には、どうやって雷雲を作り、雨を降らせるかとか、いろいろなアイデアを披露している。いずれにせよ、そういう超ラディカルな科学主義と、宗教的なものがミックスされた考え方が十九世紀の後半から出てきた。ドストエフスキーも、トルストイも、最終的にフョードロフとは一線を画すわけですが、さっきも言ったように、唯物論によって神を否定するソビエト社会主義はけっこう好意的にフョードロフを受け入れ、その薫陶を受けもし、それに共感する人たちがソビエト社会主義のあるところで活躍していく。その一部に、たとえば、レオニード・クラーシンという通商大臣がいて、イエス・キリストならぬ、ウラジーミル・イリイチ・レーニンの復活といったことをめざして、レーニン廟をつくろうみたいな話になるわけですね。

沼野　亀山さんはセミョーノヴァが書いた『フョードロフ伝』を訳されているんですが（安岡治子との共訳）、セミョーノヴァはフョードロフ再評価のために尽力した人で、すこしその影響を過大に見ている恐れもあるような気がしますが。

亀山　なるほど。

沼野　少なくとも、彼がソ連時代に実際にどれくらい影響力をもったかは議論の余地があるところで、実際に彼の著作が広く読まれていたはずがない。主著とされる『共同事業の哲学』は彼の死後、弟子が編纂《へんさん》して一九〇六年から一三年にかけて出版したもので、当時さほど広く知られていたものではなかったし、そもそも彼の著作は全体として見るとかなり難解で、われわれは父祖崇拝、祖先の復活、自然統御といった一番キャッチーでわかりやすいところに飛びついているだけという面もありそうです。ちなみに思想家としては、かなり反動的な宗教哲学者だった。

亀山　確かにそう、マヤコフスキーは完全な聞きかじりで、彼にフョードロフの存在を教えたのは、同居人のオーシプ・ブリークだったと言われていますね。

沼野　面白いのは、一方でフョードロフはほとんど反動的といってもいい宗教哲学者でありながら、他方では、今の亀山さんの説明にもあった通り、ＳＦを思わせるような先端科学的な主張をしていることです。先ほど、紹介されたいくつかのエピソードの他に、もう一つ重要なテーマがありますね。たとえば、先祖を復活させる方法については、死んだ人たちの肉体は分解して、細かい粒子になって宇宙空間を漂っている。その粒子のなかにもとの人の情報が入っているから、それに従って粒子を集めて組み立てれば、もとの人が復活する、といった、まるで遺伝子のアイデアを先取りしたようなことを言うんです。で、彼の思想がどうして宇宙開発につながるかというと、先祖が全部復活したら地上に住む場所が足りなくなるので、住む場所を求めて宇宙に出ていくしかない、というわけです。そういった考え方に刺激を受けたのが、ロシア・ソ連のロケット工学の父と言われるツィオルコフスキーでした。人類の宇宙進出、宇宙植民といったことが、宇宙ロケットの開発によって現実味を帯びてくる。ただフョードロフとツィオルコフスキーの間に、どのくらい緊密な接点があったかどうかは、はっきりしないのですが。

亀山　確かに伝説化されているうらみはありますね。ツィオルコフスキーは耳が聞こえなかったと思いますが？

沼野　子どもの頃猩紅熱《しょうこうねつ》で難聴になっています。ちなみに彼は独学で、大学でエリート教育を受けたわけではないんです。

亀山　モスクワ大学からも入学を拒否されて、しかたがないのでレーニン図書館に何か偉い人がいるというので通いはじめた。

沼野　（現在の）レーニン図書館じゃなく、当時はまだチェルトコフ図書館ですね。

亀山　そうでした（笑）。

沼野　で、フョードロフも、いわば在野の人で、大学の教授でもなく、著書があるわけでもない、図書館の司書だった。ツィオルコフスキーは、田舎からモスクワに出てきて、親から仕送りを受け、独学で勉強をしていた。自身の回想によると、パンと水だけの粗食にたえて生活費を捻出し、毎日図書館にこもっていたという。その図書館の司書がフョードロフだったというわけです。フョードロフはなにしろ途方もなく博学な人でしたから、ツィオルコフスキー青年にいろいろ助言したに違いない。もっともフョードロフが宇宙精神や人類の宇宙進出の話までしたかどうかは、はっきり分かっていないんです。ツィオルコフスキーはあるインタビューでは、むしろフョードロフの影響を否定しているんですが……当時ソ連ではフョードロフの名前を出しにくい雰囲気があって、隠そうとしたのかもしれません。

いずれにせよフョードロフという思想家はソ連時代には長いこと公式には無視され、表面からは消えていたのですが、彼に影響を受けたと推定される作家は、マヤコフスキーだけでなく、アンドレイ・プラトーノフやニコライ・ザボロツキーなど、何人もいます。社会主義リアリズム文学の主流として認められない、やや異端の作家たちによって、水面下でフョードロフの思想は受け継がれたということのようです。

亀山　「復活」という思想の背景については僕なりに考えるところがあるのですが、ソ連は、一九一七年から二一年の間にものすごい数の死者を出したわけです、内戦で。そこで経験された喪失感というものを、革命のために人命が失われたということの全体としての罪の意識、革命を成就した側の集合的な罪意識をあらわしているんじゃないかということです。大っぴらにはフョードロフの名前を出しにくいので、密かに、プラトーノフにしてもザボロツキーにしても、一種のヒューマニスティックな精神を革命の側で受け継いでいこうとした。ただしそれはキリスト教の思想家たちとかそういったことで表立って語るのではなくて、自分自身の世界観に重ねてです。復活とは口に出せませんから。実際にフョードロフが言っている「復活」の理想のなかに、たとえば博物館という考え方があるんですね。博物館のなかにたくさんの肖像画が並んでいる。その肖像画を描くという行為も、復活という営みに対する積極的な参加であるというので、非常に肯定的に評価される。だから死者に対して何かを思い出したり描いたりする、そういう行為そのものも復活の技だと考えるから、二十世紀に入ってロシア革命後の作家たちも死者に対する思いを一つの文学的なテーマにする。たとえばアンドレイ・プラトーノフだと『チェヴェングール』の最後で、自分の死んだ父親がいったい何を見たのか知りたいと願って、父親の跡を追って湖のなかに入っていって死んでしまうという物語をつくる。それも父の復活をめぐる物語です。父を復活させるということにまつわるフョードロフの哲学を今言ったような人たちが、そこにはマヤコフスキーも含めてもいいと思うんだけれど、やっぱりある種の代償意識というのかな。革命がおこなった父殺し、偉大なる父殺し、究極にはニコライ二世がいるかもしれないけれども、そういった人たちを殺戮《さつりく》して革命が成就されているという事実。革命というのは現象的には偉大なる父殺しですが、形而上的には神殺しですよね。それらの代償意識のあらわれとして、フョードロフ思想というのが受け皿になっていた。ただし公には口にはできないものだった。

沼野　そこまで踏み込んで読めたらすごいことですよ。まあ、「父殺し」は確かに亀山さんがドストエフスキー論を通して追ってきたテーマですね。父の問題に絡めて言えば、フョードロフの考えは父権制を前提とした男性中心の思想です。祖先崇拝という面を見れば、それは確かに革命の犠牲になった人を鎮魂するということにもつなげて考えられるかもしれない。ただそれも、基本的に父権的な権力構造のなかでの祖先崇拝ということなので、レーニン、スターリンといった圧倒的に強力な父親的存在が権力を握る全体主義的な国の構造に親和性があるわけですよ。

もう一つ、別の面から、フョードロフとソ連の関係を考えると、その不思議に科学的な宇宙志向がある。先ほどの話にも出たように、どんどん過去の人たちを復活させていくと、地上に場所が足りなくなり、人類は居住空間を宇宙に拡張しなければならない。その思想を受けて、宇宙ロケットが実際に可能だと考えて設計図まで作ったのがツィオルコフスキー。第二次世界大戦後のソ連は、さらに彼によって切り開かれた宇宙工学を土台にして、実際に宇宙に人を送り出すことに成功した、という流れになります。ツィオルコフスキーの有名な言葉に、「地球は人類のゆりかごだが、いつまでもゆりかごのなかにとどまっているわけにはいかない」というのがあります。実はこれは革命思想そのものじゃないですか。革命というのは人類が到達した最高のものなんだから、ロシアだけにとどまっていてはいけない。全人類に革命を波及させなければならない、という世界革命論と同じことでしょう。それからもう一つ、フョードロフ思想に特徴的な、科学技術による自然改造ですが、これはソ連という社会主義国建設の理念そのままでしょう。共産主義ユートピアとは、人類が自然を征服し、自然をコントロールすることによってできるものなんですから。こういうソ連文明を支える思想的底流にフョードロフがいつもいたわけですね。しかし、その名前は表面には決して出てこなかった。

亀山　そう。隠れフョードロフ主義者っていうの。

沼野　ソ連の政治家や共産党の指導者のなかにも「隠れフョードロフ主義者」がどのくらいいたかは、まったくわかりませんが……。そういえば下斗米伸夫さんは最近の著書『ロシアとソ連 歴史に消された者たち』で、古儀式派（分離派）が陰でいかに大きな役割を果たしてきたか、ということを雄弁に語っていますが、こういう「隠された」存在が歴史を動かしていると考えるのは、ちょっと陰謀説めいて、わくわくさせられる面があることは否定できません。ロシアにはフリーメーソンもたくさんいたんですが、これは本来秘密結社だから、活動の実態を調べるのは極めて難しいですね。しかし、このフリーメーソンの人間的つながりが実は二月革命後の臨時政府においても大きな役割を果たしていることは、和田春樹さんの研究が明らかにしています。歴史の底流に蠢《うごめ》いていて、表面にはなかなか見えてこないものが多いのも、ロシア的と言えるかもしれない。

亀山　話をフョードロフに戻すと、一九六一年に、ユーリー・ガガーリンが世界初の宇宙飛行に成功したとき、同時に話題になったのが、フョードロフなんですね。実はフョードロフというのは、ガガーリン公爵が婚外で生んだ息子なんです。面白い偶然です。

それと、フョードロフとの関係で話題になるのが、先ほども軽く触れたレーニン廟の建設ですね。レーニンの遺体を永久保存する。それはレーニンの遺体を生体と見るというのが最終的な目的だから。それを言いだしたレオニード・クラーシンという人物が、これもまたフョードロフ主義者なんですよね。そのときのスターリンは「やれやれ」という感じでね。スターリンの意図はまたちょっと違うんだけど、基本的に発想の源は、フョードロフ。したがってレーニン廟はソビエト科学の頂点に立つべき何かだったということは事実だし、それ以降、ソビエト科学のなかでどうやって不死というものを実現するか、ソビエト科学の最高の結実として、いかにレーニンに匹敵する天才をつくっていくかとか、そういった実験が非常に……。今で言うとiPS細胞の実験に匹敵するくらいの発想ですよ。

沼野　フョードロフの考えがレーニン廟をつくるにあたって決定的だったとお考えですか？

亀山　厳しい質問ですね。そこはけっこうフィクショナルな部分があるんですかね。

沼野　マルクス＝レーニン主義は唯物論で、科学的精神を大事にするわけじゃないですか。だから祖先の崇拝だの、死んだ政治家の死体を敬うだのなんていう非科学的なことは社会主義の精神に反しているんですよ、常識的に言えばね。それがなぜ、よりによって革命によって世界で初めてできたソ連という国家で行われたか、というところが非常に不思議ですね。

亀山　やっぱりスターリンの影でしょう。

沼野　その一方で、亀山さんが指摘したフョードロフ⇒クラーシンの流れで考えると、これは非科学的、宗教的な行為ではなくて、実はフョードロフ的な「超科学」と言えるのかもしれない。不死というのも宗教的にではなくて、科学的に究明すべきものだとなる。繰り返しますが、社会主義国でレーニン廟をつくるなんて、常識的にいえば奇怪千万ですよ。しかし、その背後に宗教とSFを渾然一体とするコスミズムがあり、その原点にはフョードロフもいたとなると、むしろわかりやすい。とてもロシア的な展開ですよ。

亀山　ただしこれは単なる政治的な文脈もありそうなんですね、つまりレーニンの権力をめぐる。

たとえばボリス・グロイスなんかに言わせると、レーニンの遺体を保存し展示することによって、むしろレーニンを亡き者にする。そういう政治的、政策的な考え方もあったと書いています。

沼野　マレーヴィチが関与していたという話もありましたか。

亀山　マレーヴィチは、レーニン廟のデザインには関与していないのですが、レーニンの最晩年、レーニンの死を刻一刻と追っているんですね。彼自身がレーニン廟のアイデアをもっていたということもあるのかもしれませんが、ここがまた複雑で、マレーヴィチは例の有名な「白地の上の黒い正方形」で一切のイリュージョニスティックなもの、神秘主義的なものを排除するという宣言をおこなっている。そういう意味では、白井聡が『「物質」の蜂起をめざして』で書いていますが、マレーヴィチはレーニンの唯物論とほとんど等距離、ほとんど同じくらいの厳密な唯物観をもっていたのだということになる。神秘的なものは一切信じない。だけれども、レーニンの復活を目論むレーニン廟の創設に関して、マレーヴィチは肯定的だったか否定的だったかに関しては、桑野隆さんが正しいようだね。

沼野　桑野さんは否定派でしょう。

亀山　そうです。否定派です。おそらく正しいと思いますね。たとえば、遺体の永久保存についてもマレーヴィチは否定的で、レーニンの奥さんのクループスカヤやトロツキー同様、レーニンの遺体を火葬すべきだと主張していますね。僕の場合、トマルキナという女性研究者の書いたレーニン廟に関する本にちょっと影響されすぎていて、彼女はマレーヴィチがレーニン廟に肯定的だったと書いているのを鵜呑みにしていたところがあります。あまり知られていないことですが、当初のレーニン廟は、三つの立方体からなっているわけです。「埋葬場所は永遠のシンボルとしての立方体だ」とまでマレーヴィチは言っている。彼は、立方体は建築におけるもっとも完成された究極的な美しい姿と考えていて、最初の段階のレーニン廟、例の三つの立方体によるレーニン廟については、肯定的に見ていたと思われるんですね。そればかりか、レーニンの永遠の記憶のために、各自が家に立方体を持つことになる、とまで予言しているくらいです。ここに資料があるので、引用しますが、「レーニンの死は死ではなく、彼は生きていて、永遠であるという視点は、立方体のかたちをした新しい対象によってシンボライズされる。立方体はもはや幾何学的な物体ではない」。ところが、それが解体されて、木造のレーニン廟になり、やがて大理石と御影石による現在のようなかたちへと変化していく。このプロセスというのは、レーニンの死後、スターリン権力がゆるぎないものとなっていくプロセスそのものなんですね。でも、切り分けて考えなくてはならないのは、レーニン廟の建築学的な問題と、遺体保存の問題は、まったく別ものだということです。そして、スターリンは、レーニン廟の上に立つことによって、確実に権力を築き上げていったという事実です。

沼野　ボリス・グロイスの見方ですね。確かに、レーニン廟は、宗教的な聖遺物崇拝を思わせる時代錯誤的なものであるように誤解されがちですが、実はソ連文明の権力構造を象徴するような構築物だった。フランスにエッフェル塔があるとしたら、ソ連はスターリン時代に救世主キリスト大聖堂というモスクワ最大の教会を爆破したかわりに、レーニン廟をつくった。松浦寿輝が『エッフェル塔試論』でフランスの近代と表象をめぐる様々な問題を詳細に論じたように、そろそろレーニン廟のソ連文明にとっての意味をきちんと論ずるべきなんです。

第七章　内戦、ネップ、亡命者たち

ロシア革命に至る百年

亀山　本書の最初で述べた通り、ロシア革命に至るまでには、非常に長い歴史がありますので、もう一度ふりかえってみましょう。

はじまりは十九世紀前半。一八二五年のデカブリストの乱では、貴族の将校を中心にした武装蜂起で、ロシア史上初めて、ツァーリズム打倒と農奴解放を要求した。一九一七年のロシア革命からおおよそ百年の時を遡ります。この時期から、いわゆる農奴制ロシアのなかに一つの大きな亀裂が生じ、三十六年後の一九六一年にようやく農奴解放が実現し、ナロードニキ運動を生み出す。そして十九世紀後半のロシアは、世界史上初のテロの時代を経験し、一八八一年にはとうとう皇帝暗殺が現実化してしまう。しかし、それで革命になだれ込むかと思いきや、時代は抑圧と停滞の時代に戻り、一九〇五年の第一次ロシア革命と呼ばれる事件までふたたび二十四年の時を要するわけです。そこから一九一七年の第二次ロシア革命までさらに十二年。結局、デカブリストの乱の時代からほぼ一世紀をかけてようやく一九一七年の革命が成就したわけです。

二十世紀、とりわけ一九一〇年代に入ってから、ロシア革命を後押しする原動力になったのはやはり第一次世界大戦の勃発であり、その前段階には、一九〇五年の日露戦争敗戦と、第一次ロシア革命があった。この時期のナロードというのはかなり自覚的に自分たちの存在、あるいは自分たちの力を自覚できる環境にあったと思うんです。全体的な構図として見れば、専制あるいは帝政を打倒する革命をいかに実現するかというときに、第一次世界大戦というモメントを抜きにして語ることはできない。このいわば革命運動の盛り上がりと大戦の勃発という二つのモメントが重なり合ったところに歴史の「奇跡」、もちろんカッコ付きの「奇跡」ですけれども、そういう状況が生まれたということですね。

一九一七年の革命は、最初はブルジョワ革命ということで、ブルジョワ市民と労働者、兵士が、ある意味で一体となって行動し、専制を打倒したということが言えると思う。ただ、二月革命で生まれた新しい臨時政府が農民あるいは労働者、兵士たちの前へ進む意欲と微妙に食い違っているところがあって、臨時政府を成立させた勢いとはまた別の方向から、労働者、農民たちに新しい自分たちの力、たとえばソビエトという言葉にあらわされる力へと結集させる力の誕生をも促していたということです。

結局、レーニンは臨時政府を否定して、「すべての権力をソビエトに」と主張し、同時に多民族の革命、あるいはウクライナの革命は排除するかたちで、労働者、兵士、農民に乗っかってくる。その三者の結合体の上で革命を遂行していくわけだけれど、やがて労働者と農民との間に、一つ大きな利益のぶつかり合いが生まれてくるわけです。当然、労働者は農民たちの支えがなければ生きていけないわけですけれども、やはり動きのなかでは労働者のほうがはるかに過激だった。そこでその対立を解消しきれないというのが一九一七年以降の動きだと思います。

ところが、驚くべきことに、革命を成就した後の選挙でボリシェヴィキは負けちゃうわけですよ。エスエルが第一党となった。そこでレーニンは、翌年一月の憲法制定会議の議論をひっくり返してしまう。内戦が生まれる大きな亀裂が生じることになるんですけれども、レーニンのこの決断の背景がどこにあったのか、これも革命を評価する上で一つの大きな問題点になります。つまり民衆的な盛り上がりとして一九一七年の革命というのは現実のものとしてあった。でもそれがレーニンによって、あるいはボリシェヴィキによって簒奪《さんだつ》される構図です。

沼野　ロシア革命と私たちが普通言うとき、だいたい十月革命のことが念頭にありますね。つまり十月革命というのは革命運動の終着点であり、それ以後のソ連史の出発点でもある。だから二月革命というもののイメージがおそらく一般にははっきりしていないんじゃないかと思います。ところが最近出たばかりの、池田嘉郎氏による『ロシア革命』は副題が「破局の8か月」となっている通り、二月革命から十月革命に至る八ヶ月に焦点を合わせている。つまり二月革命そのものに焦点を合わせている本なんですね。その点が非常にユニークです。

亀山　革命という場合、フランス革命もそうだけれど、基本的にはブルジョワ市民革命を意味するわけで、その意味では二月革命というのがそれまでの歴史における革命のイメージだったわけですね。ですからいわゆる十月革命あるいはボリシェヴィキ革命と呼ばれるものは一種、それまでの歴史の地平を突き抜けてしまう、いわば大変動というか、人間の想像力の及ばないような次元の現象だったと言えると思います。本来の革命という言葉があらわしていたものはおそらく二月革命であって、そういう意味で、二月革命をもっときちんと評価し、グローバル時代の現時点から捉えなおす必要があるんじゃないかなと思いますね。

沼野　確かに、十月革命は何しろ前例がない事態であって、人類の歴史のなかで非常に特殊なものでした。だからこそ多くの歴史家はその未曽有の事件の結果、何が獲得されたのかということに注意を集中させてきました。しかし池田氏の本は、むしろ二月革命によって切り開かれたかもしれない可能性がいかに潰されたかということに焦点を合わせています。そこが実は盲点だったというべきか、十月革命の後に出てきた新しいものばかりに目を向けていると、そもそも二月革命は何をやろうとしたのかということが見えなくなってしまうということですね。もちろん歴史の専門家による二月革命の研究には、すでに膨大な蓄積はあります。ただ歴史の素人がこんなことを言うのも僭越ですが、おおむね十月革命をクライマックスとする物語に回収される方向になってしまっているんではないでしょうか。歴史は単なる事実の集積と整理ではなく、誰の立場からどのような物語として語るかということです。特にロシア革命という巨大な事件をめぐっては、語る立場によって見えてくる物語がまったく異なった相貌を示すことになる。若手歴史学者の池田嘉郎さんが、ロシア革命百年にあたってこれまでの歴史学を整理する際に、何よりもまず「ロシア革命はどのように語られてきたのか」という切り口で入っていくのも、そのためでしょう（池田他編『ロシア革命とソ連の世紀』第一巻、岩波書店）。

革命の後、公式の物語の主体となるのは通常、革命によって政権をとった権力者です。ところが二月革命の際に生じたのは、よく言われることですが、「二重権力」で、誰が本当の主役なのか、よく分からない状態が続きました。物語論的に言えば、主語が誰であるのか分かりにくく、単一の物語が語りにくい状況だった。つまり二月革命で帝政を廃して、臨時政府ができた。これは「ブルジョワ」などとも革命家たちからは批判された、社会的エリートの大臣たちを中心としたリベラルな政権です。それが社会全体を掌握すれば話は簡単ですが、それに対して、ペトログラードで結成された労働者・兵士を中核とするソビエトが議会とは一線を画す組織として並行していた。ところでこの「ソビエト」というのは、もともとは労働者や兵士による直接民主主義的な「評議会」組織のことで、ペトログラードをはじめとして各地に組織されていき、「ソ連（ソビエト社会主義共和国連邦）」という国名にも名前が刻まれましたが、革命後は実際の権力はボリシェヴィキ政権が一元的に掌握し、ソビエトは形骸化したわけです。ですから、「ソ連」という国名自体に、壮大な虚構が含まれていたといってもいいわけで、欧米や日本の一般の人たちにはなぜこの国の名前に「ソビエト」と冠されていたのか、分からなくなっているはずです。しかし二月革命の時点では、臨時政府と拮抗するような革命の原動力として「ソビエト」は強力であり、臨時政府もソビエトとの関係をどう構築するかという難問に直面していたわけです。

レーニンからスターリンへの継承

亀山　結局、片方には大戦という現実があり、臨時政府も最初は立憲民主党のリヴォーフという人が首相を務めますが、途中でケレンスキーが出てくる。彼らはいずれも戦争続行派でしたね。つまり戦争を遂行していくという状況の流れを断ち切れないところに弱みがあったわけですけれども、その切れないという弱さこそリアルポリティクス、現実の政治だったと言えると思うんですよ。しかし労働者や兵士たちは、国家がロシア革命が起こる前から大戦によって弱体化し、逼《ひっ》迫《ぱく》した状況であるのを知っていましたから、レーニンに大義名分を与える。つまり、戦争を抜け出すことにしか逆に革命の成就の道はないと思っていたわけです。そこの決断がケレンスキーにはできなかった。縁を切るということができなかった。戦争は、事実、状況として進んでいるわけだから、それと縁を切るというか、人為的に関係を断ち切るということ自体ある意味でものすごく革命的な行為であったと言ってもいいと思います。ブルジョワ市民たちがつくった臨時政府にはさすがにそこまでの覚悟がなかった。そこで結局、レーニンのアジテーションが絶大な効果を生みはじめるわけです。戦争を否定するということのなかには、やはりある種のヒューマンな理想というものもあるわけですから、そこに気持ちとして動かされるということもあるし、飢えた労働者や兵士たちの心のなかにすっと入ってきてしまうものがあったんじゃないかと思いますね。レーニンはスイスに亡命していたわけですが、四月に戻ってきて、四月テーゼを出す。つまり、レーニンは二月革命のときいなかったわけだから、状況を外から見ることができた。そこが強みですね。

沼野　そもそも多くの革命家たちが迫害を逃れて、国外に亡命していたわけです。

亀山　結局、レーニンが憲法制定会議を否定したことで、完全に国が二つに分かれてしまい、内戦が起こる。いわゆる赤軍と白軍の戦いです。その内戦のプロセスで徐々に一つの革命がかたちをなそうとしていくなかで、レーニンはそれまで農民や兵士たちの意思を全面的につかみ、それを実現しようとしてきたにもかかわらず、結局それを完全掌握するために強力な政府国家をつくらなくてはならなくなって、逆にものすごく抑圧的な力として機能しはじめる。そこで、ある意味でロシア革命の行方を左右したともいえるクロンシュタットの反乱とタンボフの農民反乱が起こるわけです。クロンシュタットの反乱兵士たちは、革命が本来もっていた理想に帰れと叫んで、言論の自由とかいろんなことを要求するわけだけど、すさまじい力でそれを圧し潰す。トロツキーは「鉄の箒《ほうき》で一掃した」とまで宣言する。何千人という人が殺され、反乱終結後も二千人以上が粛清され処刑されてしまう。その前年にはすでに、タンボフの農民たちがやられている。これはエスエルのアントーノフという主導者が農民たちを駆り立てたわけですが、一説だと、毒ガスを使用するまでのすさまじいことをやってそれを弾圧していく。やっぱり並の革命じゃないわけですよ。だって、もうすでに、一応の政権奪還が終わったあとの混乱ですからね。こういうのを見ると、革命を美化したり、賛美することが可能だと思えないすさまじい現実があったことがわかります。そういう現実を乗り越えて、というか、そういう現実を抱えながら、それでも革命は進んでいき、芸術家たちがそれに熱狂していくという状況があったわけです。しかも、そういった状況が逐一新聞やラジオのニュースで知らされていたわけで、反革命の側からすると、これはもう否定してもいいという話になります。むしろ、反革命の人たちのほうに正義があったと言える側面もないではない。少なくとも、クロンシュタットの反乱兵士たちの主張を見ると、そういう思いを強くしますね。結局、革命っていうのは、戦争なんですよ。戦争だから大量殺戮も許される。で、この二つの反乱を抑えたのが、「赤いナポレオン」と言われた天才軍人ミハイル・トゥハチェフスキーですね。トゥハチェフスキーといえば、ショスタコーヴィチなんかと縁の深い、レニングラード（ペテルブルグ）市民からものすごく愛された英雄というイメージが強いんですが、歴史を見ると、そうとう苛烈なことをやっている。もちろん、レーニンの指示があってやっているわけだけれど、レーニン自身にものすごく無慈悲な側面と逆に人間的な側面があって、晩年は、この二つがうまくコントロールできていない感じです。そういう状況のなかで、一九二四年の一月に、ゴールキでレーニンが死ぬ。

沼野 そういえば、レーニンはその前、一九一八年に狙撃されていますね。

亀山 ええ、エスエル党員ファーニ・カプランが三発撃って二発が首のつけねに入った。その報復として、翌月に「赤色テロ」政令を出すわけです。レーニンはミヘリソン工場で演説している最中に至近距離で狙われているんです。至近距離でなぜ殺せなかったか、これが今でも謎の一つとされているんですが、実はこのカプラン、かなりの近視だったというんですね。どうしてそんな彼女が狙撃手に選ばれたのか。で、レーニンのほうは、一時的に奇跡的な回復を遂げるわけですが、その後、原因不明のまま、徐々に体調をくずし、ドイツから医者も呼ばれたりする。梅毒説とかいろいろ説が出ますが、最終的にはカプランの放った銃弾が頸動脈のすぐ傍に滞留していて、弾丸の周りにできた皮膜が頸動脈を圧迫し、脳への血流を悪くし、脳梗塞が起きた、という結果がでます。といっても、これはソ連崩壊後のことですが。

それはともかく、スターリンが、レーニンから引き継いだのは、一九一八年のレーニン。レーニンが抱えもっていた二面性のうちのまったく無慈悲な側面です。ちなみにスターリンはグルジア人でその本姓はジュガシヴィリですね。スターリンという姓は「鋼鉄の人」を意味するロシア語の筆名です。

十月革命はクーデターか？

沼野　ロシア革命、特にそのクライマックスとしての「十月革命」は歴史の教科書にも何か自明のことのように書かれていますが、亀山さんの話を聞いていても明らかなように、実は一九一七年十月にボリシェヴィキによる政権奪取が行われた時点では、まだ何も確立していなかった。これから先、この膨大な民衆を抱える気が遠くなるほど広大な国をどのように統治できるのか、見通しはなかったといってもいい。ですから、これは「革命」という立派な歴史的事件であるというよりは、当時の感覚では、「クーデター」と呼ばれるべきものだったでしょうし、国際的な報道でもそういう扱いでしかなかった。

そもそも十月革命の直後、一九一七年十一月に行われた憲法制定会議のための選挙では、社会革命党（エスエル）が第一党になり、ボリシェヴィキは二番目の地位に甘んじなければならなかった。ところが翌年一月に召集された憲法制定会議を、レーニンが率いるボリシェヴィキは強制的に解散させ、すべての権力を手中に収めた。選挙でも第一党になれない政治勢力ですから、国民全体の圧倒的な支持を得ているとは言い難い。その勢力が選挙の結果を無視してこのようなことを暴力的にしたわけですから、これこそ本当のクーデターで、この時点こそが本当の革命の瞬間だったと言えるかもしれない、決定的な事件ですね。

その後、亀山さんが今お話しされた通り、当然のことですが、ボリシェヴィキ政権に反対する反革命勢力、いわゆる白軍が、革命政権側の赤軍と戦う血みどろの内戦がしばらくは続き、流れが変われば反革命側が勝利していた可能性だってあるわけですよ。つまり一種のクーデターによる権力奪取の後、少なくとも二、三年の間は、はたしてボリシェヴィキ政権が持つかもわからない、流動的な半ば戦争状態が続いていたと考えなくてはならない。歴史の教科書が、ピンポイント的に「一九一七年十月に革命が起きた」と記述しているのは、実は後からそう決めているだけのことですね。

亀山　そう、どこかフィクショナルなところがある。

沼野　ロシアは気が遠くなるくらい広大な国ですから、それをモスクワの政権が全面的に掌握するのは、そう簡単なことではありません。周辺のあちこちで、反革命の様々な動きが根強く続いた。西シベリアのオムスクでは一九一八年には一時、コルチャーク率いる反革命の臨時全ロシア政府が樹立されますし、その後も、南ロシアやクリミアでは反革命の南ロシア軍を率いるウランゲリがやっぱり反ボリシェヴィキの独立国家を樹立しようとする。それから忘れてはならないのは、ロシア革命直後から、欧米が直接間接様々な形でソ連に干渉をし、日本も極東・シベリアに長期間にわたって出兵しているということです。今の日本では、第二次世界大戦終結時に多くの日本人がシベリアに不当に抑留されていることは多くの人が覚えていて、いまだにロシアに対する嫌悪感の根拠にもなっているくらいですが、日本が極東に出兵して、一時期ウラジオストックの町を軍事的に占拠していたという史実を知る人さえ少ない。この日本軍によるシベリア出兵の時期には、バイカル湖以東の地域に「極東共和国」さえ、一時的に作られていました。これはボリシェヴィキ政権と日本軍の直接の対決を避けるための一種の緩衝地帯の役割を果たしたようですが、それにしてもちょっと不思議な国です。

で、先ほどのタンボフとクロンシュタットの反乱ですが、このどちらも、対応を誤ればボリシェヴィキ政権自体がひっくり返るくらいの危険を孕《はら》んだものだったでしょう。だから鎮圧する側も無慈悲に残酷にならざるをえなかった。こんなふうに政権は危機的なポイントをいくつも経てきているんです。革命政権は、自分が生き残るか、破滅するかという壮絶な戦いをやっていたわけで、ボリシェヴィキはレーニンからスターリンへと権力を引き継ぎながら、それに勝ち残ったからこそ、ソ連という国を成立させられた。しかし二月革命の「ブルジョワ大臣」たちにはそういう強烈な暴力は使えなかった。

亀山　良識が働いていましたからね。ゴルバチョフみたいなもので。

沼野　現代のアメリカを見ていても似たようなことを思いますね。オバマ大統領はリベラルで、少し紳士的すぎた。だから理念は立派だったけれども、大衆が望むような成果を簡単にはあげられなかった。そこで大衆の不満がトランプ支持に向かった。それで大変なことになって、今さらながら、オバマはなんていい人だったんだろうと思うわけですよ。革命時のロシアと、現代のアメリカではあまりに違いが大きいので、もちろん、そう単純な比較はできませんが、二月革命はオバマ政権みたいなものだったかもしれない。もっとも、当時のロシアの場合は、第一次世界大戦のさなかであったという特殊事情が大きく作用したのは確かで、それがなければ歴史の歩みはまた違ったものになっていたかもしれません。

亀山　僕は最近、世界観が少し変わってきて、一九一七年の二月と十月の革命があって、その二月革命を率いた人たちのメンタリティや良識、理性は、重要な知性だったんだろうなと思うわけです。これは、池田君の本で改めて納得させられた点です。それを考えると、あまりにもレーニンというのは意固地《いこじ》だし、パラノイア的でね。そもそも、十九世紀のナロードニキにしろ革命家にしろ彼らがめざしたものというのは、個々ばらばらですが最終的には、二月革命でも十分すぎるくらいの結実だったと思うわけです。みんながみんな社会主義や共産主義の国をめざして革命運動をやっていたわけじゃない。レーニン自身だってボリシェヴィキの政権をつくったときは、自分たちが政権を奪取できるなんて思ってなかったと思いますよ。

革命のヴィジョンと現実

沼野　ところで、ふと疑問に思うんですが、エスエル（社会革命党）やメンシェヴィキ（ロシア社会民主労働党が一九〇三年七月・八月の党大会で分裂して形成された、社会主義右派）が政権奪取したとしたら、彼らが樹立した国家を社会主義国と呼べるんでしょうかね。

亀山　呼べると思いますね。社会主義国家といってもボリシェヴィキ的なものが唯一無二というわけじゃ全然ない。生産手段まで完全に独占するような形態、これはもう国家社会主義ですからね。

沼野　ボリシェヴィキがどんな国家建設の理想を抱いていたかと言えば、そもそも実際に政権を奪取する前に、彼らにはっきりしたイメージがどれほどあったのか。本当のところは誰も具体的なこととしては思い描けなかったんじゃないですかね。

タイムマシンを使って、レーニン、スターリンを経て実際に築かれたソ連国家を、帝政打倒のために戦っていた頃の革命家たちに見せてやったら、ぞっとして、「自分たちはこんなものを作るために命を捧げているわけではない」と叫ぶんじゃないでしょうか。もっと昔のことを言えば、若き日のドストエフスキーの空想的社会主義の理想というのは、何かもっと曖昧で、もっとロマンティックなものですよ。ユートピアというものは夢見られるべきものではあっても、実現のための設計図を引くようなものではなかった。つまり、何を具体的につくるかというヴィジョンよりも、おぞましい現実に対して反逆し、戦うという側面が革命運動を動かしていたわけでしょう。

亀山　そう思います。一種、社会主義というのは建前で、皇帝を暗殺するという行為から、帝政を完全に葬り去るというところまで、「人民の意志」とか「土地と自由」といった結社までいろいろ段階がありましたけれど、でも総じて十九世紀の革命運動がめざすことのできた目標というのは立憲制だったんじゃないですかね。

沼野　しかし、ボリシェヴィキよりもある意味では古典的な左翼であったエスエルなどは、どういう国を作りたいと思っていたんでしょう。

亀山　まず、エスエルの最大の特色は、ナロードニキの流れを汲《く》んでいるということですね。二十世紀に入ってから、次々と要人暗殺に関わっていきます。後に、左右に分裂していくわけだけど、いわゆる農村に圧倒的人気があった。というのは、彼らの唱えたのが土地の平等な分配だったからです。関心はそこにしかなかった。立憲君主制では、それは困難です。一種、無政府主義的な方向性を志向していたと思います。ところが、武闘団のトップであるアゼフが皇帝権力のスパイでもあったことが発覚して危機に陥るわけですね。それを救うのが、ロープシンの名前で知られたサヴィンコフ。ただ、第一次世界大戦をめぐる評価で、左右に分裂します。主流派の右派は、一九一七年の二月革命ではケレンスキー政権を支えたりするわけですが、土地の奪取と平等な分配をもとめる農民たちを抑え込もうとしたので、左派から反発を買う。左派は、そこで、ボリシェヴィキの側に立って十月革命を支持するわけです。ところが、第一回の選挙で、第一党となる。翌一八年に入るとエスエルは、ブレストリトフスク講和問題や食糧問題をめぐってボリシェヴィキと対立します。ドイツとの講和を潔しとしなかったわけです。レーニン率いるボリシェヴィキの支持層というのは、基本的に労働者で、他方、農民が支持していたのはエスエルすなわち社会革命党です。当時のロシアは、まだ、農民のほうが数的に労働者を圧倒していますから、こういう結果が出たわけですね。で、一月にタヴリーダ宮殿で開かれた憲法制定会議ではエスエル右派がヘゲモニーを握り、ボリシェヴィキとエスエル左派は退場するわけですが、ここで、すでに何度か触れたように、レーニンの天才的というか悪魔的な戦術が発揮されるわけです。

沼野　有名な議場封鎖ですね。休憩から戻ってきたら、会場が閉鎖されていたという伝説、というか事実です。しかし、結局、エスエルの理想としたものは、具体的に見えてこないままだったということになりますか。

亀山　確かに、見えてきませんね。農民に土地を与える、というヴィジョンだけで生き延びてきたともいえると思います。

沼野　それにしても、憲法制定会議を強制的に閉鎖したのは、ボリシェヴィキによる政権奪取の決定的瞬間ですね。これこそが十月革命を成立させるための本当のクーデターだった。それにしても機会を見て決定的な行動に出るレーニンの戦略的機敏さは、天才的なものでしたね。

亀山　そう、千載一遇のチャンスだったと思います。ものすごい微妙な権力バランスのなかで、まるで偶然のように歯車が時を刻んでいる。

沼野　歴史にｉｆはないと言いますけど、あの機会を捉え損なっていたら、その後の歴史の流れは全然違うものになっていたかもしれないし、ソ連なんて国はできなかったかもしれない。マルクス＝レーニン主義者は歴史の「合法則的」発展ということを言いますが、節目節目での偶然の作用は大きい。

亀山　十九世紀から連綿と続いた革命の運動が徐々に民衆的な盛り上がりと繋がっていったことは事実だし、それは第一次ロシア革命や第一次世界大戦のなかでの一般市民の貧困もあって、二月革命が起こったのは、まさに必然といってもよいわけですが、そもそも農民のアナーキーな感覚に支えられている感じでしたね。いったん、皇帝への幻想が消えたら、土地をくれ、です。ケレンスキーはそれが抑えられなかった。でも、一つ一つの事象の積みあげでロシア革命がなったか、というと、おっしゃる通りやはり偶然の力が大きいんじゃないかなと思います。レーニンは、万に一つのチャンスを摑んだといえると思います。だってさっき言った憲法制定会議を完全否定してしまうような決断は、やはり賭けに近かったと思うんですね。はたしてそうすることにどこまで展望があったのか、一九一八年初めの段階で。どうなるかなんて見えたはずないんですから。破れかぶれだったのだと思いますよ。

沼野　レーニンはそれを鉄の腕で指揮した。ほとんど一瞬も休まないで状況を判断し、指示を出し、膨大な量の論文や著作を書き続けた。その彼にしても、自分がこの先何を作れるか、分かっていたんだろうか。いわば虚無への跳躍みたいなことだったんじゃないでしょうか。

亀山　そうとう観念的ですね、ある意味で。もちろん現実に則して考えてはいるわけだけれども。

沼野　哲学的な著作だって初期にたくさん書いているわけだし、並外れた頭脳と体力の両方に恵まれた天才であったことは間違いないと思いますよ。

ネップ（新経済政策）時代の芸術

亀山　レーニン時代の芸術を考えるには、第一に、戦時共産主義、つぎにネップという二つの経済システムについて触れなくてはなりません。そもそも戦時共産主義というのは、名前だけは、共産主義がくっついているけれど、共産主義でも何でもない。結果的には、非常に原始的な収奪システムだったわけです。確かにレーニンたちは、やるべきことをやった。すべての企業を国営化し、中央による徹底したコントロールを行おうとしたし、外国貿易の独占ということも行っている。でも、最大の難関は、いわゆる穀物割当徴発制度にあった。つまり、農民から余剰農産物を強制的に徴発し、これをほかの階級に分配するシステム。確かにこれは、共産主義の名目にはふさわしいけれど、農民たちに対する見返りというものが、ほとんどない状態でこの徴発はそもそも不可能なんですね。そうでなくても、内戦で国内の工業生産は完全にストップ状態にある。結局のところ、穀物その他の絶対量が足りないものだから、都市の労働者にも、農民にも、双方に不満が出る。都市労働者は、やむなく都市を出て農村に向かう。当然のことながら、闇市がありとあらゆるところではびこりはじめる。重工業分野での生産は、第一次世界大戦勃発前の二十パーセントまで落ちこむという悲劇的な状況に陥っていた。そこに旱魃《かんばつ》が襲いかかって、すさまじい数の犠牲者が出た。こういう状況のなかで、いったい芸術に何ができるのか、何が語れるのか、ということです。芸術というのは、こうした現実に対しては完全に無力です。結局のところは、アジプロの道しか残されていない。扇動《アジテーション》とプロパガンダです。文学は、もう、奉仕するしか道がない。しなければ、それこそ銃殺刑に処される可能性もあるわけですから。

アヴァンギャルドというのは、その意味で、現実に背を向け、ひたすら芸術の革命に献身した、きわめて罪深い運動ということができる。餓死する農民に、どんなプロパガンダも通じません。その矛盾について、戦時共産主義下、いや、内戦下のアヴァンギャルドたちは、何をどう考えていたか、真剣に疑います。いずれにしても、内戦期に爆発的な開花を見たアヴァンギャルド運動は、やがて新しい事態に向かわざるをえなくなった。それがネップということになるわけです。

沼野　そう、ネップというのは「新経済政策」の略称で、経済の面からの時代の名称にもなるわけですけど、一九二一年に始まり、一九二八年にスターリンによって第一次五ヵ年計画の開始が宣言されるとともに終了する。スターリン時代が本格的に始まる前の、一瞬資本主義に逆戻りしたような時代で、私的経済活動もある程度自由化され、「ネップマン」と呼ばれる新興成金も出てきました。そして、そういった時代特有の俗物根性は恰好の風刺の対象になり、ゾーシチェンコや、『十二の椅子』で有名なイリフとペトロフの二人組といった風刺作家が活躍する。初期のブルガーコフもやはりこの時代を風刺していますね。

亀山　一九一七年から二一年までの四年間に、ロシアは完全に疲弊してしまった。他方革命とともに前進しようとした精神的な芸術家たちには、レーニンの推進するトップダウン型政策と革命を献身的に支えようとしていた。マヤコフスキーが活躍できたのはまさに内戦の時代だったという皮肉もあります。そこにネップが導入されると、せっかくここまでがんばってやってきたのにどうして市場経済を復活させるのか、という話になる。国家が経済を完全にコントロールできなくなってきたから、いやおうなく市場経済を導入することになったわけですが、アヴァンギャルドの一部は、これは革命に対する裏切りだと考える。しかし現実的には市場経済の導入を付加したレーニンの政策は、芸術にとっても一つの限界状況をあらわしていた。一九二一年以降、次の世代のアヴァンギャルド、つまりネップという新しい時代に対応できる次の世代のアヴァンギャルドが登場しはじめる。第一の世代はマヤコフスキー、マレーヴィチ、タートリン、ロトチェンコ、メイエルホリドたちだったけれど、第二世代のアヴァンギャルドは少し小粒になりますが、けっこうドライにネップを受け入れ、大衆の欲望を一定程度自分たちの芸術のなかに取り込むようになる。

沼野　第二世代というと、まず、「フェックス」ですね。「エクセントリックな俳優の工場」の略称です。一九二二年にそれを創設したコージンツェフとトラウベルグはまだすごく若かった。コージンツェフなんてまだ十代ですよ。若者たちが活躍する若い文化の時代でした。この二人は後に映画監督として名前を残すことになります。映画なんかも作っていた。一九〇六年生まれのショスタコーヴィチも二十歳の頃から活躍を始めている。

亀山　そう、二十世紀生まれの若い世代が出てきて、一方的なトップダウン的なアヴァンギャルドから、より大衆的な趣味の加わったアヴァンギャルドへと移行していく。マヤコフスキーも、すでに何度も触れた「これについて」という作品でネップ時代に生きていく自分の新しいスタイルをアピールする。一種の自伝的な恋愛叙事詩ですよね。革命期には、恋愛詩なんてとてもじゃないけど書けなかったけれど、こういうかたちで大衆迎合的なところにも敢えて入っていく。

沼野　前にも触れましたが、一九二〇年代は長いソ連の歴史のなかではほとんど唯一といってもいい、プルーラリズム（多元主義）の時代で、アヴァンギャルドとは別に、トロツキーが「同伴者」と呼んだような、様々な流派の共存がまだ認められていました。つまり、世界的にも同時代的現象だったわけですが、一九二〇年代の広く言えばモダニズム文学がソ連でも目覚ましい展開を遂げた。ところが一九二〇年代末、ちょうどネップが終わって、第一次五ヵ年計画が始まったころ、文壇ではラップ（ロシア・プロレタリア作家協会）が猛威を奮うようになり、プルーラリズムが否定されていく。そして一九三四年のソ連作家大会で、唯一、正しいとされる社会主義リアリズムの教義の下に文学が完全に一元化されたわけです。

ですから文学の表現の自由を追ってみると、一九二〇年代から三〇年代初頭にかけての変転は、めまいがするほど激しかった。

亀山　二十世紀の詩人のなかでももっとも良心的とされるパステルナークでさえ、三〇年代には、スターリンを讃える詩なんか書いているわけです。大事なのは二〇年代にはプロレタリア系のラップとか、非常にラディカルな左派、極左の連中の発言力がものすごく高まっていって、それで今挙がった「同伴者」の作家たちや、逆にアヴァンギャルドの作家たちもめちゃくちゃやられてしまう。あまりに批判が激しいものだから、三〇年代に入って、三二年にすべての芸術団体の改組をめぐる中央委員会決議が出て、すべての主義主張を捨てさせ、画家は美術家同盟、作家は作家同盟、音楽家は音楽家同盟というかたちに、ジャンルごとの同盟を作らせ、同じ文学のなかでいろんな派があっても一つに糾合しようという上からの「改革」を、最高レベルの詩人、作家たちまでが、むしろ好意的、前向きに受け入れてしまう。自分たちは自分たちで何とかやっていける。でも、自分一人ではやっていけず徒党を組んで自分たちを批判する極左派のプロレタリア系のグループが解散を余儀なくされるのであれば、これに越したことはないという気分に陥るわけです。スターリンの思うつぼです。

沼野 ラップが猛威を振るい始めたのが二〇年代末で、「同伴者」作家と見なされるような作家なら誰でも猛攻撃されたんですよ。

亀山 マヤコフスキーもあまりにも叩かれすぎて、最終的には、ラップに加わろうか加わるまいか真剣に迷うくらいまでになる。その迷いのなかで自殺する。

沼野 それが、一九三〇年。

亀山 かなりの心理的なストレスだったはずですね。

沼野 今のわれわれからすると想像しがたい部分があって、実際にどのくらいプレッシャーがあり、恐怖があったんでしょうね。今の日本では、批評家にいくら批判されてもそれで自殺する人なんてありえないわけですから。

次世代アヴァンギャルドの不運

亀山 ネップ（市場経済の導入）が大きなきっかけになって、アヴァンギャルドと呼ばれる左翼芸術の人たちに新しい流れができてきた。その最たる運動がオベリウです。これは、ヴェリミール・フレーブニコフとカジミール・マレーヴィチを自分たちの偉大なる先達として掲げながら、新しい前衛主義の運動を展開していった、後期未来派といってもよい連中ですね。

沼野　オベリウという名前も突拍子もないんですけど、オブイエジニェーニエ・レアーリナヴァ・イスクーストヴァ、「リアルな芸術の同盟」くらいの意味です。ただ頭文字を繫げて全体として変わった響きになるわけで、それ自体が未来派の好んだザーウミ（超意味言語）みたいなものですよね。一九二七年頃からレニングラードで三〇年頃まで活動していたグループです。代表者と言われているのは今はよく知られるようになったダニール・ハルムスやアレクサンドル・ヴヴェジェンスキーですね。その他、オレイニコフやザボロツキーやヴァギノフなどが関わった。

亀山　そう、ニコライ・ザボロツキーの名前は忘れられませんね。彼だけは、オベリウの括りだけでは括れない詩人です。さっきも触れた僕の師匠ハルジエフ先生なんか、「ザボロツキーの後に詩人はいない」とまで断言していたくらいですから。そういえば、彼もフョードロフの影響を受けた詩人です。

沼野　そう、おっしゃる通り、ザボロツキーはその後、スターリン時代も生き抜き、詩人として大きく成長して、二十世紀ロシア詩のなかでも重要な詩人と言える存在になったと思いますが、オベリウというグループ自体の活動は短命で、一九二〇年代末に限られていた。このグループは、過激なナンセンス言語の探求のようなことをやっていて、朗読やパフォーマンス活動を限られた範囲でやっていましたが、作品が活字になることは稀で、ほとんど非公認という存在でした。マヤコフスキーやフレーブニコフのような第一世代アヴァンギャルドは、革命前から自由に活動して世の中を騒がせ、社会的に認知される存在でした。それに対して、一九二〇年代末に活動を始めた彼らは、公認の地位を得ることのないまま弾圧され、一九三一年にハルムスとヴヴェジェンスキーが逮捕され、グループは壊滅する。それは一九二〇年代の多元主義文化の死でもあった。

亀山　レニングラードが中心ですよね。

沼野　そう。彼らは未来派を受け継ぐアヴァンギャルド最後の輝きみたいな人たちですが、未来派が提唱したザーウミについては否定する。二八年にオベリウの宣言が出るんですが、そこではザーウミを批判しているんです。オベリウの宣言は主にハルムスとザボロツキーが書いたと言われていますが、そこで「ザーウミほどわれわれに敵対する流派はない」とまで言っている。しかし実際にはやっぱりフレーブニコフやクルチョーヌィフなどの前衛的な言語実験を受け継いでいることは間違いない。ダニール・ハルムスは不条理な詩を書いたほか、「エリザヴェータ・バム」という、カフカ的不条理な状態を描いた戯曲を書いている。ヴヴェジェンスキーも「意味論的失語症の実験」と呼ばれるような詩を書き、『イワノフ家のクリスマスツリー』という性と暴力に満ちた激しく不条理な芝居を書いた。この二人の書いた戯曲の先鋭性は、おそらく当時の世界でもトップを走るほど過激なものでしたね。一九三〇年代以降、ハルムスは「スルーチャイ（事件）」というタイトルの下に、ナンセンスな超短編散文詩のようなものを次々に書いた。それは活字にならないまま埋もれていたんです。そしてスターリン時代に不遇のまま、一九四二年、レニングラード包囲のさなかに刑務所で餓死したと伝えられています。オベリウが解禁され、再発見されたのは、ソ連ではペレストロイカが始まってからですが、「スルーチャイ」の突き抜けたナンセンスの面白さが公式のソ連文学にはまったくなかった新鮮なものとして、センセーションを呼びました。

亀山　さっきのハルジエフ先生が作品集を編集して、七〇年代くらいに出してるんだよね。

沼野　いや、それはより正確に言うと、ジョージ・ギビアンというコーネル大学の教授が編纂して、一九七四年にドイツの出版社から出版した一巻のハルムス著作集のことだと思いますが、確かにその謝辞を見ると、それまでロシア語テキストが入手できなかった「エリザヴェータ・バム」はハルジエフから提供してもらったと書いてあります。ハルジエフはロシア・アヴァンギャルドの生き証人みたいな人ですからね、ハルムスとも一九二〇年代から親交があり、活字にならなかったテキストなども持っていたんでしょう。この時点でハルムスの作品のテキストはソ連ではまだまったく活字になっておらず、ギビアンが東欧やソ連でタイプ原稿などの形で密かに流通していたものをかき集めて、このように初めて本にしたわけですが、それは西側のことで、ソ連でハルムスが一般に知られるようになるのは、一九八〇年代後半以降です。ソ連では解禁されたとたん、大きな話題になって著作も堰を切ったように次々と出版され、今ではアカデミックな研究の対象となり、彼についての研究論文も山のように書かれている。ちょうど私のところでも大学院生が一人、ハルムスについて博士論文を書き上げたところです。

一九三〇年代　大文学の再来とアヴァンギャルドの終わり

亀山　いよいよ三〇年代に入ってくると、ほとんど三〇年代の文学として記憶されるのは、ブルガーコフの『巨匠とマルガリータ』でしょうか？　ぼくの好きなミハイル・ゾーシチェンコの『日の出前』は四〇年代に入ってからでしたね？

沼野　そうです。ただ『巨匠とマルガリータ』は当時活字になったわけではなく、ブルガーコフは出版のあてもないまま、一九四〇年に亡くなるまで書き続けていた。

亀山　そう。

沼野　いわゆる社会主義リアリズムの文学は二〇年代から三〇年代にかけて、名作というか、一応文学史に残るような作品が出ていますね。いわゆる社会主義の建設小説では、グラトコフの『セメント』（一九二五）とか、カターエフの『時よ、進め！』（一九三二）など。

亀山　あとゴーリキーの『クリム・サムギンの生涯』なんかも三〇年代ですね。ショーロホフの『静かなドン』はどうなります？

沼野　『静かなドン』はかなり早い時期、一九二〇年代後半から出版されはじめて、一九四〇年までかかっています。それよりも真正な社会主義小説ともいえるショーロホフの『開かれた処女地』のほうは、第一部が一九三二年に発表されていますね。

亀山　そう、アレクセイ・トルストイの『苦悩の中をゆく』とか、そういう大きなものががんがん出てきているんだ。ある意味で、壮観ですよね。

沼野　ドストエフスキーの死とともにいったん死に絶えた大長編の復活ですよ。社会主義リアリズムの精神の下で、大形式の伝統がよみがえった。

亀山　そうです、三四年のソ連作家同盟の成立をきっかけに。さっき名前を挙げたゾーシチェンコとかも、小形式でしたが、その彼も大形式を志向するようになる。

沼野　二〇年代の作家は基本的に小形式です。ある意味、そこで小形式の究極たるアヴァンギャルドの時代は終わったのかもしれないですね。

亀山　社会主義リアリズムの時代には、一つ一つ挙げていたらきりがないくらい、ものすごい分量の小説が書かれていて、今名前の挙がった『静かなドン』にしてもある意味でものすごく大事な小説かもしれない。

沼野　『静かなドン』は傑作ですよ。ただあまり社会主義リアリズムっぽくない。革命の渦に翻弄されるコサックたちの姿を描いた大長編で、革命側・反革命側どちらに対しても比較的中立に近い立場が保たれていて、この時期の作品としてはかなり例外的なものです。

亀山　ショーロホフが書いたんじゃないという説もあるでしょう。あの若さであれだけのものが書けるものではない、クリューコフが書いたものとか。

沼野　そう、発表当時から剽窃《ひょうせつ》説があって、白軍将校のクリューコフの原稿を盗用しているんじゃないかという嫌疑がかかった。いったんそれは「白」という結論が出たんですが、戦後、ソルジェニーツィンがそれを蒸し返した。今では贋作説はおおむね否定されているようですが、それはともかく、『静かなドン』が二十世紀ロシア小説を代表する傑作であることは間違いないでしょう。

亀山　一九三七年を一つの機に、亡命した作家たちが帰ってくる。そういう新しい流れもありましたね。まるで魔に魅入られたみたいに。

沼野　二十世紀ロシア・ソ連の歴史にとって亡命というのは大きな問題なので、少し流れに沿って整理しておきましょうか。二月革命直後には、亡命していた革命家たちの多くが帰国しましたが、十月革命以後は、逆に革命を受け入れられない人々が大量に国外に亡命することになりました。一九一七年から一九二一年にかけての亡命者の総数は二百万人にのぼると推定されていますが、これはちょっと想像もつかないほどの巨大な数字ですよ。亡命者たちはベルリンやパリやプラハなどを中心に世界各地に散らばって政治や文化の面で活動を続け、亡命地でロシア語の雑誌や書籍を刊行しました。ボリシェヴィキと袂《たもと》をわかった政治家の多くも亡命しています。この白系ロシア人のなかには作家ブーニン、作曲家ラフマニノフ、哲学者ベルジャーエフなど、革命前のロシア文化の精華とも呼ぶべき存在が多く含まれていました。ただし一九二一年以降は国境が固く閉ざされ、もはや亡命はもちろんのこと、海外旅行さえも簡単にはできなくなり、閉鎖的なスターリン時代に入っていきます。

亀山　第一次亡命と第二次亡命とあったわけですね。

沼野　そう、今言ったのは、ロシア革命直後の亡命「第一の波」です。それに対して「第二の波」というのは、第二次世界大戦中にドイツの占領地から出た大量の難民や捕虜になった人たちの一部が、戦後も帰国せずに、そのまま亡命者となったものです。彼らの多くはドイツから、アメリカ合衆国に渡りました。

ついでに先走って言ってしまうと、さらに「第三の波」というのもあります。これははるか後の一九七〇年代のことで、ソ連の生活に不満を持つユダヤ系ソ連市民が、この時期だけでも二十五万人ほど出国を認められ、イスラエルやアメリカ合衆国に移住しました。ただ一九七〇年代から一九八〇年代初頭にかけては、ソルジェニーツィンをはじめとする反体制的な作家や知識人の多くが亡命を余儀なくされたり、あるいは芸術家が表現の自由を求めて自ら亡命するケースがあい次ぎ、大きな社会問題になった。こんなふうにソ連は三度も大きな亡命の波を外に送り出してきたわけですが、なかでも「第一の波」のインパクトが一番大きかったでしょうね。「第一の波」

の歴史のなかでもとりわけ象徴的な出来事は、「哲学者の船」と呼ばれるものです。レーニンの指示によって、一九二二年に大量の知識人が船で西側に強制的に送りだされたのですが、そのなかには、ベルジャーエフ、セルゲイ・ブルガーコフ、ロスキー、フランク、トルベツコイといった錚々《そうそう》たる哲学者や研究者が含まれていた。異論派と目される知識人を一掃したんです。

亀山　すさまじい頭脳流出だな。

沼野　「第一の波」の人たちは若干ですが、日本にも来ています。いわゆる白系露人で、神戸でチョコレート菓子を販売してブランドとなったモロゾフもそう。ロシア未来派のダヴィッド・ブルリュークも、一時期日本に滞在して、日本の芸術界とも交流を持った。

亀山　ちなみに白系ロシア人というのは、赤軍に追われて亡命した白軍のロシア人とその末裔のことですね。日本には、革命後まもなく作曲家のセルゲイ・プロコフィエフも滞在していましたね。一九一八年の四月に来て八月初めまでいた。小説も書いている。

ナボコフの亡命

沼野　亡命ロシア人作家のなかでおそらく一番有名なのはナボコフですが、彼の場合はもともと子どもの頃から英語もロシア語と同じように使える人だった。フランス語もよくできて、フランス語で書いたのも若干あります。彼はロシアから出たあと、イギリスのケンブリッジ大学に学んで、それからベルリンで暮らし作家活動を始め、ナチスドイツを逃れてパリに出て、さらにアメリカに逃げる。奥さんがユダヤ人でしたから、実際に危険が大きかったわけです。一九四〇年にアメリカに亡命してからは、主に英語で小説を書くようになり、やはり英語で書いた『ロリータ』によって世界的な名声を得た。彼自身は大の政治嫌いで、政治活動には一切かかわらなかったのですが、実は彼の父親はロシア革命に深く関係していた。ナボコフ家は由緒ある貴族でしたが、彼の父は法学者で、カデット（立憲民主党）の主要メンバーの一人でもあった。二月革命後の臨時政府では彼は一時期、外務大臣を務めていますね。カデットの指導者ミリュコーフもナボコフ一家と同様、十月革命後、西側に亡命したんですが、彼は一九二二年にベルリンで政敵から狙撃される。それを庇《かば》って銃弾に倒れたのが、ナボコフの父でした。この事件は作家ナボコフにも大きな精神的なトラウマとなりました。つまりナボコフは芸術至上主義みたいな立場を貫いた人ですが、実は二月革命を支えたロシア・リベラリズムの子どもなんです。

文学の場合は、言語の壁があるので、そう簡単に亡命者が直接亡命先にインパクトを与えることにはならないので、ナボコフのように執筆言語をロシア語から英語に切り替えたのは例外的と言ってもいいでしょう。しかし、音楽や美術であれば、言葉の壁はあまり影響しないので、比較的簡単に越境し、外国に影響を与えることができる。作曲家ではラフマーニノフ、ストラヴィンスキー、画家ではカンディンスキー、シャガールなど、超大物が皆亡命者になっているんです。

ロシア革命は結果として、これは想定外の世界へのプレゼントですが、ロシアの芸術の精華を世界中にばらまいた、ということになります。

亀山　シャガールは、マレーヴィチによってヴィテプスクの美術学校を追われる恰好になった。あと、忘れてはならないのが、詩人マリーナ・ツヴェターエワの存在です。革命後まもなく夫のセルゲイ・エフロンを追って、西側のプラハに逃れる。それが二〇年代の初めで、三七、八年までベルリン、プラハ、パリで大半の傑作が書かれている。初期の作品も素晴らしいけれども、「丘の詩」とか、「終わりの詩」とか、中期の作品がすさまじく難解ですね。

沼野　亀山さんが訳されたのは？

亀山　「丘の詩」です。あの時はほんとに往生しました。でもすごい詩でした。ツヴェターエワがらみで出てくる夫のセルゲイ・エフロンですが、彼の運命がまた悲惨なんですね。いわゆるユーラシア主義の流れに与して、ソ連に帰国し、結局のところ抹殺される。その跡を追って帰ってきたツヴェターエワは自殺し、一家離散です。ここで話として浮上してくるのが、ベルリン、パリを通じて生まれてくるユーラシア主義の運動ですね。ユーラシア主義というのは、革命政権に対抗するかたちで、一九二〇年代に白系ロシア人の間で流行した民族主義的な思想潮流をいいます。今日のプーチン哲学の礎をなしている思想といっても過言ではないし、佐藤優さんも非常に大きな関心を払ってきた。これがまさにボリシェヴィキに代わる新しい統治理念として提示されたわけです。このユーラシア主義にはなかなか素晴らしい思想家たちが集まっていました。ニコライ・トルベツコイという言語学者をはじめとして、スフチンスキーという音楽学者もいたし、作曲家のプロコフィエフも加わっています。ただ、ユーラシア主義の運動にソ連の秘密警察が接近していって、彼らを機関にどんどん呼び込んでいき、結局運動そのものは瓦解してしまう。しかも、そうやって呼び込まれた人たちの何人かは、スパイ容疑で粛清されていってしまうという不幸な運命を辿るんですよね、一九三七年以降のことだけれども。このユーラシア主義という理念を現代に蘇らせようというのが、レフ・グミリョーフでしたね。

沼野　アフマートワが最初に結婚した相手がニコライ・グミリョーフという、アクメイズムの代表格の詩人で、その間にできた子どもがそのレフ・グミリョーフですね。

亀山　とんでもないエリートですよね。ロシアにはこういう結婚が無数にある。才能が維持されるはずです。

沼野　ちなみにユーラシア主義者レフ・グミリョーフの父、ニコライは、二十世紀初頭のロシアで有数の詩人の一人でしたが、反革命陰謀に加わったとされてあっさり一九二一年に銃殺されてしまった。今ではスターリン時代の粛清ばかりが大きく見えますが、実は革命直後の時代のこの種の権力によるテロルも恐ろしいものでした。

現代のユーラシア主義に話を戻すと、最近注目されているのはアレクサンドル・ドゥーギンという人物です。彼はプーチンの保守・強権ソ連を思想的に支えている人物で、西欧的なリベラルな価値観を否定し、宗教に基づいた強権国家をめざし、ロシアを中心としたすべての旧ソ連圏の統合を標榜しています。恐るべきがちがちの保守思想家ですが、それでいて頭脳明晰で多くの外国語にも通じている。ロシア革命後百年を経て、ロシアが行きついた先がこういう思想だということを、われわれはどう考えればいいのか。それは亀山さんとの討議の最後の課題として、とっておきましょう。

第八章　スターリニズムの恐怖と魅惑

三〇年代　ロシア文学の最高峰ブルガーコフ

亀山　三〇年代というのは、あれほど悲惨な国家テロルが横行していたにもかかわらず、最高の文学が書かれているという事実は見逃せませんね。なかでも極めつきが、ミハイル・ブルガーコフということになるのかなと思います。ウクライナ、キエフの出身で、革命後まもなくモスクワに出ていた。

沼野　そうですね。二〇年代に活躍を始めて、その頃の小説の代表作はなんといっても『悪魔物語』『運命の卵』『犬の心臓』といった風刺的でファンタスティックな作品が多かった。前衛的な文体実験の一歩手前にいて、アヴァンギャルド的な実験というタイプではありませんが、奇想や風刺では当時の最先端だった。そういう意味では一九二〇年代モダニズムの散文の旗手の一人でした。

亀山　発想が素晴らしい。

沼野　ただし、ボリシェヴィキ政権下のソ連社会に関する政治的な風刺を感じさせる作品もあり、体制側からは要注意人物としてにらまれていた。実際『犬の心臓』は当局から反ソ的で有害な作品と見なされ、一時原稿が押収され、生前ソ連では活字にすることはついにできなかったんです。その彼が二〇年代から四〇年に亡くなるまで、スターリン時代のさなかにやはり活字にするあてもなく書き続けていたのが『巨匠とマルガリータ』という大作です。これは今となってみると、二十世紀ロシア小説の最高傑作なのかもしれないという気がしますが、どうでしょう?

亀山　純粋に文学的な観点から見てそうですね。これを超えるものがないかもしれない、質量ともに。

沼野　ただ『巨匠とマルガリータ』がナンバーワンです、とあっさり認めてしまう前に――というのは、その他にも様々な先鋭的な試みがいろいろあったからですが――二十世紀ロシア・ソ連でどんな長編小説の傑作があったか、ちょっと振り返ってみましょうか。スターリン時代に大量に書かれていた社会主義リアリズム小説は今では無価値なものとして、あまりかえりみられることがありませんが、ソ連国家にとっての神話の「貯蔵庫」として、西欧の小説とは根本的に違う重要な役割を果たしていたことは否定できないわけで、その辺の事情を鮮やかに示した革命的な研究書が、アメリカのロシア文学者カテリーナ・クラークによる「ソビエト小説――儀式としての歴史」でした。理論はともかく、実作としては、オストロフスキー『鋼鉄はいかに鍛えられたか』、ショーロホフ『静かなドン』があります。グロスマンの巨編『人生と運命』は第二次世界大戦後に完成した作品で、異端視されて生前ソ連では出版できなかったので「体制批判的」と思われがちですが、作風においてはこれはソ連的リアリズムに属するものです。反体制作家による作品なら、なんといってもソルジェニーツィンの『収容所群島』があり、一九二〇年代の伝説的反ユートピア小説であるプラトーノフ『チェヴェングール』だって、リストの上位に来る重要作品でしょう。亡命作家の作品ならば、ナボコフがロシア語で書いた『賜物』が質量ともに圧倒的。革命前の二十世紀初頭までさかのぼっていいならベールイの『ペテルブルグ』とソログープの『小悪魔』という、二編のシンボリズム長編の傑作がある。

亀山　パステルナークの『ドクトル・ジバゴ』も。

沼野　あっ、忘れていました。もちろんです。今挙げたのは大長編ばかりですが、もう少し小ぶりの作品でもいいなら、ザミャーチンの『われら』、オレーシャの『羨望』、それから短編連作ですがバーベリの『騎兵隊』も忘れがたい。しかし、これらを並べてみても、『巨匠とマルガリータ』の面白さと深さにはかなわないような気がする。

亀山　僕はゾーシチェンコの『日の出前』を集中して読んだことがあって、あれも素晴らしいなと思ったけど、完成度の点から言って『巨匠』には全然かなわない。

沼野　『巨匠とマルガリータ』が作家の死後、四半世紀以上も経ってから、ソ連の文芸誌に初めて、不完全な形でしたが、発表されたのは一九六六年から七年にかけてのことです。これは世界的な反響を呼ぶ画期的なことでした。戦前書かれていたのに、その後長いこと日の目をみないままになっていた長編の傑作が戦後発掘されたケースといえば、何と言ってもこの『巨匠とマルガリータ』と、それから一九七〇年代になってから初めて西側で刊行された『チェヴェングール』の二つでしょうね。しかし、『チェヴェングール』はいろいろな事情があるのですが、いまだに翻訳が出ていません。これは一刻もはやく翻訳されるべき作品です。『巨匠とマルガリータ』が書かれたのはスターリン時代のさなかですが、あの厳しい時代が逆説的にこういうすごい作品を生み出すためのエネルギーを作家に与えたとも言えるでしょうか。

亀山　音楽も同じだね。こうやって見たらどう見たって『巨匠とマルガリータ』が一番。スターリン時代の文学は、文学的に言えば、レーニン時代よりもはるかに面白い時代。レーニン時代はある時期から自由があったからね。ところがスターリン時代は完全に自由を奪われている一方、公認のものについてはとことん自由が許されるという両極端にぶれた時代です。その意味で、ブルガーコフと権力の付き合い方が面白くて、キエフからモスクワに来た当初、かなりネップ期の社会を皮肉る作品を書いた。ただ皮肉といっても、非常に鮮やかに見事に描きとっていく。つまりアイロニーが面白いということじゃなくて、問題の切り取り方、モチーフの使い方と設定、諸々が非常に才気溢れているわけです。あれは、ロシア的な才能じゃないなと思うくらい野暮ったさがない。たとえば『運命の卵』にしても『犬の心臓』にしてもそう。芸術作品という側面から言ったら『巨匠とマルガリータ』のかちっとしたパラレルワールドなんか、村上春樹もこれを真似ているんじゃないかって思えるくらい、素晴らしい構造をなしている。なおかつ政治的側面に一切の偏りをもたない。なおかつ深遠で、自分の作品に対する圧倒的な自信。この作品に比べると『ドクトル・ジバゴ』は原文では非常に読みにくいし、小説とはいえないところもあって。

沼野　『ドクトル・ジバゴ』が読みにくいのは、やはり詩人の散文だからだと思いますね。映画化もされ、国際的ベストセラーになりましたが、ナボコフなどはくそみそに言っていた。ところで、亀山さんが訳されたプラトーノフの『土台穴』も素晴らしい作品ですね。あれは一九三〇年ごろに書かれながら、当時は活字にならず、ソ連で初めて出版されたのが一九八七年でした。

亀山　あの翻訳は本当に忘れられない経験です。自分がやった仕事のなかでも、今でも誇りに感じることのできる仕事の一つですね。何しろ、ヨシフ・ブロツキーが「『土台穴』を翻訳することは不可能だ」とまで言っているくらいで、難解きわまりない。というか、日本語にならない。江川卓《たく》さんが、「秘められた人間」という中編を訳していますが、きれいに鞣《なめ》された日本語になってしまってちっとも良さがわからない。きれいにしたら何の意味もないような言語で書かれている。プラトーノフを母語で経験できるロシア人は幸せだと思います。

沼野　農業集団化の時代のソ連が背景にある、先駆的なディストピア小説として読めますね。

亀山　農業集団化と第一次五ヵ年計画が、ダブルイメージになっている。一種の聖愚者みたいなヴォーシェフという人物と、プルシェフスキーという技師が主人公なんだけれど、涙なしには訳せませんでした。全然感傷的じゃないのに、ロシア革命の無残さ、というか、荒唐無稽さに蹂躙《じゅうりん》される人間たちの悲劇で、もう言葉になりません。僕のもう一人の師匠のルドルフ・ドゥガーノフ先生が、アンドレイ・プラトーノフは、二十世紀のドストエフスキーだよ、とまで持ち上げていましたね。あそこには、いわゆる二枚舌という要素がまったくない。つまり、時代の悲惨を、そのまま描きつくすことで、それ自体がすさまじいスターリン批判になっている。と同時に一種の運命論が底流しているわけですが。

作家はスターリンに魅惑されていたのか？

沼野　スターリン時代の一九三〇年代の文学、あるいは芸術全般といってもいいのですが、それを考えようとすると、どうしても二枚舌の問題に突き当たってしまう。これは亀山さんのスターリン時代研究の独自のキーワードになっているわけですが、「二枚舌」というと普通は本心を言わないで嘘をつくということでしょう……。

亀山　いや、そうではなく、賛美すると同時に批判するという精神構造ですね。あの時代の天才的な連中は、多かれ少なかれ「二枚舌」の持ち主だったと思います。パステルナークだってそう。

沼野　つまり、嘘をついたわけではなく、スターリンを心の底から信じていたということですか？

亀山　スターリンという存在に幻惑されていたと思います、芸術家として、ロマンティックに。

沼野　それは政治思想としてではなく……。

亀山　政治思想とは、ほとんど関係ないんじゃないですかね。たとえば、マレーヴィチが、レーニンをキリストになぞらえていたのと同じぐらいスターリンに心服していた時期があったと思います。たとえば第一回ソ連作家同盟大会のときに語っている言葉にしても、スターリンに捧げる詩を見ても、とても二枚舌を使っているとは思えないくらい素晴らしいレトリックを用いている。マンデリシュタームも同じです。マンデリシュタームのスターリン頌詩《しょうし》だって誠心誠意で書いている。ブロツキーが賞賛しているくらいですから、質的にものすごく高い。でも、たとえば、本心から書いていない人、自らの難を逃れるために本心から書かなかった人たちがいると思うんですね。

沼野　たとえば誰ですか。

亀山　ジャンルは違いますが、ショスタコーヴィチなんかはそうじゃないですかね。彼はスターリンに魅了されることはほとんどなかったと思う。でも、一見、それらしい音楽を書いた。

沼野　やっぱり音楽と文学だと違いますね。文学は言葉に表さなければならないから、ちゃんとスターリンの名前が出てきて、誰を賞賛しているかはっきりしてしまいますが、音楽だと何を念頭に置いた作曲なのかなんて、曲そのものからは推測しようがない。

亀山　エイゼンシュテインなんかも全然魅了されているようには見えない。直感で、この人は魅了されていない、というのがわかるんだけれど、文学者は言葉で生きているから全員ほとんど幻惑されていたという気がしますね。

沼野　二枚舌に関する亀山理論をもう少し説明していただけますか。幻惑されているんだけれども、批判的な立場も保持するということですか？

亀山　批判するといっても、彼らは、全体として現在のソ連で何が起こっているかを漠然とながら知っていて、なおかつそれが正当なのかもしれない、粛清さえもが正当かもしれないという直感が頭に浮かんでいたと思うんですよ。ロシア革命では何百万人もの命が犠牲となり、歴史はそれを正義と見なしたわけですからね。そういう大きな犠牲で得られた革命であるなら、その革命の持続を望む以上、犠牲はやむをえないという考え方が出てくる。しかも、一定程度自分がその恩恵を受けているという現実もあれば、なおさらです。今は、スターリンが今やっていることを認容しがたい、と思っていても、これもひょっとして正義なのじゃないか、みたいな善悪の観念についての迷いってあったと思うんですよ。天才的な芸術家は、みなそういうアンビバレントな状況に置かれていた。人間であれば、ましてや文学者であれば、スターリンのテロルが問題なことはわかっているはずで、でも、それは仕方ない、必要悪かもしれないという考えが浮かぶ。たとえば、ブルガーコフが『巨匠とマルガリータ』の冒頭に置いたエピグラフですね、「私は絶えず悪を欲し、絶えず善を成し遂げる、あの力の一部だ」というメフィストフェレスのセリフだけれど、あれは、スターリン主義との関連で考えるとものすごい意味をもってくる。村上春樹の『1Q84』に登場する「さきがけ」のリーダーは、スターリンのイメージですね。つまり、これは根本的な間違いかもしれないという思いと、ひょっとしたら正しいかもしれないという、その両極の間で本気になって作品を書く。でも、やはり根本的に魅了されたところがあったんだと思うんですね。三〇年代の芸術家たちは。ところが、これが、第二次世界大戦、独ソ戦を経た後は別だと思います。ソ連の芸術家たちは、もう醒めていた。いかにスターリンを信じているからといって、現実に二千七百万人死んでいるという現実もあるわけですし。

沼野　魅了されていたと亀山さんが感じるのは、マンデリシュタームとブルガーコフ。その他は誰でしょう?

亀山　アフマートワには、魅了はありませんね。グロスマンにもない。グロスマンは、でも、レーニン主義者だったと思いますよ。でも、それ以外は、ほとんど全員が魅了されていたんじゃないですか。二十世紀を代表する、世界的に見て一級だという作家、詩人たち。でも、スターリン主義、スターリン個人に魅了されているというのは危険なことじゃないですか。同じ時代のドイツを見ても、フルトヴェングラーやリヒャルト・シュトラウスが完全にヒトラーに魅了されていたとは思えない。ただ、哲学者のハイデガーは心底ヒトラーに魅了されていた。言葉の人間は皆、魅了されていたというところがあるんじゃないですか。

沼野　言葉の人間、つまり文学者や詩人ですね、危険なのは。だけど魅了されたというのは、スターリン個人にですか。それともスターリニズムの思想や体制に？

亀山　スターリンというのは一つの独立した神的カリスマで、今にはびこっている悪というのは、スターリンではなくスターリンのもとにいる連中がやっているのだ、スターリンは悪くないのだ、といった構造で捉えようとしていましたね。

沼野　するとスターリン個人のカリスマ性に眩惑された、ということですか。とはいうものの、「二枚舌」と言うからには、魅惑されながらも本心のどこかでは批判的姿勢を持っているというではないんですか。

亀山　自分の保身ということもあると思います。

沼野　保身だとしたら、やっぱり魅惑されていないんじゃないですか。本当は魅惑されていないんだけれど、魅了されたふりをして、褒める。

亀山　ふりが本気になっているんです。本能的に演技が身についているということですかね。

沼野　じゃあ、二枚舌って何なんだろうな。本人が二つに分裂しちゃっているということですよね。

亀山　そう。二枚舌の芸術家は、一枚の舌が反転するんじゃなくて、文字通り舌が二枚あるという意味なんです。賞賛する舌と否定する舌が別個にある。

沼野　普通、二枚舌というと、都合によって本心と違うことを言うことでしょう。だから本当はスターリンをひどい奴だと思っているけども、自分の保身のために一応褒める。それなら単純で分かりやすいし、まあ、誰にでもありそうなことです。今の日本の政治の世界でもそんなことばかり。

亀山　それが普通言う二枚舌ですが、僕が言っているのは、違う。

沼野　亀山さんの言う二枚舌は、本当に二枚の舌があるんですね。

亀山　そう、たとえば、さっきも触れたボローネジ流刑中にマンデリシュタームが書いたスターリン頌詩ですが、あれなんかスターリン本人に読んでもらいたいと思って書いているし、ブルガーコフがスターリンの六十歳を祝う戯曲『バトゥーム』を書いているときも、心底読んでもらいたいと思って書いている。でも心のどこかに、罪を感じている。いけないことだというのがある。それが、ちょこっと出てくる。

スターリニズムと二枚舌

沼野　ある政治体制のなかで芸術家が追い詰められたとき、究極の脱出方法としては、亡命ということがあります。しかしスターリン時代はすでに国境が固く閉ざされていて、亡命という選択肢は事実上なくなっていた。どうしても、ということであれば、スターリンに直訴するしかない。ザミャーチンは前にも述べたように、亡命が許されたわけですが、実はブルガーコフもほぼ同じ時期に同様のお願いをスターリンにしていますね。それに対して、スターリンは亡命を許さなかったけれども、ソ連に残って劇場で生きていけ、と指示を出す。もしあそこで許可が出ていれば、ブルガーコフだって亡命者になったわけですから、まさに運命の分かれ目です。彼はそういうぎりぎりのところまで追いつめられていた。

亀山　そこでスターリンの慈愛を感じちゃうわけ。翌日皆からちやほやされて、自分の書いた戯曲が上演禁止になったにもかかわらず、「これ以上、私は生きていけません。亡命する他ありません」と手紙を書いたら、その翌々日くらいにスターリンから電話がかかってきて、「わかった、何とかする」とか言うので、モスクワ芸術座に行く。すると「上演しましょう」というような流れになるわけです。そういうことをされたら、芸術家なんかいちころですよ、もともと権力に弱いから。でも、ショスタコーヴィチはちがった。ショスタコーヴィチの二枚舌は半端じゃない。音楽家ってけっこうシニカルなんですね。エイゼンシュテインも非常にシニカル。

沼野　その水準の天才ならば、自分の本来の芸術を貫いていても大丈夫という自信があったんでしょうね。

亀山　そう、所詮、検閲官レベルに、おれを切れるのか、というふてぶてしい自信が心のどこかに確実にあった。

沼野　エイゼンシュテインの場合は、『イワン雷帝』の第一部までは評判がよかったんですが、第二部になるとスターリンから呼び出されて改作を命じられた。もちろん、残酷な暴君イワン雷帝の姿がスターリンを暗示しているように見えるからですが、まあ、芸術家の側としては、「これはイワン雷帝を描いているんですよ。同志スターリン、あなたのことじゃありませんよ」と白《しら》を切り続けることもできなくはない。そこへ行くと、言葉の芸術家は――粛清で殺されたメイエルホリドのような演劇人も含めて――そう簡単には言い逃れができません。

亀山　だからブルガーコフは、さっき言った『バトゥーム』という戯曲で、スターリンの若き時代の、革命家時代の栄光を書いたけれども、スターリンは絶対だめだと言って上演を許さない。ほめ過ぎるからいけない。ほめ過ぎると、ほめ殺しの疑いが、必ず出てくる。つまり、言語によって賞賛するということのなかには、危険な二枚舌がおのずから出てくる……。意図すると、しないとにかかわらず。ですから、二枚舌というのは作者の意思の問題じゃないんです。関係性のなかで生まれてくるものなんですね。こっちは必死で一枚舌で書いても、「お前、これは二枚舌ではないのか」と疑われる。そういう方向性での二枚舌の問題と、純然たる二枚舌の構造を仕掛けることがある。言語で書かれた作品の場合は、むしろ権力が疑うという側面から見た二枚舌ですね。それに対して、ショスタコーヴィチとかエイゼンシュテインは、むしろ作者の側から積極的に仕掛けていた二枚舌です。言語芸術は甘えが利かない。そういう厳しいものだということです。東欧の作家や詩人たちは、どうだったんです？

沼野　戦後の東欧でもスターリニズムが一時的に猛威をふるった時期があって、スターリニズムに陶酔した詩人や作家たちがけっこういるんです。あのアイロニーの小説家ミラン・クンデラも一時期そうだったたし、ノーベル賞を受けたポーランドの女性詩人シンボルスカもスターリンを礼讃するような詩を書いた時期がある。ただこの頃の東欧の文学者たちは、一時的に陶酔してスターリンを熱烈に讃えていたのであって、二枚舌ではないと思いますね。クンデラもシンボルスカも、すぐその陶酔から覚めて、共産主義体制を批判する側にまわりますが。

亀山　戦前の芸術家たちにはその輝きがあったんだね。

沼野　文学者、特に詩人の叙情詩的な精神が危険なんですよ。

亀山　それはクンデラが批判していますね。「ホモ・センティメンタリス」という言葉を用いて。

沼野　クンデラは、叙情詩は対象との批判的距離を失い、のめり込んでしまうので危険だと悟り、アイロニーと懐疑の精神を重んずる小説のほうに行った。こういう転身の速さを見ていると、東欧（中欧）とロシアはやっぱりだいぶ違うな、と思いますね。ロシアの知識人や芸術家は「小回り」が利かないんですよ。いったん信じ込むとそこに嵌《は》まり込んだまま、脱け出せなくなってしまう。ポーランドにヤン・コットという批評家がいましたが、あの人はもともとユダヤ系なのに戦前はカトリック神学に凝って、それから共産主義者になって一時はスターリニストとして活躍し、その後反体制にまわってアメリカに亡命した。アクロバティックな思想的転換を一生に三回も、四回もしている。ソ連のインテリにはこういう人はまずいないんじゃないでしょうか。いったん本当に信じたら、ずっと信じていくわけですよね。共産主義の理想を信じて戦った「オールド・コミュニスト」たちの多くは、どんなに迫害されても、粛清で収容所にぶち込まれても、自分が信じた理想が正しかったという点は譲ろうとしなかった。ひょっとしたらそのロシア人固有のメンタリティが、ロシア革命後、ソ連という国が一九九〇年代初頭まで続いた原動力になったんじゃないかって思うこともあるんですよ。いったんこうなったらもう小回りも方向転換もできない、というメンタリティはソ連という国の精神そのものです。

亀山　ロシア人のメンタリティとして、信じる深さというのがある。東欧から西側のヨーロッパ的な批判精神に長じた人間、ロシア的なものを隠然と引きずっている人間と、今のウクライナがそうだけれど、あの辺りに引かれている線が根本的にある。ウクライナももはや精神的には東欧じゃなく西欧でしょう？

沼野　東側のキエフだと微妙ですけどね。一口にウクライナといっても地域的な多様性が強くて、たとえば西ウクライナの文化的中心のリヴォフ（リヴィウ）だったら中欧文化圏で、ずっと西欧寄りですね。

粛清は歴史の必然か？

沼野　最近のロシアではスターリン時代のほうがよかったと懐かしんだり、スターリンを賛美したりする動きも強くなっていますが、どうなんでしょうね。スターリンの大テロル（粛清）の犠牲者の家族にとってはつらく残酷な時代だったけれど、粛清と縁のなかった人たちにとってスターリン時代は実は安定した偉大な時代で、社会は貧しいながらも陽気な時代だったというふうに見る人たちはいるわけですよ。実際スターリン時代の文化を振り返ると、ミュージカル映画あり、ソ連製シャンペンありで。

亀山　自信をもてたというのは事実だと思う。

沼野　後から美化している面があるような気がしますけどね。

亀山　都市の一部のインテリ層は恐怖を抱いていただろうけど、農村の人たちは……。

沼野　スターリン時代の恐ろしさをどう受け止めるかは、確かにインテリと大衆では明らかに違っています。ロシアが宿命的に抱えているインテリと大衆の乖離《かいり》の問題がここにも現れている。

言論の自由が抑圧されて憤慨するのはインテリだけであって、大衆にはそんなものよりは給料や食糧のほうがよっぽど大事だ、ということになる。大衆の側には昔から根深い反知性主義の傾向があります。実はペレストロイカのときもまったく同じことがあって、言論が自由化されてインテリは『収容所群島』や『ドクトル・ジバゴ』が読めるようになったと大喜びしているけれども、だからといって生活が楽になったわけではない、むしろ、年金生活者などは生活が直撃されて前よりも苦しくなった、というわけです。発禁だった本を出版することよりも、ソーセージを作ることのほうが難しい、言論の自由に何のありがたみがあるのか、というのが大衆の実感でしたね。だからゴルバチョフは大衆からは支持されない。彼の人気は最低ですよ。

亀山　『カラマーゾフの兄弟』の「大審問官」に出てくる「天上のパン」と「地上のパン」の比較で言えば、「天上のパン」はいくらでもあるけれど、「地上のパン」はゼロみたいな状況ですね。まったく想定される現実は、ドストエフスキーがイメージしたのと逆です。ペレストロイカはそういう意味では、「地上のパン」にとって不幸な革命だった。

沼野　亀山さんがどう思っているか聞きたいのは、文化史的にみてスターリン時代とは何だったのか、ということです。あの大テロルというのは常識を超えたもので、そのメカニズムの恐ろしさはナチスドイツによるホロコースト以上の不条理な要素を持っている。ナチスの場合はドイツ人がユダヤ人を虐殺したわけですが、スターリンの大テロルは同じ国民どうしの殺戮でしょう。

どうしてこんな途方もない事態になってしまったのか。

亀山　パラノイアとかいったスターリンの個人的な気質というところだけではもう片付かないと思いますね。対立の深さは、やはり信じるものの深さを示していると思うんです。スターリンもまさに信念だったと思いますよ。ロシア革命が起こったときにまったくアンコントローラブルになって、それでレーニンはひそかに何千人という人たちの殺害を命じた。それと同じように、ソ連社会主義という秩序を維持することが至上課題である以上、ナチスドイツが国を殲滅《せんめつ》しようとする脅威のもとでは粛清もまた「戦争」だったんじゃないでしょうか。

沼野　亀山さんは『大審問官スターリン』という本を書いていて、粛清のメカニズムについてもよくご存じだと思いますが、これはロシア革命という歯車が動き出してしまったら、ここに行き着くしかなかったということなんでしょうか。

亀山　そういう印象をもちますね。やはり領土の広さという問題ってあると思う。革命が可能になるためには、ある程度国土が限られていなきゃいけない。何と言っても監視が必要ですからね。ところが、革命を要求するのは、逆に広大な土地なんですよね。中国もそう。ところが、革命が成功するには、国土は徹底して小さいほうがいい。キューバがそうでしょ。そのことを考えると、一定の広大な領土を、人間の知的な何かによってコントロールするといった場合、もう強権しかない。

沼野　それはそもそも十月革命直後からそうだった。つまり同じメカニズムがスターリン時代に強化されていった。

亀山　そうです。一種の自己防衛の仕組みとして大テロルは起動しはじめたし、あるところから完全にスターリンの手を離れて、それぞれの地方の党が率先してやっている。それがたとえばウズベキスタンとか、トルクメニスタンとか、ああいう多民族の共和国においては、共産党の指導者が、スターリンはこれを望んでいると忖度《そんたく》しながら粛清を実現していくということがあったわけで、それは本当に不可避的だったと思う。

沼野　スターリン時代の大テロルは歴史上稀に見る大虐殺でしたが、人類はその種のことをあちこちで繰り返してきました。ナチスドイツによるユダヤ人大量虐殺はもちろん、ポルポト政権下のカンボジアだって、規模はもっと小さいにしても今北朝鮮でも似たようなことが起こっている。こういう途方もないことが起こったとき、それを説明するためには、一般的に二つの違う方向がありますか。一つは、権力者が常軌を逸した異常に残忍な人格の持ち主なので、権力者個人に原因を探ることができるという考え方。もう一つは、これは権力者個人の問題ではなく、歴史の大きなメカニズムの問題であって、権力者個人がいい人か、悪い人かといったことは関係ない、といった考え方。後者を取るならば、ソ連の場合、スターリンではなく誰か他の人が権力の座にあったとしても、同じような悲劇が生じていただろうということになる。亀山さんはどちらですか。

亀山　程度の差こそあれ、スターリン個人の問題じゃないと思っています。個々人の野心にからむ忖度というメカニズムです。それにナチズムの脅威ですね。三〇年代に入ってから国全体が被害妄想の状態に入っている。スターリンはともかく一国国内ですべてを解決し、一切の個的なるものを排除することによって国家を守ろうとする。そして守ろうとすればするほど監視と規律は厳しくなる。なおかつそこに、自然災害がふりかかる。一九三〇年代初めの集団化の失敗からくる大飢饉がウクライナで起き、数百万単位で死んでいく。そういう諸々の危機感が蓄積して、最終的に、この国家に不満な人々、この国家に不必要な人は出ていってもらおうということになる。出ていくというのは、むろん、収容所に出ていってもらうという意味です。その発想はもう止められなかったんじゃないかという気がしますね。僕はずっとスターリンさえいなければ、たとえばブハーリンなり、キーロフなりがあの時期に、なんてことも考えてみたけれども、スターリン主義はスターリンが書記長になったときから「進化」してきたメカニズムですから、粛清のメカニズムは必然的に動き出していたような気もします。恐ろしいのは、さっきも言いましたが、忖度です。独裁というのは、忖度をダイナモにして成立していくようなところがある。そこに様々な自然的な要因が絡みついていったということだと思う。

沼野　確かに、ナチズムやホロコーストの専門家、ティモシー・スナイダーも言っている通り、独裁制を支えるのは、独裁者の意向を忖度する周囲の人々なんでしょうね。

ところでスターリン時代に特異な発達をとげ、粛清の原動力となったのは悪名高い政治警察でした。呼び名は時代とともに変わり、革命直後にはチェーカーだったのが、その後、ＧＰＵ《ゲー・ペー・ウー》とか、ＮＫＶＤ《エヌ・カー・ヴェー・デー》とか呼ばれて、スターリン死後にはＫＧＢになった。名前はいろいろありますが、本質は変わりません。スターリン時代にこの政治警察の長として大テロルを実行したのはエジョフとベリヤで、当時のソ連市民にとっては泣く子も黙る恐ろしい名前ですが、こういう人たちも結局歴史の駒にすぎず、彼ら自身が極悪非道の悪人だったわけではない、と考えるべきなんでしょうか。

亀山　そう、完全に駒ですね。

沼野　日本ではよく「秘密警察」と言いますが、存在そのものは秘密でもなんでもないので、「政治警察」と呼ぶべきでしょう。これはロシア革命後に始まった新機軸ではなく、帝政ロシア時代から一貫してあった。その起源はデカブリストの乱の直後にニコライ一世が創設した皇室直属官房第三部というものです。こんなふうに、帝政時代とソ連時代には断絶だけでなく、本質的な継承関係も多いんですね。スターリン時代のように異常に発達して社会全体を恐怖で覆いつくしたというケースは、たぶん世界の歴史を見ても珍しいでしょうけれども、まあ、実は多かれ少なかれ全体主義的な国家体制の下では似たような警察組織はどこでも発達していく。戦前の日本だって同じです。

亀山　そういった抑圧下で独裁政権と対話しながらそれぞれの文学者や芸術家がそれぞれに歴史に残る文学や音楽や美術を創り上げていった。でもショスタコーヴィチの音楽と二千数百万の犠牲者を天秤にかけることはやはりできないだろうと思うところがあって。根本的に、ロシア革命は間違っていたという思いを強くします。二月革命の段階で臨時政府が出てきてケレンスキーが出てきて、あそこでともかく止まってほしかった。教会だって、スターリンによってあんなに爆破されることもなく、美しい景観を守っていただろうし、芸術だけじゃなくて、建物にしろ、自然にしろ、自然に成熟してきたものが現にロシアにあったわけですよ。それが全部破壊されて、すべてが革命後に成り上がり的に出てきたものだということ。一九九二年にマリーナ・ツヴェターエワ生誕百年のシンポジウムに参加するためボストンに行ったとき、ボストンの町並みを見て本当にショックを受けました。なぜロシアのどこにも、ボストンの、この落ち着いた景観がないのか。いくら農業後進国であったといっても、ペテルブルグにしろモスクワにしろ、それなりに文化の蓄積の証である落ち着いた佇まいがあっていいはずです。一八九〇年くらいから資本主義が徐々に成熟し発達していくプロセスがあったわけですから。それに、あれだけの殺戮とナチスによる破壊がなければ、そこに落ち着いた都市と自然がありえたと切実に思うんですね。ちょっと感傷的になりましたが。

沼野　でもね、ロシア革命があったから今のロシアがそうなっちゃったというより、ロシアはもともとそういう国だから革命も起こった、とは考えられませんか。つまり、ロシアはどう転んでも西欧的な落ち着いた町並みには収まらないのであって、それがロシア独自の魅力ではないんでしょうか。そういう言い方は無責任に聞こえるかもしれないけれども、僕も亀山さんも口幅ったいことを言えば、ほとんど一生をかけてロシアに関わってきた人間ですよ。決していい加減な思い付きを言っているわけではないんです。ただ正直なところ、僕もたまにアメリカや欧米に行くと、ほっとするんですよ。最近ではイェールやハーバードにちょっと講演やセミナーをやりに行きましたが、こういう由緒あるアメリカの大学のキャンパスにいると、なんて快適なんだろう、ここなら落ち着いて研究ができる、って思うんです。それに対してロシアに行っているときは、レーニン図書館で資料を集めていても、書店で本を買いあさっていても、自分の奥のどこかが緊張していて、どんな想定外のことが起こっても対応できるよう、いわば臨戦態勢になっている感じがする。まあ、それがロシアの面白いところですからね、いちがいにダメだと言いたいわけではないんですが。そこで先ほどの話に戻れば、革命があったからロシアはこんなになっちゃったわけではなく、ロシアだったからこそ革命が起こった、もともとロシアというのはそういう国なんだ、という考え方はやっぱりありうると思う。少なくともすべてを革命のせいにしたり、革命のせいですべてが革命前から断絶してしまった、と考えるべきではないでしょう。

亀山　今おっしゃったことはその通りで、ウラジーミル・ヴェイドレの考え方もそうですね（『ロシア文化の運命』、冬樹社)。ロシアというのは断絶の国であり、それは昔からの問題でソ連以降の問題ではない。何か繋いでいくものがないというわけです。そのたびごとに破壊と断絶が起こっていると。

沼野　もともとマルクスが予期していた革命は、プロレタリア階級が発達した高度な資本主義国で起こるべきものでした。それが全然違う条件のもとで、西欧に比べたら後進国であったロシアで、予期できない形で起こってしまった。だから最初から実はいびつだったんですね。

亀山　そこに悲劇の根源があるような気がします。

第九章　ロシア革命からの100年
——レーニンとスターリン

一九三二年　歴史以前／以後の転換点

沼野　これまで、ロシア革命へと至る百年の流れを見渡したうえで、さらに革命後ソ連のレーニン、スターリン時代まで、詳細に追ってきたわけですが、この辺で一度、ロシア革命以後の百年、ロシア革命からの百年の政治・文化・精神史を少し大きく見直してみたいと思います。

一九一七年からのこの百年は、ソ連にとって何だったのか、そして、二十世紀の世界史にとって何だったのか。こういう形で革命が起きて、社会主義国ができたのは、人類史上初めてのことです。ことはソ連一国に留まらなかった。ソ連の影響の下に、第二次世界大戦後には、アジアやアフリカ、南米に社会主義国がどんどん生まれていったし、東欧の大部分もソ連圏の社会主義国になりました。ソ連というのは、そういった世界的に巨大な影響力を持つだけの、壮大な実験国家だった。この壮大な実験を今トータルに見た場合、はたして無残な失敗であったと言えるのか。確かにその実験はソ連崩壊という破局的な結末を迎えたわけですが、だからといってそこに至るすべてのことが否定されるわけではないでしょう。そのことを今、百年を見通すパースペクティブで考えなくてはならないと思うんです。

時代を追って改めて考えると、二月革命でロシアは皇帝制を廃止して、立憲民主主義的な国をつくろうとし始めたのに、ボリシェヴィキがクーデターを起こして——それが後に「十月革命」として歴史に記載されるわけですが——権力を掌握し、レーニンの下で巨大な暴力で統制される国家をつくっていく。それを引き継いだスターリンは前代未聞の大テロルを実行して独裁体制を強固なものにしたわけですが、レーニンはよくて、スターリンが悪人だったのか、それともすべての基礎はレーニンによって築かれていたのか。一九一七年の時点で、巨大なロシアを率いて新しい国を作っていくためには、やはりレーニンのエネルギーと天才が必要だったんでしょう。しかしそれは、その後の巨大な悲劇の始まりとなってしまった。

亀山　今の問題に対して、今は大枠で一九一七年から一九九一年のソ連崩壊までの七十数年間の全体の歴史をイメージしながらそういうふうに反省する見方と、もう一つ、ソ連社会主義はどこで転換点を迎えたのかという問題意識がある。それは文学芸術の視野からなんだけれど、仮にロシア革命が起こらなくても、アヴァンギャルドの運動は持続的に続いていった可能性があると思うんですよね。一九一五年の十二月にマレーヴィチが「0、10展」で白地の上の黒い正方形を発表した。その延長上で一七年、一八年と革命が起こってからもあの運動は持続してきているので、運動それ自体としてはおそらく、革命権力つまりボリシェヴィキが政権を掌握した後、芸術面でその一翼を担うといったプロセス以外にも、芸術上のヘゲモニーを担っていくプロセスは考えられる。これは、たとえばロシア・アヴァンギャルド運動は何年から何年までかという問題とけっこう関わってくると思うんです。

僕は、ロシアの歴史が政治および文化の面でポストヒストリカル、つまり、歴史以後に入ったのが一九三二年だと思うんです。ソ連の中央委員会の決議が出てその後、社会主義リアリズムが標榜されるきっかけとなる年です。

沼野　「多」が「一」に統合され、再編成されていく時期ですね。

亀山　あそこからソビエトの文化は歴史も含め、歴史以後の世界に入ったという感じがするんですね。つまりもう西洋の価値観その他から完全に隔絶してしまう。その意味では、三二年は、プーシキンに始まり、ドストエフスキー、トルストイを経て象徴主義に継承され、やがてアヴァンギャルドの段階に入り、なおかつアヴァンギャルドも一種の極点みたいなところまで突っ走って、全体として、大きなモダニズムが終着点を迎える。そのことをモダニズムの終焉とか、ポストモダンの始まりと言うわけだよね。通常ポストモダンと言えば、まずリオタールの名前が浮かびますし、一九八〇年代のフランス哲学を考えます。しかしソ連の状況を考え、社会主義自体がポストモダンと言われることの意味をもっと真剣にとらえないといけない。歴史も三〇年代にはいわゆるスターリンによる一国社会主義によってポストヒストリカルな状況に入ってきていると考えられるので、そこで生まれる文化は当然ポストモダン的状況を呈する。モダンというのはともかく、どこまでも前に進む運動で、すべて新たに更新していく運動ですが、ポストモダンにおいては、エイゼンシュテインの映画ではないですが、古いものと新しいものが同じ平面上に等価の形で混在するわけですよ。いわば無時間です。本当の意味でのソ連文化は一九三二年に始まって、ゴルバチョフの登場と同時に終わる。あそこで、目が覚めるというか、ポストモダン、ポストヒストリーの夢が一応終わりを告げたと考えられる。西側がポストモダンを八〇年代に経験しはじめる頃には、すでにしっかりと終わりを見届けているわけですが、ここは本当に終わったのかどうか考えなければならないのかもしれない。それは社会主義リアリズムの終わりでもあるんですが。だから厳密に言うと、一九一七年の革命から三二年までの一つの歴史と、一九三二年のまさにスターリン革命からスターリン批判の五六年までの歴史と、一九五六年からソ連崩壊に至る九一年までの歴史という三段階に分かれるのかなというふうに考えています。また、第三段階目の、三十五年間というのは、よくよく考えると、二つの時代に分かれるんですよね。つまり、五六年から六八年にかけて、一種の、仮の目覚めが起こっているということです。仮の目覚めというのは、モダンの復活です。ところが、六八年のチェコ侵入によって、再び、ポストモダンというか、歴史以後の時間に回帰する、そんなふうな図式が見えてきます。「雪どけ」というのは、基本的にモダンの復活だと思います。

で、今度は、歴史のほうを振り返るわけだけれど、時代的にはズレはあるけれど、僕の考えでは、三二年まではレーニンの時代だと言っていいと思うんですよ。レーニンは二四年一月に死んでいますけれど、レーニンの神話は残りつづけた。そして、三二年からが、歴史、文化を総合して本物のスターリン時代と見たい。というか、実際に、一九三二年の党中央委員会の決議をもって、スターリン文化革命の始まりととらえる研究者もいるわけです。確かに、歴史的には、農業集団化や第一次五ヵ年計画が始動する二八年を節目とするのが正しい見方なのかもしれない。ただ芸術文化運動から見ると、三二年までが一つの動きとして持続していって極点に達したという感じがある。で、一九一七年から一九三二年までの十五年間のなかで、革命のバランスシートというのかな、ロシア革命がそれに払った犠牲とそれによって得たメリットが、言ってみれば一対一の均衡を保ちえた時代がおそらく三二年までだったんじゃないかと思うんです。それに、三二年には、大飢饉、いわゆるホロドモールがウクライナ地方で起こっていましたね。あれもまた、第一次五ヵ年計画と農業集団化の大きな負の帰結であったわけです。ここで、完全に収支のバランスが崩れる。この時代、マンデリシュタームの『アルメニア紀行』とか、アンドレイ・プラトーノフの『土台穴』などが書かれて、第一次五ヵ年計画と農業集団化の悲惨をつぶさに描いていく。そこらあたりから完全に良くも悪しくもポストヒストリー、歴史以後、つまり西側の時間からまったく独立した別個の時間を生きはじめている。ショスタコーヴィチだって『交響曲第三番』までは一応モダニズムの極をいくわけだけど、そこからがらりとスタイルを変えている。そういう観点で三二年をきちんと捉え直す必要があるのかなと感じています。くどいようですが、文学のみならず、芸術史を全体として見た場合、十九世紀の延長上としての文学芸術史というのは三二年まで、実はロシア革命と関係なく連綿として一つの生命体として息づいていたのではないかと思うんです。その理由は、革命と同時に生まれたモソロフとかジェシェヴォフといった構成主義の音楽を見ても、確かに表向きは、革命のメッセージを伝えているけれど、そこで使用されている方法論はヨーロッパの無調音楽などの影響をそれなりに受けいれてやっている。それがまったく通用しなくなり、認められなくなってしまう段階が、やはり一九三二年なんですね。だから一九一七年の革命ですべてが一気に変わったわけではなく、一九三二年に来て、すべてがスパッと切れる。そういうイメージで捉えるのが正しいかもしれませんね。これは、むろん僕の仮説にすぎないんですが。

ポストヒストリーの無時間とポストモダン

沼野　三二年が決定的な転機であるということは、歴史は必ずしも政治的リーダーの交代と直結して動いてはいない、ということですね。一九三二年にスターリンによるすべての一元化が生ずるというのは、確かにその通りですが、それをもって「歴史が終わった」とする亀山さんの見方は大変ユニークだと思います。確かに、スターリン時代というのは、歴史の進歩がそれまでのパターンでは類推できない別の時間に入ったようなもので、このとき人々は共産主義ユートピアがあたかも実現しつつあるかのような振りをすることを強制された。ユートピアは実は行き止まりであって、その先はないわけですから、ユートピアが実現しつつあると言い出すと、停滞に入っちゃうわけです、無時間的な停滞期にね。だからポストヒストリーというのは時間がない状態じゃないでしょうか。ただし、スターリン時代には第二次世界大戦が起こり、ドイツと死闘を繰り広げなければならなくなって、いやおうなしに、この「無時間」状態から外に引っ張り出されることになった。これは現代ソ連史に課せられた特殊な条件でしょうね。

亀山　その第二次世界大戦の四年間がある意味では一時的ながらも世界の歴史のなかにソビエトが一時的に引き戻された時間で、それが終わるとまたしてもポストヒストリーが始まってしまう。冷戦構造のなかに入っていくと言いながらも、でも鉄のカーテンによって、逆にまた戦前の九年間をもう一回ここでくり返す。また再びポストヒストリーに帰ることができちゃった。第二次世界大戦の独ソ戦がその意味ではほとんど経験として生きていかない。歴史後のなかに入っていったん歴史前に戻されて、また歴史後のなかにはまっちゃう。もしそこで歴史前に戻ったならばもっともっとソ連崩壊が早まったかもしれないということもあるかもしれない。

沼野　まだ記憶に新しいのは、冷戦が終わったときにフランシス・フクヤマが「歴史の終わり」と言ったことです。フクヤマは確か、ロシアで生まれて革命後亡命した哲学者アレクサンドル・コジェーブのヘーゲル解釈における「歴史の終わり」を踏まえてそういう言葉遣いをしたのですが、要するに冷戦における東西の対立は、「東」の社会主義が「西」の資本主義に一方的に敗北して終結した、だから「歴史が終わった」ということですね。その後の世界情勢の移り変わりを考えれば、とてもそんなことが言えるわけがない、という議論でしたが。

亀山　コジェーブはヘーゲル解釈で有名になった人ですが、血筋がすごくて画家のカンディンスキーの甥ですよね。その彼が実は十代でロシア革命を経験してドイツに亡命し、そこから歴史の終わりを発想した可能性があります。しかも彼はニコライ・フョードロフの弟子で哲学者のウラジーミル・コジェーヴニコフと血縁があるという話を聞いたことがあります。それはともかく、コジェーヴの思想がフランスのポストモダンの文脈で再評価されたのも、単なる偶然とは思えないところがある。

沼野　亀山さんのポストヒストリーというのはとても面白い発想で、一九三二年までの多元主義的な文化がまだ部分的とはいえ許容されていた時代に対して、一九三二年にすべてがスターリンのもとに一元化されると歴史が止まってしまう、という見方ですね。しかし、「多」から「一」への時代精神の変換といったことは、もっと大きなスパンで歴史を見た場合、繰り返し起こってきたのかもしれないという気がします。歴史は繰り返す、というわけですよ。そういったことは現代ロシアの文化史家も考えているようです。

一例を挙げると、パペルヌイという文化史家は、文化には「文化1」と「文化2」の二つがあって、それが周期的に交替していく、と主張します。簡単に言うと、文化1は拡散型、文化2は集中型で、われわれが今問題にしている時期にあてはめていえば、一九二〇年代は「文化1」の時代、一九三二年から五四年のスターリン時代は「文化2」ということになる。パペルヌイによれば、この時期には価値が中心に集中し、社会は凝固して一定の形に結晶する、というんです。俗に「スターリン・ゴシック」と呼ばれる、そびえたつようなメガロマニアックな建築こそ、この「文化2」の特徴なんですね。一九三二年に「文化1」から「文化2」への転換が起こるという考え方は、亀山さんの時代認識と一致しますが、パペルヌイはそこで歴史が終わったとは考えません。その先も交替が続いていくことを想定している。パペルヌイはもともと建築史の専門家であるだけに、彼の論はソビエト建築に適用すると面白い。アヴァンギャルド建築家レオニードフの悲劇も、「文化1」から「文化2」への移行に適応できなかったことで説明できます。

時代様式の交替というのはもともと、西欧では建築史・美術史でヴェルフリンが言い出した有名なものがありますが、ロシアの理論家たちはそういったやり方をソ連にあてはめて、ソ連の特異な歴史の流れを理解しようとしているんでしょうね。もう一人、やや奇矯というか、にわかに

は受け入れがたい感じもしますが、ミハイル・エプシュテインという文化理論家が提唱している「周期的交替の図式」はもっと手が込んでいて面白いものです。彼によると近代ロシア文学の歴史は、四つの段階からなる周期を繰り返してきたというんです。四つの段階というのは、（1）社会的段階（水平的広がり、幾何学的には「—」という水平線のイメージ）、（2）道徳的段階（文学の中心に個人が位置する。幾何学的には点「・」、（3）主教的段階（超越的なものとの垂直的な関係。幾何学的には垂直線「|」、（4）美的段階（美的に完結した世界、幾何学的には円「○」のイメージ）です。ソ連史に当てはめて言えば、エプシュテインは一九二〇年代から一九五〇年代をすべて第一の社会的段階にあるとし、それがスターリン死後の「雪どけ」期に第二の道徳的段階に移行した、と考えています。エプシュテインの捉え方だと、一九三二年に決定的な転換を見ていないので、亀山さんの考えとは相いれませんが、これはこれで独創的なものでしょう。ダイナミックな時代精神の交替がこのように繰り返されてきたという見方は、やはりロシアならではという感じがする。

ここで、時代精神の変遷のなかで、アヴァンギャルド芸術がどう変質したのか、亀山さんに聞いてみたいんです。普通の見方だと、スターリン時代に入ってアヴァンギャルドは迫害され、衰退し、それに代わって社会主義リアリズムが支配的になった、というのが交替の図式ですが、ボリス・グロイスなどは、アヴァンギャルドがそもそも全体主義文化に接合していき、社会主義リアリズムに移行していったという考え方をしますね。スターリン時代におけるアヴァンギャルド芸術の運命ははたして、どうだったのか。

アヴァンギャルドの死

亀山　芸術様式として純粋に見るときに、アヴァンギャルドと未来主義は切り離して考えざるをえない。まず、アヴァンギャルドは本来政治用語、軍事用語ですよ。前衛、前を守るという意味で、前衛というのは前提としてあくまでも戦争がイメージされ、使用されるので、その戦争状態は一九一七年の革命以降、西側と東側に分かれてそこに暗黙の対立が存在するということを前提とした場合に使うことができるはずです。

沼野　ちょっと確認したいんですが、われわれはロシア・アヴァンギャルドという名称をごく当然のように使いますが、これは戦後になってそれを再発見した西側で言い出したことですね？

亀山　そうです。

沼野　ロシア人は自分たちでそう自称したことはない。

亀山　ロシア語でモデルニズムですね。

沼野　未来主義という言い方は取り入れていますが。

亀山　あとは、スプレマティズム（至高主義）とか、コンストルクティヴィズム（構成主義）とか、そういう個別の名称で自分たちの運動を規定していった。たとえばフィローノフならば分析主義、マチューシンの場合は有機主義とか。そういう個別にあったものを西側の学者たちがアヴァンギャルドというふうにひと括りにして呼んだ。ともあれ、今言ったような政治的な文脈を抜きにし、ロシア・アヴァンギャルドを語る場合、一九一〇年の『裁判官の生簀』とか、一九一二年のマヤコフスキーの『社会の趣味への平手打ち』あたりを起点として、一九三〇年とか一九三二年のあたりまでと規定されることが多い。最初のサイクルは、マレーヴィチが「白地の上の黒い正方形」を発表する一九一五年の終わりあたりで閉じていて、一九三二年に第二の死を迎えたというのが正しいんだけれど、全体の流れとしては生命力そのものが枯渇したと考えるのが妥当なんじゃないですかね。マレーヴィチもある意味でヴィテプスクでほとんどやり終えている。いわゆるアルキテクトン、スプレマティズムの三次元ヴァージョンが二四、五年に出てきて、あのあたりは別にやらなくてもいい仕事だったわけですが、一応、マレーヴィチとしては、論理的な一貫性をめざした。アヴァンギャルドのなかで、もっとも生命力にあふれていたのは、どうみてもフィローノフです。他の連中は完全に息の根を止められている、というか、枯渇している。雪どけ時代になって、ポップアートと結びついたりして、どうにか息を吹き返すわけだけれど、正直言って、決して高い評価が得られるものではない。それに比べ、フィローノフの芸術だけは、模倣や、パロディ化が不可能な地点まで行った。モダニズムの極点が、マレーヴィチのような無対象絵画であってはならないんです。あまりに安易すぎるし、観念的すぎる。それに容易にエピゴーネンを生みやすい。といっても、これは、僕の主観ですよ。実をいうと、マレーヴィチの絵画のどこがいいのか、僕にはよくわからない。でも、フィローノフの絵画には、圧倒的な何かを感じる。結局、無機的か、有機的か、というところに行き着いてしまうんですがね。実際、新経済政策の導入とともに、いわゆる需給関係が芸術ジャンルにも起こってきて、コージンツェフとかトラウベルグ、といった「フェックス」の連中は、マレーヴィチなんかにはそっぽを向いて、どんどん大衆芸能的なところに足を踏み込んでいった。大衆の欲望を自分たちの芸術のなかにいかに反映させていくかという戦略でやっている。アヴァンギャルドは、それを取り入れないことには生命力は持ちえなかったと言うことができるわけです。ショスタコーヴィチの音楽を聴けば、一瞬にわかることです。

沼野　芸術における「大衆的なもの」というのは後に、社会主義リアリズムの一番重要な条件になる。「国民性」というのがイデオロギー的にも求められるようになります。

亀山　一種の世俗化だね。

沼野　歴史をさかのぼれば、国民性、ロシア語で「ナロードノスチ」は、十九世紀以来、ロシアではイデオロギー的な最重要キーワードでした。文部大臣のウヴァーロフは一八三三年にロシアの三大原則として、正教、専制、ナロードノスチの三つを挙げています。そのナロードノスチが形を変えて、社会主義リアリズムの時代によみがえる。面白いことに、プルーラリズムがまだ生きていた一九二〇年代には「ナロードノスチ」はあまり問題にはならなかった。その代わり、様々なユートピア的想像力が競い合って、複数のユートピアを夢見ているような時代でした。しかし、この十年間というのは、ユートピアの探求の時代というよりは、ユートピアの自由な探求がいかに不可能になっていくかを確認する時代であったと言ってもいい。そして「ナロードノスチ」「祖国」といったイデオロギー的な価値観による支配が強められていく。

三二年以降の社会主義リアリズム

亀山　他方、第一次五ヵ年計画、第二次五ヵ年計画で、水力発電所とかダム建設がはじまるわけです。

沼野　ギドロプロエクト（水力計画）と呼ばれるプロジェクトですね。

亀山　そう。モスクワの地下鉄や運河の建設もこの時期です。レーニンの「電化」の実現、自然の統御という仕事と比べると、芸術家の夢は、二〇年代後半からどんどん萎縮していっているんだなと思う。一九三二年に、社会主義リアリズムというのが一応ソビエトの国家の規範、芸術の規範として登場し、そこで彼らはもう一度夢を見始めるわけですよね。だけどそこには、アヴァンギャルドたちが夢見たようなメガロマニアックな夢は一個として出てきませんね。

沼野　三二年以降はそうですね。

亀山　社会主義リアリズムの絵画にもない。

沼野　確かにそうですね。ただアヴァンギャルド固有の過激な、生の全面的更新と言う意味での「メガロマニア」はなかったとはいえ、社会主義リアリズムの芸術、特に建築にはやはりスターリン時代固有の様式的な壮大さと分かりやすい調和と美がありましたね。一般の人のイメージだと、粛清の嵐が荒れ狂ったスターリン時代というのは、陰惨な暗黒時代なんでしょうが、文化や芸術の面でみると実は——ハイカルチャーが粛清で全滅したとしても——最終的な享受のレベルでは、幸せな時代でもあったんです。混乱していた二〇年代から三〇年代に入って、ソ連は一定程度の安定をとりもどし、豊かな生活を標榜するようになる。ソビエト製シャンペンがつくられたり、ミコヤンがアメリカに行ってアイスクリームの技術を取り入れてきたり、ミュージカル映画を楽しんだり。ですから、一九二〇年代が自由の探求の時代だったとするならば、一九三〇年代は自由が圧殺された代わりに、幸福を探求する時代になる。自由から幸福へという志向性の根本的な転換もあったと考えられますね。

もう一つ別の観点から見ると、二〇年代まではエロス的な原理がまだ強く残っていた時代です。女性問題が前面に出てきて、コロンタイが性の自由を唱え、エロス的なものの解放がまだ活発に議論された時代でした。ところが三〇年代になると家父長的、父権的な男性原理が支配するようになる。その権力構造の頂点にいるのがスターリンで、スターリンは国民の頂点、つまり国民の父になるんです。神なき世界では、スターリンが神の代わりでもあって、全国民の父親でもあった。一九三一年のパヴリク・モロゾフ事件はその意味では象徴的です。パヴリク少年は父親が反ソ的な富農だと密告し、おそらく親族の恨みを買って殺されてしまうのですが、スターリン時代の道徳はこの少年を英雄視した。つまり実の父よりも共産党を信頼すべきだというモラルです。

亀山　エイゼンシュテインの『ベージン草原』、見たかったな。

沼野　あの映画はどれくらい残っているんですか。

亀山　静止画像のつぎはぎで、三十分ぐらいですね。

沼野　自分の生みの父を密告して捨てるというのは、一種の父殺しですね。その代りにスターリンを父と崇める。その後のソ連社会では「同志スターリン、僕たちの幸せな幼年時代をありがとう！」というのがプロパガンダのスローガンになった。それにしても、この少年の事件を描いた『ベージン草原』はどうして禁止されたんでしょう。

亀山　要するに、パヴリク・モロゾフ少年を、ありうべき共産主義少年として描いていない、ということじゃないかと思います。エイゼンシュテインは、どんなにイデオロジカルな映画を撮っても、どうしても悲劇的な感性が先に働いてしまう。『イワン雷帝』の第二部もそうですね。

沼野　エイゼンシュテインの映画は高級な芸術でちょっと話が違うのですが、スターリン時代に作られた大衆向け映画には、何か独特の輝きがありますよね。

亀山　ええ、正直、ほれぼれしてしまう。あんなもの、西側ではぜったいに作れない。

沼野　アレクサンドロフ監督のミュージカル映画『陽気な連中』『ヴォルガ・ヴォルガ』とか、プイリエフ監督の『豚飼い娘と牧童』とかね。実に楽しいものです。

亀山　まばゆいような、煌めくような悦びを映像は伝えているんだけれど、それは社会主義リアリズムがめざしている革命的ロマンティシズムという言葉でしか定義できないかもしれませんね。単に社会の将来的ヴィジョンを描くということではなく、むしろ一つ現実として、大いなる父のもとでの幸せを、幻想だけれども彼らは共有していて、アレクサンドル・デイネカの一連の絵なんかが発する光には今もどきっとさせられる。

沼野　労働者やスポーツをやる若者たちを描いた、みずみずしい絵がありますね。

亀山　同時代の人々にも、自分たちがスターリンのもとで生きている幸せを共有し、またそうした作品によって多幸感を喚起されたところがあるんじゃないかと思う。

沼野　さっきのパヴリク・モロゾフの事件が一種のシグナルになって、新しいスターリン時代の文化が形成されていった。

亀山　そう、それ以前にはエロス的なものがあったけれど、それが家父長的なものに変わった。それこそまさにショスタコーヴィチのオペラ『ムツェンスク郡のマクベス夫人』の映画が完全否定される時代像そのものなんですね。

沼野　あれは何年でしたか。

亀山　三二年に書かれて、三四年に初演されて、上演禁止が三六年です。端的に言って、あのオペラというのは、カテリーナとセルゲイによる一種の「父殺し」の物語なんですよね。それと、第一次五ヵ年計画や農業集団化を背景にしてあれが熱狂的に受け入れられるというのは、一九二〇年代のソビエトが解放した性というものがあったと思う。ところがあれが全面否定されるというのはきわめて象徴的で、結果的に第一次五ヵ年計画の成功がもたらしたものというのは、家父長制的なものの再構築なんです。確かにあの広大な国家の建設に必要な若者が家に縛りつけられているようでは、成功はとうていおぼつかない。他方、持続可能なエネルギーを担保するには、むしろ家父長制的なものがなければ、だめだ。つまり、戦後日本の出稼ぎ労働、集団就職と逆の現象が起こっていて、若者たちは、集団で地方に出ていった。そこにしっかりと根付く必要がある。そうしないとソビエトのスターリン革命は成功しないという倫理観の転換が起こる。したがって性の紊乱《ぶんらん》に対する取り締まりが厳しくなる。その当時までホモセクシャルにも大らかだったのに、法律でホモセクシャルも禁止される。スターリンを頂点とする家父長制的なものの確立によって、今度はポストヒストリカルな時間へと変わる。歴史から脱して、非常に家族的な時間に引きこもっていくわけです。そもそもスターリンからしてきわめてストイックなところがありましたからね。

沼野　歴史の発展段階として、次にどこに進んだらいいか分からない段階にはいってしまう。もちろん現実ではなく、理念の上でですが。

スターリンの異民族性

沼野　今ショスタコーヴィチの話が出ましたが、他の作家や芸術家のスターリンとの関係について、少し話しましょうか。

亀山　究極的なところではこれも、二枚舌の問題に尽きるのかな。エリートたち、ショスタコーヴィチ、エイゼンシュテイン、マンデリシュタームも皆それぞれにスターリンとは距離を置こうとして、でもどこかスターリンの父性的な権力に飲み込まれてもいて、嫌悪と恍惚みたいな感じでアンビバレントな状況に置かれる。けれども、一人一人のナショナリティ、民族性によってスターリンに対する対し方が違ったと思う。ユダヤ人であるかロシア人であるか、あるいは多民族出身かということがあります。というのも、ユダヤ人はスターリンに対して嫌悪感を持っていない気がする。エイゼンシュテインは持っていない。他民族出身者も、当然のことながら、嫌悪感を持っていない。

沼野　それはスターリンがグルジア人だからですか？

亀山　だと思います。むろん、気性にもよるかもしれない。ショスタコーヴィチは最後まで嫌悪感を持っていた。ブルガーコフは持っていない。ブルガーコフはウクライナ出身ですし、エイゼンシュテインはユダヤ人、中心から外れちゃっている人は、嫌悪感がない……。ただし、ゴーリキーはものすごい嫌悪感を持っていた。

沼野　レーニンは革命家として超人的なエネルギーと常人とは思えない知力を持っていて、学者のように緻密な分析ができる人だった。それに対比して言えば、スターリンは芸術家なんですよ。スターリン時代は劇場国家みたいになった面があって、粛清裁判というのは見せしめのためのパフォーマンスです。さらし者にして、言ってみれば芝居みたいなものですよね。そういう時代の変化があるんですけども、一つ私が長年ロシアをやっていていまだ謎めいた感じがあるのが、ロシアってスターリン時代はナショナリズムが強くなっていく時代でもあって、本当は共産主義はインターナショナリズムのはずなのに、祖国の意味が強調されるようになる。そのなかの頂点に立つ人がグルジア人ってどう考えてもわからない、これはどういうことなんだろうと思うんです。グルジア人が頂点に立って、それがある意味では途方もない全体主義体制をつくることができた。しかしロシアは今でもゲルギエフみたいな音楽家が頂点に立っているけど、あの人だってオセット人で、ロシア人じゃないわけですよ。どう思いますか。グルジア性、つまりスターリンの異民族性はどう機能したか。それは彼と接した芸術家たちの、彼に対して嫌悪感があるとかないとかに関係してきますかね？

亀山　それについてはベルジャーエフが『ロシア思想史』のなかで言っていますね。ロシア人のなかには政治に対するものすごい嫌悪があって、つまり政治を汚いものだと思っていて、政治を異国民に委ねようとする傾向があると。

沼野　なるほど。

亀山　ナポレオンが入ってきたときにもナポレオンを国家の主に据えようという一派がいたくらいに、ロシア人は政治を他者に委ねようとする志向が強いということを言っている。レーニンもロシア人じゃないですね。本名はウラジーミル・イリイチ・ウリヤノフで、カルムイク系の血が混じっている。ちなみにレーニンという名は、二つの意味がありますよね。彼が流刑されていた頃に近くを流れているレナ川から取った「レナの人」と、レーニ、つまり「怠惰な人」の二つ。

沼野　言語学的に見ると「怠惰」の「レーニ」からレーニンを派生させるのはちょっと難しいのですが、まあ怠惰を確かに連想させる響きではあるので、レーニンほど活動的な人はいなかったわけですから、これは強烈な反語になりますね。彼の家系には確かに様々な血が混じっていて、ユダヤ系も入っている。いかにもロシアらしい多民族性です。

亀山　結局、唯一のロシア人の正統たりえていたのがブハーリンじゃないですか。じゃあブハーリンに政権を取れたかというと、逆にロシア人であるということが一種の脆弱さの証として見られる。それはロシア正教という問題に関わっているんじゃないかと思う。グロスマンの言う「千年の奴隷」じゃないけれど、ロシア正教の血を正統に受け継いできてしまっている人間の弱さみたいなものがあるのかもしれない。

沼野　その弱さとはどういうことでしょう。ロシア正教徒は「スミレーニエ（謙譲、従順）」を美徳とするので、支配者として上に立てないということですか。

亀山　ずばり、そういうことだと思います。イメージとして、ロシア人は弱いという感じがあって、逆にああいう時代にロシア人が治めるというイメージが僕にはわからない。ロシア正教が国家の宗教というか統治原理としてあるのであれば、それは可能ですがね。そうではないわけですから。

沼野　確かにブハーリンは権力闘争で早々と歴史から退場してしまった人で、ペレストロイカのとき再評価の機運が高まりましたが、じゃあ彼が権力の座についたらどうなったかは、想像しにくい。ボリシェヴィキのリーダーたちを見ると、多民族性の人レーニン、グルジア人のスターリンの他に、ユダヤ系の優れた人材が目だちます。ユダヤ系が多いと言うと「反ユダヤ的」と攻撃されてしまう恐れがありますが、実際にトロツキー、カーメネフ、ジノヴィエフ、ラデックなど、みなユダヤ系です。帝政ロシアで抑圧されていたユダヤ人の中から社会的意識の高い優秀なインテリが輩出することに不思議はありませんが、そのせいで、反ユダヤ的な立場のロシア人からは

「革命はユダヤ人の起こした陰謀だ」といったトンデモ説が出てくる。ただ、いずれにしても、ロシア人が非ロシア人の指導を受け入れて国を運営してもらってきた、という構図ができてしまうわけで、ロシア人には民族主義的感情も強いはずなので、これはちょっと不思議です。

亀山　でも、くり返すけれど、たとえば、エカテリーナ二世も非ロシア人ですよね。つまりロシア人の皇帝による支配が何百年と続いてきた。ロシア革命は、その伝統を完全に断ち切るものであるので、ロシア人の持っている宗教性、もともと持っている宗教的な体質があれだけ巨大な国家を締め上げていく鋼鉄のベルトにはならないという、そういうイメージが逆にあるので、たとえば多民族系の非キリスト教圏のほうがむしろ……。

沼野　しかし、グルジアはキリスト教圏ですし、スターリンだって元神学生ですよ。

亀山　ええ、でも、彼は、それを否定したわけでしょう。

沼野　今の日本でも政治は汚いものだから自分は関わりたくないという若者は多いわけで、大衆全般もそうかもしれない。それに近いことはロシアでもあったのかもしれないとは思います。そもそも歴史をはるかに遡れば、九世紀に、スラヴ人は自分で国を治められないから、北方からノルマン人（バイキング）を呼んで統治してもらったという建国伝説があるでしょう。そうしてできたのが、古代ルーシの中心だったノヴゴロド公国です。このノルマン建国説はいまだに議論が多い一種の伝説で、愛国的なロシア人からすればとうてい受け入れがたいものではありますが、国のそもそもの最初からロシアの地の統治に異国の人たちが関わっていたことは否定できない。
それからもっと近代のロマノフ王朝について言えば、十八世紀後半以降、ヨーロッパの皇室は急速にインターナショナルになっていく。これはロシアに限らず、ヨーロッパのハイソサエティは国を越えて姻戚関係でつながっているのが普通ですから、ロシアの皇帝がイギリスやドイツの王侯貴族と親戚関係だというのは実はごく当たり前のことです。最後の皇帝ニコライ二世の妃アレクサンドラだって帝政末期に第一次世界大戦でドイツと戦争になったとき、ドイツと通じているんじゃないかという疑惑が取りざたされたくらいです。皇室文化がこれほど国際的であったことは、日本の天皇制イデオロギーの立場からすればびっくりするようなことかもしれない。皇室に外国人の血が入っているのはロシアでは当たり前です。ロシア語が上手ではないなら、勉強すればいい。

亀山　そういう多民族に対する寛容性がものすごくある。

沼野　そこがロシアの不思議なところです。ロシアは多民族国家だとはいえ、人口でも宗教でも圧倒的にロシア人が中心になっている。それで問題もあれば、ユダヤ人差別もあったんですが、その一方で、ある程度の寛容も常にあった。ロシア人は「自分」と「他者」を区別するメンタリティが強いと言われます。ですから、他民族を排斥する方向に走るのかと思うと、意外にも寛容に受け入れてしまうという面がある。排斥と受容の微妙なバランスがロシア史を通じて機能してきた。スターリンのようなグルジア人がトップに立つことを許すものが、構造的にできていたんでしょう。

エロスを排して成り立つ父権的な構造

亀山 最近、米原万里さんの『嘘つきアーニャの真っ赤な真実』を読んでいて面白いと思ったのは、ロシア人には天才に対する信仰があると。天才という存在に対して、僕なんか、もしかしたらロシア人は足を引っ張りあう民族かなと思っていたんだけれど、米原さんは逆の解釈をしていて、ロシア人ほどどんな国の天才でも天才に対して無条件に信奉する国民はいないと言っている。スターリンの顔を見たらどう見てもロシア人の顔をしていない。強烈な力を持った人間に対してひれ伏してしまうような畏敬感。つまり、あれだけの権力闘争のなかでものすごい犠牲者を出しながらも、一つにまとめ上げて、少なくとも戦い抜いたわけですね、二〇年代、三〇年代に。ほとんどの政敵を打ち倒して、最後は、オールド・ボリシェヴィキのジノヴィエフ、カーメネフも倒して、ブハーリンも殺した。彼のそういった強烈な何かに魅了されているというのかな。芸術家スターリンと言ったけれども、スターリンの芸術性みたいなものに惹かれたところがあるんじゃないか。

沼野 そういう天才的芸術家としてのスターリンには、一般大衆にも強烈に作用するオーラがあった。

亀山　ブハーリンなんかは知性的すぎて、個性が弱く、率いることができないという、そんな力関係が、政治局内にあったんだと思うんですよ。同じ組織のなかにいても、ちょっと議論が行きづまると、どうしてもその人の目を見てしまう、というのがあるでしょう。カリスマ性ってそういうものですよね。

沼野　円満でにこにこしていたりとか、誠実に人の意見を聞いていたりしてちゃだめなんですね。だからゴルバチョフが人気がないんですよ。彼はロシアをヨーロッパのコミュニティに参入させたかったので、外向きにはいつもにこにことソフトでスマートなイメージを演出していましたね。あれはロシア人の受け入れられるところではなくて、ロシアを知らない人には意外に思われるかもしれませんが、歴代のソ連・ロシア指導者のなかでゴルバチョフほど人気のない人は他にいませんね。評価は最低でしょう。

亀山　ちょっと横道に逸れるけど、ゴルバチョフは、僕ね、だめだろうと思ったのはライサさんと一緒だったこと。ソ連というのは完全な男社会だから。ライサさんの存在が、ゴルバチョフのヒューマニズムを支え、それでもって彼のカリスマ性を相殺したところがあると思っています。

沼野　ファーストレディというのはアメリカの感覚ですからね。

亀山　あんなことやったら、皆ついていかない。

沼野　ロシア社会というのは、女性的なエロスを排して成り立っている、父権的な構造が強い。そのくせ矛盾するようですが、社会主義時代は、特に革命後、コロンタイが活躍した初期は、女性の活躍と平等という建前が謳われた時代でもありました。実態はどうかと言えば、ソ連でも家事労働から女性が解放されることはなくて、男は外で働いて酒を飲んで、家では何もやらないというのが常態化していました。社会主義体制下で、女性は外で働くのは当たり前になったうえ、家事労働からも解放されなかった。だから男女平等というのは絵に描いた餅のようなものでした。しかし建前と現実が乖離しているというのは、女性問題に限らず、スターリン時代のイデオロギー的特徴だったんじゃないでしょうか。共産党のプロパガンダと現実は違う。それが当たり前の社会で生きる人々は、必然的に、亀山さんの語彙で言えば一種の二枚舌のなかで生きざるをえない。共産党の指導者も、支配されるすべての大衆もそれぞれが二枚舌になるんですね。建前上は共産党の言っていることを信じているふりをする。しかし、ふりをしているうちに、本当にそれに魅惑される瞬間もあるかもしれない。

亀山　われわれにだってそういう経験はあるんじゃないですか？

沼野　そうですか？

亀山　たとえば僕は一九八四年のチェルネンコ時代にメーデーのお祝いに参加した。赤の広場をずっと労働者たちと一緒に行進したんです。あのときの晴れやかな高揚感というのはいわく言いがたいものがあった。レーニン廟に立っているのがチェルネンコじゃなくてスターリンだったらいいのにと思うくらいだった。チェルネンコはまったくと言ってよいほど貫禄もカリスマ性もなかったからね。つまりあのメーデーの日、朝早く起きて夕方の食事の準備もして、デモに出ましょうと午後二時くらいに終わって、あとは飲めや騒げで、それぞれの家に帰って楽しんで……。どんなに、社会主義体制を嫌っていても、嫌っているふりをして練り歩いているうちに徐々に気分が高まっていく。

沼野　それはやっぱり人をいやおうなしに巻き込む力があるんでしょうね、イデオロギー的な場にはね。

亀山　場の力なんじゃないかな。

ロシア人の集団性　ソボールノスチ

亀山　それがロシア人のメンタリティの根源的なところに触れるわけですよね、集団性です。それはソボールノスチ、全一性の一つの姿なんだと思う。日本人だってブラジル人だって祭りが大好きだしそれぞれの民族にふさわしいパフォーマンスの場があるわけだけれども、ロシアにもそれにふさわしい人々の心を一つに摑んでいく場があって、メーデーがそれだった。その日のその場の経験が、日常化した恨みつらみを解消していく。ある意味で、おだやかなカーニバルの空間が続いていたんじゃないかという気がする。面白いのは、ロシアのカーニバルというのは、非常に大人しいということです。バフチンが定義するカーニバルのイメージというのは、近代以降のロシアの歴史のなかでは現実化しなかった。あまりも農奴制が強固すぎたということもあるでしょうね。言ってみれば、カーニバルは、エイゼンシュテインの『イワン雷帝』の「奪冠」のシーンに見られるぐらいですよ。いったん、カーニバルがはじまれば、それこそ「終末の民」ですから行くところまで行ってしまう。究極のカーニバルは、まさにロシア革命だったわけで、エイゼンシュテインの『十月』もそういうふうなものとして革命を描いている。それが、ソ連時代に入ると、完全に、メーデーと革命記念日の二つに固定化され、封印、統制された感じがします。本来、カーニバルに代わる観念として、ソボールノスチというのが、あるんじゃないですかね。

沼野 そう、ソボールノスチも明らかにロシア的心性のキーワードの一つです。この概念は歴史的に言えば、宗教的な色合いが強いんですが、一般化して言えば、ロシア人の共同体性志向ということでしょう。伝統的な農村共同体のことをロシア語で「ミール」と言いましたが、これは「世界」を意味する単語なんです。一人称単数の「私」じゃなくて複数の「私たち」を常に使うというロシア的発想ですね。ザミャーチンのアンチユートピア小説も『われら』、ようするに一人称複数の世界を描いていた。

先ほど挙げたパペルヌイの文化の様式の変化のパターンで言えば、文化1というのは拡散型ですから各自がいろんなことを追求できるような場ですけど、文化2の集中型は、ある強大な権力のもとに皆が一体化していく。これはスターリン時代のソ連に典型的に現れるものでしょう。エプシュテインの言っているのも、横の水平的な社会的な広がりの時代もあるけども、縦の力が働く垂直的権力のもとに支配される時代もあるということです。まあ、エプシュテインはちょっと思いつきで言っているようなところもあって、水平線、点、垂直線、円の四つが交替しながら歴史が進んでいくという……。

亀山　それは、ソビエトの文化に則して言っているんですか？

沼野　いえ、彼は一七三〇年頃に最初のサイクルが始まるとしていて、ソビエト期は彼の計算では第三サイクルにあたる。ポストモダンの現代は、彼に言わせると第四サイクルの始まりなんですが……。まあ、この周期説をどのくらい真面目に受け止めるかはともかくとして、一九二〇年代が水平的な原理が強かったのに対して、スターリン時代に垂直的な権力構造、ヒエラルキーが成立するということでは皆合意するんじゃないでしょうか。帝政時代のロシアでも、ソ連でも、それがないと社会を統治できなかった。もちろん、それを批判して民主化、脱中心化の動きも出てくる。一九五〇年代半ばに始まる非スターリン化は、芸術や言論の自由化を意味しましたが、もっと広く文化的様式の観点から言えば、垂直的な力を廃し、個々人が自由に活動できる水平的な空間をつくろうという動きでもあった。ところがそういう原理に任せると、ロシアは再び混乱して収拾がつかなくなり、プーチン政権でまた垂直構造に逆戻りする。

亀山　そこまで説明してもらえればわかりますね。確か、ロトマンが、ロシア文化は、「二進法」だと。

沼野　『文化と爆発』ですね？

亀山　そう。あのなかで、ロトマンは、今おっしゃった四進法ではなくて、大きく言うと二進法だというわけです。エプシュテインを適用すると、強権的なもの、あるいは垂直的なものを確立した後で、広がっていくもの、水平軸に拡散していくものがある。ところが、水平軸への拡散というのは、個の自立には向かわず、つまりインディヴィジュアリズムへの志向をもたず、カオスになっちゃうところがある、ロシアの場合、たとえばイワン雷帝の後にカオスが生まれて、スムータ（動乱）が生まれて、また強権が生まれて。こういう強権か混沌かという二進法で行く。普通ヨーロッパはたとえそれがあっても、文化的な成熟というのがそれによって蓄積されていくんだけれど、ロシアの場合はいつまでたっても、常にゼロに戻ってしまうところがあるわけですよ。要するに、蓄積がない。どれだけやっても、成熟がない。いまだに頼っている原始性というのかな。唯一スターリンの第一次五ヵ年計画にしろ、ものが作れたわけじゃないですか。作り、生産もして。

沼野　ソ連最初の大衆車モスクヴィチ四〇〇というのがありましたね。なかなかおしゃれな。

亀山　ものが作れないというそのあたり、どう思いますか？　スターリン時代には作れたわけですよね。

沼野　ペレストロイカが始まって言論が自由化したときも、皮肉として皆が言っていたのは、『ドクトル・ジバゴ』を自由に読むことはできるけど、ソーセージを自由に作ることはできない、ということです。つまり言論の自由化よりも、日常の物資、食糧、基本的な物を供給して皆が普通のまともな生活ができるようにすることのほうがはるかに難しい。民主的な社会になってもモノがうまく作れない、いや、作れても平等に配分できない。それは確かにロシアが抱えている逆説ですね。

亀山　作れないというのは、僕は、結局、作るということに対する内的欲求がないからなんじゃないかと思うんですよね。作るといっても、レヴィ・ストロースが注目したブリコラージュ（手仕事）です。というか、作る仕事は、他の連中にまかせておけ、というのが本音です。ひょっとして作らないということに誇りを感じているのかもしれない。それに効率性という問題もある。人間同士が離れて住み過ぎている。圧倒的に資材が足りないわけですよ、資源じゃなく。われわれの社会と根本的に違うのは、すべてにつけ、たとえば車は動けばいいみたいな感じですね。差異化されないと言うのかな、資本主義の原動力となる欲望が更新されていかない。最終的にはロシアの広大な土地が点と点の、点と点が日本の場合は無数に張り巡らされているのが、ロシアにはそれがないので、やはり資本主義の欲望が育たない。欲望の差異化が全然起きていかない。欲望を満たすには、外国の製品を中古で買えばいいみたいなところがある。彼らは欲望じゃなく欲求で生きているわけです。そういったところに根本的なことがあるのではないですか。

沼野　本質主義的にそう言ってしまっていいのかはわかりませんが、スターリン時代に無時間的な似非《えせ》ユートピアが成立して、そのなかで常に拡大する欲望に支えられた資本主義的な発展に向かわなかったことは確かですね。

大祖国戦争　ファシズムとの戦い

沼野　亀山さんがポストヒストリカルと規定したスターリン時代のなかでも、ソ連が歴史に引き戻されたのが第二次世界大戦のときで、これはソ連では「大祖国戦争」と呼ばれる非常に特別な経験でした。被害と犠牲の大きさは想像を絶するものがあり、終戦後相当長い間、話を聞けば、どの家族でも必ず一人は父親とか親戚のおじさんとかが戦争で死んだという答えが返ってきた。

ナチスドイツもスターリン時代のソ連も同じような恐ろしい全体主義国家と見てしまいがちな日本人には、見えなくなってしまっていますが、ロシア人にとって、ナチスドイツと戦って破ったというのは大変な栄光であり、全国民の誇りでもあった。ファシストを破って世界に平和をもたらしたのはソ連の手柄だと素朴に誇るロシア人は、今でも多いんです。ロシアでファシストという言葉がいまだに最悪の罵り言葉であり続けているというのも、その名残でしょうね。ロシア人にとってヒトラーとスターリンは同じような悪ではまったくない。なにしろヒトラーという巨大な悪と戦ってそれを破ったのはスターリン率いるソ連だったわけですから、その点でソ連は偉大なる善であり、正義を体現するものなんです。それが愛国的なロシア人の認識でしょう。

亀山　そこをアメリカはまったく理解していない。エマニュエル・トッドなんかは、そこのメンタリティを理解することなく、今の経済制裁、ああいうものはだめだと言う。ナチスドイツを潰したソ連という存在の意味を最後まで考えないとだめだということだね。

沼野　それはある意味では、二十世紀最大と言っていいような人類への貢献でもあった。

亀山　そうだよね。第二次世界大戦での犠牲者が二千七百万人ですから。

沼野　日本人の国民感情から言えばシベリア抑留がいまだにしこりになっていて、もちろんそれには当然の理由がありますけれども、第二次世界大戦を総体として見た場合、ロシア人にしてみれば、それとは比較にならないくらい巨大な犠牲を払って正義のために戦ったわけです。ロシアの文化的首都であるペテルブルグ、当時のレニングラードでさえも、壊滅的被害を受けた。この町はナチスドイツによって九百日もの間、完全に包囲され、交通も食糧の供給も遮断された。その結果餓死者だけでも六十四万人、犠牲者は全部で八十万はくだらないと言われています。日本で言えば、京都が三年間包囲されて、子どもたちがばたばた餓死して死者が何十万人、なんて事態ですよ。そんなこと考えられないでしょう。それを耐え抜いてドイツとの戦争に勝ったのがソ連だった。

亀山 最後にスターリングラード攻防戦では、六十万人いた人口が確か一万人ぐらいまで激減しちゃったと言いますよね。

沼野 ドイツとの激戦地ですね。映画にもなっています。

亀山 人類への貢献といってもよい根本的な悲劇を経験しながら、その後のふるまいでソ連は否定されてしまう。

沼野 もちろん日本だって多くの兵隊が外に出て死んでいますが、その悲惨さは性格が異なっている。日本とは違って、ロシアは自分たちの国土そのものが戦場になり、大量死の舞台になっています。特にベラルーシでは、村ごとナチスドイツに焼き払われたところが六百を超えたという。それを映画化したクリモフ監督の『炎628』という作品は、ひょっとしたら映画史上もっとも残酷な映画かもしれない。それほどの過去がありながら、今はドイツとも普通に付き合っているというのも不思議ですね。

亀山 独ソ戦でソ連兵は、一応ベルリンまで追いかけていった。そこでナポレオン戦争と同じ、「第二のデカブリストの乱」が起きないか、つまりヨーロッパを見た兵士たちがソ連社会に対する根本的な疑いをもって「デカブリストの乱」が再現するんじゃないかという恐怖を持つ。そうして一年後に締めつけを始めるという状況は見逃せないですね。

沼野　どんな全体主義国家でも、ともかく外と遮断するということが大事なんですよ。自由な行き来をしていれば、外の情報がはいってきて変革につながる恐れがあるので、ともかくそれをシャットアウトするわけでしょう。移動の自由というのはだから、本当は個人の権利の次元の問題ではないんです。

五三年の三月　スターリンの死

沼野　スターリンは晩年はいつ頃から健康が悪化したんでしたか。最後の二、三年は、機能しなくなったんじゃないですか。

亀山　いや、脳卒中ですから、最後の最後まで元気でした。

沼野　そうでした。ゲルマンの映画『フルスタリョフ、車を！』で最期が描かれていましたね。で、スターリンが五三年の三月に亡くなったとき、国民の多くは、これで圧政から解放されてよくなる、なんて思わなかった。民衆の多くは心から悲しんで涙を流し、葬儀の際には押し合いへし合いで圧死した人がたくさん出るほどの騒ぎになった。だから彼が死んだらすぐ「はい、今まで悪い独裁者の下で悪い国でしたが、この瞬間にすべてが一新されて、今日からいい国になります」とはならないわけです。ロシア革命のときと同じことですよ。

亀山　僕が感じたことがあって、今、沼野さんがおっしゃったように、スターリンが死んだときって、神が死んだ、太陽が沈んだ、世界の終末みたいな悲嘆に暮れたわけなんだけれども、そこからの立ち直りというのも早かった。一九三〇年代半ばからオーラのような力で父スターリンというものに対する崇敬みたいなものがあって、そのなかでユーフォリアを経験してきた。ユーフォリアというか、オーラっていうのはやっぱり薄いんですよ、ヴェールだから。

沼野　いや、それよりも、崇拝そのものに、二枚舌的な構造があったからだと思いますよ。

亀山　なるほどね。もう一枚の舌がたちまち蘇るわけですね。

沼野　そう。だから新興宗教で教祖に心底から帰依している場合とはやはり違うんでしょうね。二枚舌的で生きていた人は、スターリンが死んでしばらくは嘆くけれど、やがて立ち直った。

亀山　その立ち直り、変わり身の早さというかな。それに驚いた。スターリンは死ぬと、すぐレーニン廟に入れられた。当時のレーニン廟には、レーニン、スターリン、と二つの名前が併記されている。ところが、一九六一年には、レーニン廟から追いだされている。それを第二次スターリン批判と言うわけだけれど。そして翌年に、エフトゥシェンコが「スターリンの後継者たち」という詩を発表するわけです。だけどそこで、確かにスターリンの恐怖が残っているとかそういう言い方はしているけれど、少なくともスターリンが生きていた時代の恐怖と比べたら、そう口にするほどのことでもないだろうと。生き死にはかかっていないだろうという気がする。

沼野　多少は自由にものが言える時代になったということでしょうね。実際、エレンブルグの『雪どけ』という小説がすぐに出て、新しい時代を象徴する言葉になりました。あの小説自体はたいした出来栄えのものではなかったけれど、長い目で見ると六〇年代前半くらいまでは『雪どけ』の時代として括れるような、新しい想像力の噴出がありました。映画監督タルコフスキーがデビューし、エフトゥシェンコ、アクショーノフ、アフマドゥーリナといった、若手作家・詩人たちが新しい文学の旗手として活躍し始めた。これはソ連文学のニューウェーヴでした。

第一〇章　ロシア革命からの100年

——雪どけからの解放

雪どけ時代へのノスタルジー

亀山　すこし整理しましょう。

　独ソ戦、すなわち第二次世界大戦では、ゲフテルのいう反スターリン化の現象が起こった。ソビエト社会が大戦によって逆に精神的に解放されたわけです。スターリンによる縛りを経験せずに、むしろ自由な息吹を世界大戦で経験したというきわめて皮肉な状況があった。四五年から五三年までの時期は、言ってみれば揺り戻しの時期ですね。大戦が終わると同時に人々は、戦争の恐怖から解放されて、新しい平和の時代が来ると思った。ところが、再び粛清がはじまり、戦前にも劣らない厳しい取り締まりが起こる。「第二のデカブリストの乱」を恐れたわけです。なおかつスターリン時代の末期にはユダヤ人に対する弾圧も起こって、際立って悲劇的な状況が生まれてくる。ソ連の歴史にまつわる私のイメージのなかでは、もっとも陰惨な時代というのが、このスターリン時代末期です。アレクセイ・ゲルマン監督が作った『フルスタリョフ、車を』なんて、ちょっと信じがたいほど暗い。あの時代には青空なんてなかったんじゃないか、という暗い印象をもちますね。で、スターリンが死ぬのが一九五三年。

それから三年後に、フルシチョフによる秘密報告によってスターリン批判が始まり、いよいよ「雪どけ」の時代に入るわけですね。「スターリン批判」の内実については、最近出た和田春樹さんの『スターリン批判』に詳しいので、それを読んでもらうのが一番なんだけれど、とにもかくにも革命の正義を取りもどそうという非常に真摯な戦いがあったことだけはまちがいない。スターリン批判は、脛に傷をもつフルシチョフのスタンドプレーなんて定義にはぜったい収まらないと思います。問題は、そこから始まる雪どけ時代です。僕はロシア人でもないくせに、なぜか、「雪どけ」の時代に対してものすごくノスタルジックなものを感じているんですよ。それには一つの大きな理由があって、実は、ある一本の映画に影響されているんです。『私は20歳』なんですが、沼野さんももちろん、ご覧になっていますよね。あの映画の思い出が、僕にソビエトへのノスタルジーを喚起させてくれるんです。

沼野　マルレン・フツィエフ監督の作品ですね。

亀山　あのなかで描かれているレーニン廟や赤の広場付近の朝の光景を見たときに、何か本当の幸せってこういうものなんじゃないかといった、不思議な感覚を経験したことがある。あんな貧しい共同生活を営みながら、そこに宿っている幸福の風景というのが何か言葉に代えがたい。日本だと、小津安二郎の世界になるのかな。でも、やはり、ものすごい精神の弾力性というのが感じられるし、文学が生きている。エフトゥシェンコやヴォズネセンスキー、アフマドゥーリナの詩が朗読され、若者たちがそれに熱中して耳を傾ける。あの時代にあらわれた文学の、芸術、特に音楽の素晴らしさが半端じゃないですよね。五六年から始まって六八年くらいまでの十二年間、あの時代の解放的気分と文化的雰囲気にものすごく惹かれるんです。むろん、スターリンの後継者たちがサバイバルを図っていろいろと嫌がらせをしたし、圧力をかけようとしたけれど、でも、彼らにしても国家を守るために必死なわけですよ。ただ、二十年前とはやはり画然と時代状況は変わってきている。どこか、安心して生きられるような時代の感覚があったように思えるんです。ともかく、今この年になって「雪どけ」時代に惹かれるものを感じているということは、いったい何を意味するのかなと思ったりします。『私は20歳』を見たのは今から二十年前ですからね。

沼野　あの映画は六〇年代初め、雪どけの絶頂時代に作られていますよ。

亀山　でも封切られたのは、九〇年代半ばですね。

沼野　いえ、この映画には複雑な歴史があって、いったん一九六二年に完成したんですが、フルシチョフに批判されて修正版を作らざるをえなくなった。それで一九六五年に『私は20歳』というタイトルでいったん公開されたんですが、もともとは『イリッチの哨所』というタイトルだったんです。六二年の完全復元版がソ連で公開されたのがペレストロイカのさなかの一九八八年で、九〇年代になってから国外でも公開された。一九九五年に世界に先駆けて日本で公開されたときは、フツィエフ監督も来日し、僕も会ってインタビューをしています。

亀山　あの映画が描きだした光景というのが、ソビエト的幸福というのかな。前にも出たアレクサンドル・ジノヴィエフが『余計者の告白』で言った、「所与としての共産主義」というのですか。父と子の世代間の断絶と和解を描いているのだけれど、若者たちは、戦争を生き抜いた父たちの世代に対し何かしら負い目を感じながら、それでも前を向いてひたむきに生きようとしている。詩の朗読会の光景も、父と子の和解の場面も、もちろん一つの光景であり、場面にすぎないし、一人の芸術家がかなり美化して作っている可能性もあるわけですけどね。あの時代には、ショスタコーヴィチが、反ユダヤ主義の擡頭に抵抗して『バビ・ヤール』という交響曲を書いている。個々に事件や問題が起こっても、そこで芸術家たちが経験している戦いには何かとても意味があるという感じがします。とにもかくにもポジティブな何かが生まれているという予感に満ちあふれているわけです。そういえば、沼野さんにとってかけがえのないタルコフスキーの『惑星ソラリス』も、六〇年代前半でしょう。

沼野　あれはポーランドの小説『ソラリス』を原作としたものですが、ポーランドで出たのが一九六一年。翌年にはさっそくロシア語訳が出た。

亀山　スタニスワフ・レムですね。映画の『惑星ソラリス』のほうは？

沼野　タルコフスキー監督の映画は七二年ですね。あの映画では東京の首都高速のシーンが未来都市の光景として使われているんですが、監督はロケのために来日しています。『ソラリス』の原作について言うと、レムの小説は神や科学史をめぐる難解な考察も含んでいて、ポーランドでは出版できたものの、ポーランドよりは言論がずっと不自由だったソ連ではそのまま出版できるような内容ではなかったんです。そこで、たぶん編集部の自主検閲によるものだと思うんですが、問題になりそうなところを全部カットしたうえで、ソ連の文芸誌に原作出版の翌年、一九六二年にロシア語訳が出た。検閲によるカットがあったとはいえ、当時のソ連としてはこれは画期的な出版で、これも雪どけだからこそです。

『私は20歳』のフツィエフ監督の話に戻れば、僕もあの映画は大好きです。ちなみに監督のファーストネーム「マルレン」というのは女性みたいに響きますが、この監督はグルジア人男性です。マルレンというのは珍しい名前ですが、「マルクス」と「レーニン」を組み合わせて作ったもので、革命後のソ連で盛んに作られた新しい名前の一つ。革命の理想が輝かしかった頃のロマンを名前に持っている世代なんですね。彼が来日したとき、そんな名前、今では不都合じゃありませんか、と聞いたら、心外そうに、そんなことはない、と強く否定していたのが印象的です。

でも彼の映画はノスタルジックというよりは、当時としては強烈に新鮮だったはずです。青春群像、モスクワの町の情景、これは比類なく美しいもので、アングルも新鮮で、社会主義リアリズムの旧態依然としたものではなく、六〇年代のまさにソ連「ヌーヴェル・ヴァーグ」ですよ。『私は20歳』の最初のバージョンが完成したのと同じ年に、タルコフスキーも『僕の村は戦場だった』で颯爽と登場していますね。これは原題を『イワンの少年時代』という作品で、戦争に駆り出された少年兵を描いた悲劇的な内容ですが、この映像の美しさや瑞々しい叙情はとびぬけていて、フツィエフと同じ新しいソ連の空気を呼吸する感じがしますね。

亀山　戦争で荒廃させられる前のユートピア的楽園としてのソビエト社会みたいなもの。たとえば母親と子どもが戯れる場面にしても、非常に穏やかな農村の、アルカディア的なものとしての農村、そういった風景を描いている。白黒だからますます美しく感じられることもあるんだけれど。戦争映画でさえソ連をアルカディアとして描くのは、決して美化ではないと思う。それは映像に過ぎないかもしれないけれど、それによって喚起されるのもまた真実だったんじゃないかなって思ったりしますね。

沼野　タルコフスキーはもっと後に、非常に複雑な『鏡』という作品を作って、戦時下、スターリンの時代の記憶を、個人的な神話として描き出していますね。その後に撮られた『ストーカー』はSF作家ストルガツキー兄弟の小説を原作としたもので、むしろ終末論的な色彩が強くなります。

雪どけの流れをもう一度整理して言うと、一九五三年にスターリンが死にます。エレンブルグの小説が五四年に出て、それが『雪どけ（オッチェペリ）』というタイトルで、この時代の象徴になったわけです。五六年には第二〇回共産党大会で、フルシチョフがスターリン批判の報告を行い――このときは報告はまだ秘密だったのですが――非スターリン化の路線が打ち出された。その後の自由化の一連の動きを総称して「雪どけ」と言いますが、「雪どけ」になったらすべての問題は解決、あとはどんどん自由になった、というふうに誤解する向きがあるかもしれないのですが、事態の進展はそれほど単線的なものではなかった。そもそも厳しい寒さの国ロシアでは「雪どけ」で雪が解け始めても、すべての雪が一気に解けるわけではありません。ちょっと解けたところで、また寒さがぶり返して、雪どけ水がまた凍りつき、凍結した氷に地面がおおわれて、かえって危険な状態になる、ということも珍しくない。文化における「雪どけ」も、そういう意味に解釈したほうがいいでしょうね。自由化のプロセスは政治的情勢が変化するなかで、一進一退でした。フルシチョフだって新しい芸術に好意的だったわけではなくて、一九六二年にはソルジェニーツィンの『イワン・デニーソヴィチの一日』の出版を決断したかと思えば、マネージ広場の展覧会で前衛画家たちの作品をみて「ロバが自分の尻尾で描いたほうが上手なくらいだ」と罵った。いわゆる「ロバの尻尾」事件です。

亀山　フルシチョフ失脚から十年後の一九七四年にはやはり前衛芸術家たちが無許可で開いた展示会を、当局がブルドーザーと散水車で破壊したという事件もありましたね。

沼野　まあそういう一進一退はあったけれども、人々は新しい空気のなかで活動を始めた。文学に限って言っても、エフトゥシェンコ、ヴォズネセンスキー、アフマドゥーリナといった詩人たちや、吟遊詩人のオクジャワ、小説家のアクショーノフ、世代はかなり上ですがソルジェニーツィンも一九六〇年代に登場する。こういう新しい作家たちが次々に登場するところを目撃したあの時期のソ連の人たちの興奮は、ちょっと想像しがたいものがありますね。その前のスターリン時代と戦争の時代があまりにも苛酷だったから、それだけ新しい希望が大きく見えたに違いない。

亀山　だから、あんな雪どけを経験した人々が、どうして今のような不幸なロシアを生んでいるのかなと疑問に思いますね。

沼野　雪どけはいつまで続いたかということについては、はっきりした線は引けないんですが、一応一九六八年頃までは……。

亀山　フルシチョフが失脚するのが六四年ですから、次のブレジネフ時代までかかってるわけだね。

沼野　「フルシチョフの雪どけ」という場合は、一九六四年で区切りになりますが、一九六八年にはいわゆるチェコ事件、つまりソ連が率いるワルシャワ条約機構軍がプラハの自由化の動きを潰すという事件が起こり、これが雪どけの決定的な終焉になったんですね。ソルジェニーツィンも結局、一九六六年以降はソ連国内で作品を発表することができなくなり、一九六八年には『ガン病棟』『煉獄にて』は海外で発表せざるをえなくなった。

ヨーロッパ的価値観の侵入

亀山　やっぱり六〇年代、つまり雪どけが終わった後もポストヒストリカルな時代があるけれども、ポストヒストリカルな時代は根本的に多幸感《ユーフォリア》が支配していることが特徴ではないかと思う。なぜかというと、ポストヒストリカルと言うときに僕が思い浮かべるのは、デイネカとかサモフワーロフとか、イサーク・ブロツキーにしても、もう全然、西側の価値観というものがまったく通用しないような芸術が生まれていることなんです。ところが六〇年代に入ってくると西側の価値観でも十分に理解できる何かが生まれちゃっている。西側の価値観で絶対にわからない芸術が生まれたのがポストヒストリカルな時間であって、それはさっき言ったように一夜にして終わるようなものではない。スターリン批判があっても、その後も残る。けれども、「ポストヒストリカルな時間の終わりの始まり」みたいなものがもう起こってしまっているわけです。ソルジェニーツィンの収容所の文学が明らかになった時代にはもう、ポストヒストリカルな多幸感は成立しえない。ポストヒストリカルというのは、ウ・トポスつまりユートピアですからね。

チェコ侵入がなぜ問題かというと、いわゆるポストヒストリカルな時間が五六年のスターリン批判で終わって、なだらかに終わりの時間が続いてきて、このチェコ侵入をきっかけにポストヒストリカルのまさに次、ポスト・ポストヒストリカルの時代を招来したという点にあります。ソ連はここである意味、世界史に引き戻されたように見える。

なぜ、ポスト・ポストヒストリカルかというと、西洋的価値観でも理解できるモダンな何かがソ連文化のなかに生まれた。それはソ連当局というか共産主義の価値観にとってはきわめて危険なことで、やがてはヨーロッパ的な価値観が、たとえばビートルズが怒濤のごとく入ってくるはずです。ビートルズを防ぎとめるためにも、権力側としてはいち早く「雪どけ」で起こる雪崩現象を食いとめる必要があった。

沼野　チェコ事件の前からですが、海外文学、特にアメリカ文学がどっと入ってくる。ソ連の若者はヘミングウェイやサリンジャーを読みふけって、当時のアクショーノフの小説などにも影響を与えています。アメリカ文化には疎遠なように見えるタルコフスキーでさえも、映画大学在学中に作った最初の習作は「殺人者」といって、これはヘミングウェイの短編を原作としたハードボイルド・タッチのものでした。とはいえ、ソ連はまだ外国との間の壁が厚かったのに対して、東欧はもっとヨーロッパ寄りで、ソ連よりもかなり自由に西側文化を受け入れ始めていた。ですからプラハの春というのも政治的自由化の動きであると同時に、ヨーロッパ的な価値観や文化の流入という面もあったわけです。一九六八年にソ連はその流れを戦車で暴力的に断ち切った。これ以後、チェコはいわゆる「正常化」の時代、言論統制が厳しく、文化的に不自由な時代に入ります。ポーランドなどはそれよりずっと自由な雰囲気でしたね。

亀山　ソ連にはビートルズが入ってこなかったのが大きいですね。じゃあ、ビートルズに代わって誰があの時代の代役をつとめたかというと、ウラジーミル・ヴィソツキーやブラート・オクジャワといったシンガーソングライターたちなんですね。少し皮肉な見方をすると、彼らが、ソ連当局に代わってソ連文化を防衛したとさえ言うことができる。つまり、彼らは、西欧的価値観を持ち込んだというより、むしろ西欧的価値観からソ連文化を守っていた、ということもできるわけです。

沼野　こういう「吟遊詩人」の歌を聴いても、つくづくロシア人は「言葉の民」だと思いますね。彼らは歌手と言われることもありますが、なによりも詩人であって、詩を歌って聞かせる人たちです。言葉の力を信じている。日本だとビートルズでもその他の欧米のロック音楽でも、もてはやして、熱中して聴いても、たいてい歌詞なんて二次的なもので、歌詞の意味もわからず聴いているでしょう。でもロシア人にとっては、吟遊詩人であろうとロック音楽であろうと、歌詞の意味が分からないような歌は意味がない。それでオクジャワとかヴィソツキーとか、いわゆる吟遊詩人が活躍しはじめる。やっぱりロシア人は言葉の民だからですよ。ロシア国産のロックは六〇年代末くらいからでしょうかね。マカレーヴィチが伝説的なバンド「マシーナ・ヴレーメニ」を結成するのが一九六九年。その数年後にボリス・グレベンシチコフが「アクアリウム」で活動を始める。彼らはロシア・ロックの草分けで、今でも絶大な人気がありますが、一貫してロシア語で曲を書いて歌ってきた。英語の歌を英語のままカバーするなんてことは、まず考えられません。それだけ言葉を大事にしてきたんです。

亀山　「マシーナ・ヴレーメニ」要するに「タイムマシン」ですね。ポストヒストリーという問題を考えるなかで、きわめて象徴的な名前ともいえそうですね。僕は、ロックは詳しくないのですが、七三年にソ連に行ったときにおみやげにビートルズのカセットテープを持ち込んだ記憶があります。悪いことをしているとは思っていましたが。

沼野　いや悪いことでもなくて、当時はソ連でもカセットテープレコーダーが普及し始めていたので、カセットテープで非公式に流通していたものは非常に多かった。みんな当局の規制をかいくぐって、そうやって聞いていたんです。地下出版の「サムイズダート」をもじって、それは「マニニティズダート」と呼ばれるようになりました。

亀山　六八年の「プラハの春」をなんとか食い止めることによって、もう一度疑似ヒストリカル、ポストヒストリカルな時間が再スタートしたと言えると思う。ロシア国内、ソ連国内にスターリンの党官僚が支配するまったりした時間が戻ってくる。ブレジネフ時代は、それは、特権階級が幅を利かせた時代としてすさまじく外聞は悪いのだけれど、ロシア、ソ連の一般国民にとってはものすごく幸せで平和な時間の証でもあったわけだよね。

沼野　「停滞の時代」と後で言われるようになる七〇年代ですが、「停滞」とはある意味で安定しているということですからね。

亀山　一八九〇年代も「停滞の時代」と呼ばれていたけれど、ある意味安定した時代なわけだからね。

沼野　チェコ事件当時、一九六八年のチェコでは、ヴァーツラフ・ハヴェルとか、ミラン・クンデラが自由化に向けて盛んに発言していた。ハヴェルは筋金入りの反体制作家で、その後何度も逮捕されますが、国内に残って戦いつづけ、一九八九年のビロード革命の結果、大統領に選ばれてしまった。そのハヴェルと論争をしたクンデラは一九七〇年代にフランスに亡命し、作家として世界的な名声を獲得する。どちらもドラマティックな人生を辿りました。

亀山　水爆の父のアンドレイ・サハロフに対する批判も六〇年代の終わりから七〇年代にかけてですね。「プラハの春」を潰すというのは、文化運動を潰すことになるわけで、ああいうふうに文化運動を戦車で潰す行為というのは、いかにロシア的ソ連のメンタリティが言葉を恐れているかということの証拠で、単独に現象として見れば別にあそこまでする必要は全然なかったと思う。

沼野　チェコ事件の直後に加藤周一が書いた評論は「言葉と戦車」と題されていた。さすが、加藤周一、衝突の本質を見抜いていました。

フルシチョフの功罪

沼野　フルシチョフの時代の評価、フルシチョフの功罪についてはどう考えるべきでしょうか。

亀山　やっぱりフルシチョフは支持しますね。彼自身スターリン時代にそうとう悪辣なことをやっていたので、一種の罪滅ぼしでスターリン批判をやったということも言えるのだけれど、でもやるべきことはやったと言えるんじゃないですか。ただ彼が芸術文化に対して寛容な態度を示したかというと、むしろそうではなくて。でも、彼が芸術文化に寛容だったら、ソ連の芸術は、去勢されてしまったかもしれないという推測も成り立ちます。

沼野　フルシチョフは「雪どけ」を推進したようでいて、実は、芸術に対しては本質的に抑圧的だった。そもそも彼には洗練された前衛的芸術を理解できる素養はなかったでしょう。

亀山　ヴォズネセンスキーをクレムリンで壇上から頭ごなしに批判するくらいですから。

沼野　そういう意味では強権的です。ただ彼は農民的な素朴なところがあるので、「キャラ」が立っていて、スターリンみたいに神秘的で計り知れない権威のようなものがないんですよ。何となく親しみやすい感じもあって、得をしているかもしれない。陰鬱で取り付く島のないブレジネフとは違います。俗にソ連の指導者は対照的なタイプが交代していくと言われますが――髪の毛までそうで、ハゲともじゃもじゃも交代していく――フルシチョフとブレジネフの対比も鮮やかですね。国連総会での有名なエピソードがありますね。フィリピンの代表がソ連を非難したのに腹を立てたフルシチョフは、彼を黙らせようとして、靴をいきなり脱いで、それで机をばんばん叩いた、というんです。びっくりするほど粗野で、洗練されていませんが、人間味のある振る舞いだともいえる。

この時代の雰囲気を考えるために最良の本の一つは、ワイリとゲニスという二人組の大著で『六〇年代——ソビエト人の世界』というものです。「宇宙」「詩」「キューバ」「ロマン」「ユーモア」「スポーツ」「反体制運動」といったテーマ別にこの時代の姿を鋭くえぐりだしていくんですが、この本はタイトルを「六〇年代」としているのに、扱うのは一九六一年から六八年の時代というふうに、はっきり境界を定めています。六八年はチェコ事件の年で、このときすべての希望が潰えてしまった。他方、起点になっている六一年は何かというと、第二二回共産党大会が行われた年ですね。

亀山　第二次スターリン批判が行われた大会ですね。そこでフルシチョフが高らかに、共産主義はもうすぐ実現すると宣言した。

沼野　そう、共産主義は二十年後に実現すると、フルシチョフは具体的な数字まで挙げて言ったんです。ここでいう共産主義というのは理想のユートピア社会ですからね、ソ連の人々はすでに天国の一歩手前に暮らしているんだ、というわけです。この時代を語るためにもう一つ、忘れてはならないのは、宇宙開発です。宇宙開発で、ソ連は一九五七年にすでに無人人工衛星スプートニクの打ち上げに成功し、宇宙開発競争でアメリカの先を行っていたわけですが、一九六一年には宇宙飛行士ガガーリンを乗せた宇宙船ヴォストークが、人類史上初の有人宇宙飛行を成功させ、世界中に熱狂を巻き起こした。

亀山　ガガーリンの問題って文化史的にけっこう面白いんですよね。ガガーリンが宇宙空間で最初に歌った歌がショスタコーヴィチが作った「祖国は聞いている」という曲なんですね。心底、元気が出てくるような明るい歌です。

沼野　ガガーリンの「地球は青かった」という有名な言葉があるでしょう。あれは日本の新聞が、語呂がいいから勝手にあのようなフレーズにしてしまったらしく、ガガーリンの「宇宙への道」という回想を見ると、日誌のなかで彼は、宇宙から地球を見たときの美しさをもっと詳しく書いているんです。彼はそこで様々な青のグラデーションに触れながら、まるでレーリッヒの絵のようだ、と譬えている。レーリッヒといっても当時の日本ではほとんど誰も知らなかったから、この部分は意味不明だったわけですが。レーリッヒはフョードロフとつながっていると言えるか、よくわかりませんが……。

亀山　つながっていますね。

沼野　ニコライ・レーリッヒは象徴主義時代にまず画家として登場し、バレエ・リュスの『春の祭典』の美術を担当したことでも知られていますが、その後、東洋思想に惹かれて、ヒマラヤやチベットの奥地の大探検旅行を敢行したり、インドに住んで神智学にも近い独自の教えを唱道した。実に興味深い人物で、僕はユーラシア的怪人と呼んでいます。ソ連では亡命者は無視か、否定されるのが常ですが、レーリッヒは不思議なことにインドに住みながら、ソ連と良好な関係を保っていた。そしてガガーリンが宇宙に飛び立つ直前に、モスクワの東洋美術館で彼の絵の展覧会をやっていたようなんです。おそらくガガーリンはそれを見ているんですね。しかし、レーリッヒの青というのは、東洋の神秘的な青であって、社会主義の科学精神にはどう考えてもそぐわない、むしろコスミズム的なものでしょう。ガガーリンがレーリッヒの名前を出したのは、宇宙開発がこういった世界観ともつながっていたことを裏付けるものと言えるかもしれません。

一九六〇年代がディシデント、つまりソ連国内における反体制運動だったとすれば、一九七〇年代は新たな亡命の波の時代になりました。ソルジェニーツィンが一九七四年に強制国外退去になったときは、世界中で大ニュースになりましたが、それ以外にも多くの優れた作家や芸術家が西側に亡命することになった。

亀山　第三次亡命ですね。

沼野　そう、「第三の波」。ただこの「第三の波」というのは、ユダヤ系ソ連市民がいわゆるデタント（緊張緩和）の時期に大量に西側に移民していったことを社会現象としては指すんですが、同じ時期に、ソ連国内にいられなくなった、あるいはいづらくなった作家たちが次々にソ連から出ていった。ブロツキー、アクショーノフ、ヴォイノーヴィチ、コルジャーヴィンも、皆アメリカや西欧に逃れた。ブロツキーはアメリカ亡命後、ノーベル文学賞を受賞することになります。

亀山　でも、彼らは、どちらかというとモダニストたちですよね。ポストヒストリカルという規定にはなじまない。西欧的モダニズムが通用する芸術家たちです。でも、そういう最良の部分が出ていってしまうことで、ソビエト文化は七〇年くらいで終わっているのかもしれないですね。

沼野　ソ連国内には、モスクワの市民生活を緻密に描いたトリーフォノフのような都会作家がいる一方で、ワレンチン・ラスプーチン、ベローフ、アスターフィエフといった農村派の作家たちもいました。これは亡命したユーリ・マリツェフという批評家の言葉を借りれば、「中間の文学」ということになるでしょう。つまり亡命文学とソ連体制派の社会主義リアリズム文学の間にあるもので、イデオロギー的にはソ連体制からは一定の距離を置きながら、ソ連国内に住んでそれなりにいいものを書いている作家たちのことです。これは一九二〇年代だったら、「同伴者」と呼ばれた作家たちでしょうね。

ブレジネフ時代

沼野　一九六四年にフルシチョフが失脚し、ブレジネフが共産党書記長になります。このブレジネフ時代は一九八二年まで続きました。

亀山　さっきも言ったけれど、庶民にとっては非常にいい黄金時代だよね。冷戦の壁に守られた最高の……。その時代に対する評価は日本人には理解できないと思うんだけれど、僕自身が最初に行ったのが七四年で、毎年一度二度行っていて、その時代の空気をよく吸っていた。

沼野　それはポストヒストリーじゃなくてポスト・ポストヒストリーの時代ですか。

亀山　いや、ポストはもう一つつきます。ともかく皆幸せそうだった。

沼野　無時間的なんですね。あまり安易に国民性論につなげてもいけないんですが、確かにこの時代のソ連の人たちは、アメリカ人みたいにすべてをお金で考えることはなかった。

亀山　そう、お金の観念がなかった。

沼野　ロシア人というのはもともとそうだったのかもしれませんが、特に社会主義時代にそれが強められた。そういうモラルの面では大変いい時代だったかもしれない。その一方で、われわれが外国人としてそのころソ連を旅行する場合は、かなり不自由な面はありました。行きたいところに勝手に行けないし、国営旅行会社のガイドが必ずついて、彼らは監視役もかねていた。電話もかなり盗聴されていたと思われますし、外国人旅行者の言動はガイドを通じてしかるべきところに報告されていたはずです。しかし、ここが逆説的なところなんですが、国によって許された枠のなかで動いていれば、とても安心で安全な旅行ができた時代でもありました。ペレストロイカが始まって社会が不安定化してからのほうが、外国人旅行者にとってロシアは危険になりましたから。

亀山　アレクサンドル・ジノヴィエフがやはり重要だという気がしますね。以前も紹介しましたが西谷修さんたちが翻訳した『余計者の告白』。あれは名著です。ブレジネフ時代のあの空気を経験していればかなりすとんと腑に落ちるところがある。

沼野　ジノヴィエフはモスクワ大学の論理学の教授だった人ですが、次第に異論派的な立場になって、一九七〇年代末には西側に亡命せざるをえなくなりましたね。彼は「現実としての共産主義」を出発点に風刺的な作品を書いて、当局ににらまれたんですが、逆説的なことに、ペレストロイカが始まったら歓迎するどころか、それは破局（カタストロイカ）だと言って、厳しい批判の側にまわったんです。で、ジノヴィエフが「現実」となっているという共産主義の時代、いわば疑似ユートピア的停滞が続いていて、経済においても、科学技術的な面でも西側との落差がどんどん大きくなっていって、日常生活のために必要な基本的なものさえ慢性的な品不足に陥ってしまった。

亀山　そう言うけれど、八四年に半年間ロシアにいたときに、毎日レーニン図書館に通ったり、あるいは国立中央古文書館に通ったり、そこで昼ご飯を食べるときにはきちんとコースメニューが出て、皆普通に食べていたんだよね。

沼野　しかも値段が安かった？

亀山　そう。八四年の当時はね。本当に労働者って厚遇されているんだなと。素直にその人たちのなかに……。もちろん一部には不満はあるだろうけれども、貧しいということじゃなくて、むしろ今の時代に比べたら豊かに見えた。

沼野　そうはいっても日常生活に必要なものが不足していて、肉やトイレットペーパーを買うのにも行列しなければならない、という時代でもあった。

亀山　それは八〇年代の後半だよね。八九とか九〇年とか。

沼野　ペレストロイカ後の社会混乱のなかで、品不足が深刻化して、食料を買うにも配給券がいるなんて事態にもなりましたが、買い物の行列はそれ以前からですよ。現代作家のソローキンの初期の、翻訳されていない長編に『行列』というのがありますが（一九八三年）、あれは何を売っているのかもわからないのにとにかく行列に並んでいる人たちの会話を延々と記したものです。

亀山　日本でも行列はつくるでしょう。

沼野　でもソ連の場合、計画経済で重工業に力を入れる反面、消費者の需要に応じて消費物資をきめ細かく生産し、流通させることができなかった。品不足は構造的、慢性的なものでした。宇宙ロケットはつくれるけれども、きちんとした下着も、おしゃれな靴もつくれない。ジーンズなどはほとんど生産されなかった。アメリカ的なものだからだめ、というイデオロギー的な理由があったのかもしれませんが、ソ連の若者たちはジーンズが欲しくてたまらなかったので、ジーパンをはいている外国人観光客にまとわりついて売ってくれと頼む始末。僕が初めてソ連に行ったのは一九七四年ですが、そのときもジーパンを売ってくれと町で声をかけられましたね。そういえば、ジーンズについてはナボコフに面白いエピソードがある。一九六九年、ブロツキーがソ連国内で迫害されていたころですが、晩年のナボコフが、アメリカのロシア文学専門出版社アーディスの編集長カール・プロッファーに頼んで、ジーンズをアメリカからブロツキーに送ってもらったというんです。世界最高レベルの文学者たちが、ジーンズの贈りもののやりとりとはねえ。

亀山　ここはグロイスの考え方で代弁させてもらうしかないかな。つまりヨーロッパの文化が介在して、アメリカ文明というか、そういう媒介的なものを通してソ連の文化や文明を批判しようとする視線がどうしても出てくる。でもジーンズってズボンだし、ズボンはどういうズボンだっていいわけです。ところが、ジーンズはぜったいにいいものだという観念ができてしまっている。車だってある意味では人を乗せて移動できればいいわけですよね。そういう超唯物論的な考え方に立って欲望の更新みたいなことを一定程度抑制しながらソビエト文明というものが成り立っていた。そしていずれは本物の共産主義を実現するかもしれない、と。五十年、百年の単位ではね。でもあの時点で、まだ大戦から二十年ですよ。日本でもまだ七〇年代は悲惨だった。

沼野　ソビエト文明というのが周りから遮断された空間である限り、自律的に成り立つんでしょうけれども、地球がグローバル化していくと、情報も人もモノも行き来が激しくなってくる。プラハの春は戦車で潰して、東欧民主化の影響は遮断できたけれども、いつまでもそんな手法には頼れない。ソ連はソ連で幸せだと思っていられればいいんですが、遮断できなければ結局、西欧とソ連の暮らしを同じ土俵の上で見なければならなくなります。

亀山　ここに根本的な問題、根本的な悲劇があります。資本主義は欲望を起動する装置としてあるわけで、それに対し社会主義は理性による欲望の抑制というところで、もっとも本源的な自然な欲望が、禁忌という形で抑えられている。それは本当に資本主義と社会主義の対立だと思う。

沼野　社会主義は理性による欲望の抑制というよりも、自然な状態なんじゃないですか。僕に言わせれば、資本主義は病気みたいなものなので、病気の人と健康な人を一緒にしたら病気がうつっちゃうわけですよ。ソ連社会は遮断のおかげで、ある程度無菌状態が保たれていたんですけれども。

亀山　なるほど、そういうふうに言えるんだ。われわれの、たとえば七〇年代の安保世代はだいたいそういう感じで見ていると思います。六八年にパリの五月革命があって学園紛争が起こったときに、資本主義に対してものすごい罪悪感を抱いていた。僕は七二年に伊藤忠という商社に内定したときもすごい罪悪感で、やっぱり断らざるをえなかったんですよね。資本主義に対するポジティブな見方が今もできない。ところが、一九八〇年くらいを境に皆その病気に感染しちゃって、罪悪感が消えちゃうわけです。

自由か平等か？　何が幸せなのか？

沼野　今や世界中が、ともかく競争に勝って金を儲ければいい、それが正しい、人を出し抜くために多少ずるいことをしても許される、というアメリカ的原理に支配されている感じになりましたね。でもソ連人の、というかロシア人のということかな、昔の感覚からすれば、ずる賢く立ち回って金を稼ぐのは、人間としてむしろ軽蔑されるべきことだった。しかり、そう感ずるのはロシア人だけじゃない。フランス人のサンテグジュペリが書いた『星の王子様』には、自分が所有する星（金）を勘定することしか考えない「実業屋」が登場しますが、あれは明らかにアメリカ的拝金主義のカリカチュアでしょう。年収がいくらあるかで人を測るアメリカ人というのはヨーロッパから見ても異常だったんじゃないでしょうか。ソ連時代のロシア人は、というか私が付き合ったことのある知識人は少なくとも、お金に関しては淡白で、清廉でした。でも人間というのは変わるものです。しかも驚くほど速く。今やロシア人のなかには、金を稼ぐことしか頭にないようなビジネスマンもたくさんいて、フォーブズの世界長者番付に名前を連ねる、億万長者だって珍しくなくなった。

亀山　あれだけの犠牲を払ってまでロシア革命をやって、もう一回歴史をやり直すのかという話になってくる。ロシア革命をやったからこそナチスの標的になり、二千七百万人が死に、スターリンがあれだけの粛清をやったというところにもう一回戻っちゃうわけでしょう。社会主義は平等に行き着くんだよね。

沼野　結局、人間にとって究極の選択は、自由か、平等かということになってしまう。社会主義時代のソ連が自由よりも平等を重んじたとすれば、アメリカ的資本主義はその正反対でしょう。その二つの原理の間で、なんとか折り合いをつけるのが、人類の直面している課題ではないのかな。やっぱり自由が行き過ぎると、格差が劇的に拡大し、弱者がひどい目に遭う——それは現に、世界中で起こっていることです。格差は人と人の間だけではなくて、国と国の間にもありますね。だから、自由の結果もたらされる弱肉強食が行き過ぎると、やっぱり社会主義がよかったんじゃないか、という機運が高まるに違いない。実際、この前のアメリカ大統領選挙でサンダースがあれほど支持されたのは、社会の気分がそういう方向に向かっていることを示している。さかのぼっていえば、これはロシア革命が世界に問いかけた問題だった。

亀山　沼野さんが言ったように、かたや行列という具体的な問題があったり、かたや僕の見た印象としてはピオネール、若い共産主義少年団が森のなかでキャンプして、それは皮肉にも同じロシア語でラーゲリというわけだけれど、林間学校みたいに嬉々として楽しんでいる楽園的な光景にも見えるし、見た光景の印象によってずいぶん変わってくるので、実態がわからない。行列という問題はソビエト社会主義＝悪のシンボルイメージとして流布していくことがあったけれど、スターリン時代の行列と、雪どけ時代の行列と、八〇年代の行列では違うんじゃないかなという気がしてしかたない。だから一元化されたイメージというかステレオタイプ化されたイメージでソビエト社会がありありと見えてしまう場合と、別の言葉によってまた見えてくるソビエト社会の実質の部分もあるはずなんです。ロシアは季節の問題もあって、夏と冬の対比、季節の印象によっても国のイメージがずいぶん変わってしまう。

沼野　もちろんそうです。そのことは外国研究に携わる学生たちに、僕もよく言っているんです。旅行者としてある国に短期で行く場合、たとえばプラハに行ったときにたまたま晴れていたら、チェコは明るい国だという印象を受け、そのつぎにモスクワに行って、雨が降っていて寒かったら、ロシアは暗い国だ、と思い込んでしまう。バカみたいな話ですが、実は研究者やインテリが外国について論評する場合も同じようなことが起こっている。一つの国についてどう思うかと言われたって、特にロシアのように巨大で、多様な要素が入り混じっている国の場合は、国について考える場合も常に同じことがあって、ロシアのように巨大で多面的な国は「群盲象を評す」ではないですが、どの面を見るかによってイメージが根本的に変わってきます。だから、ソ連の品不足や行列のことばかり取り上げてもいけないんですが、たとえば帝政時代からロシアでは美味しいビールを作っていたのに、ソ連時代にはそれがぷっつりと消えてしまったのはなぜなのか。現代ではそれが復活して、今やロシアは質量ともに世界最高レベルのビール生産国になりましたが。

亀山　そう。今日この話が始まる前に、根本は何が幸せなのかという問題だろうなと思っていた。なぜそう思うかというと、つまり現代、ポストグローバル時代と呼んでもいいけれど、すでにもうお金というものが絶対的価値を持たなくなりはじめた時代が来つつあると思うところがあるわけ。先日、辻原登さんの講演を聴きに行ったときに、人類の幸福の総量は決まっている、って言うんですね。僕も、そうだと思った。つまり、ある意味で幸福というのは、どこまでも相対的な観念です。それが、現代において問題になってきた。幸福の観念が変わりつつある。特にＩＳ以降だけれど、全然別の面で幸福を経験できる人たちというのがいて、お金の多寡では絶対に測れない。逆にある意味では精神的なもの、精神的な喜びのほうがはるかに金銭的なものを上回るみたいな、一定程度の富や喜びを経験した後に目覚める世代が現れてきつつあるんじゃないか。ロシアの人たちの生活の水準は基本的に貧しいと思うんだよね。貧しいけれどもコンピュータはある。コンピュータから喜びやコミュニケーションを得る。もろもろの喜びが逆にいうとお金では買えないものに変わりつつある。アメリカのラストベルトたちの悲惨な、堕落とは言いたくないけど、その欲求不満ぶりを見るにつけ、ロシアの貧しい労働者たちが日々経験している喜びの質のほうがはるかに救いがあるんじゃないかと思ったりします。そうすると社会主義を経験し、資本主義の今もなおかなりの貧しい状況にある人たちの生命のあり方がもう一回見直されてくるんじゃないですか。そういう思いがないと、この議論、やっても意味がないんじゃないかなと思えてくる。

第一一章　ロシア革命から100年

――ポストモダニズム以後

三〇年代・五〇年代・九〇年代――三つのポストモダン

亀山　ロシア革命からの百年の政治・文化・精神史を見直してきたわけですが、いよいよ九〇年代から現代までの話をしましょう。

いわゆるポストモダニズムがロシアのなかでにわかに活気を帯びてきたのは、意識としてはソ連崩壊後ですよね。

沼野　そうです。九〇年代です。一九九一年にモスクワの文学大学で「ポストモダニズムとわれわれ」という大規模な会議が行われて、これがロシアにおけるこの用語の定着にとって決定的な機会になりました。

亀山　日本におけるポストモダニズムの流行が八〇年代としてみると、一見十年遅れたとも言えますが、一方で、前に話したようにポストモダニズムの運動はすでに一九三〇年代の社会主義リアリズムのなかに存在していた。つまりわれわれがポストヒストリカルという言葉で規定してきたもののなかにすでにポストモダンの芽が生まれていた。しかしそこにおける芸術は、基本リアリズムで作られているポストモダンの世界なわけ。絵画にしても小説にしてもそう。ところが反リアリズム、つまりソ連の公式文化とは一線を画したところでもポストモダン文化が花開いた。こちらは一九五〇年代後半から出て、一九八〇年代に命脈が尽きます。そういう意味で二つのポストモダン文化があったと言える。今西側で大きく評価されているのがもう一つの傍流、反公式文化としてのポストモダンなんだけれども、一九三〇年代の社会主義リアリズムそのものがポストモダンだという見方もあるわけですね。それ自体の意味をもう少し前向きに評価しようという動きがあります。

今日沼野さんに聞きたいのは、もう一つの文化。つまり公式文化に対立するかたちで出てきたポストモダン。たとえばモスクワ・コンセプチュアリズムとかに繋がっていくドミートリー・プリゴフとかレフ・ルービンシュテイン、パフォーマンスの領域では、アンドレイ・モナストゥイルスキーという人たちの運動なんだけれど、そのポストモダンという考え方のなかに歴史性は、イデオロギーはどう関わっているのかという問題です。カバコフにしろプリゴフにしろ、自分たちが生きてきた過去何十年間の歴史やそこでの経験を巧みに利用しながら自分の芸術のなかに取り込んでいくわけだけれど、そこには私的な感情を入れずに、たえずその事態に対して距離を置く。ディスタンスということをカバコフは何度も口にしていますよね。既存のイデオロギーにからめとられることを嫌って必死に予防線を張っている感じがする。ところが実はそこにものすごくノスタルジックなものが宿っているわけ。そのノスタルジーそのものもカバコフはむろん否定するんだけれど、たとえば『トイレ』にしろ『共同キッチン』、そういう共同住宅のテーマでカバコフが戦略的に仕掛けているものと、西側の人間がまったく素面《しらふ》の目で見たものとの間にずいぶん大きな落差があると思います。でも、少なくともカバコフが戦略的にねらっているのは、グロイスも書いているけどやっぱりノスタルジーだと思うんですね。たとえば、水戸芸術館でやった「シャルル・ローゼンタールの人生と創造」。あれなんかは、一人のアヴァンギャルド詩人の生と死みたいなものを回顧風に展示しながら、なおかつその全体の試みを完全にポストモダンとして整理している。

だから公式文化と非公式文化における二つのポストモダン文化があって、その双方において何が異なるかというと、歴史に対する捉え方が異なっていると言っていいんじゃないかと思う。そのあたりどう思いますか?

沼野 うーん、今の話はちょっと難しいというか、独創的な考え方を含んでいて分かりにくいところがあるので、もう少し説明していただけますか。

亀山 一九三二年に党決議が出て、一応社会主義リアリズムのドクトリンがそのあたりで認められて、社会主義リアリズムの規範に則ったポストヒストリカルな文学が生まれてくる。ポストヒストリカルな文学あるいは芸術、デイネカとかサモフワーロフとか、今日ほとんど評価の対象にならないけれども、でもそれ自体がはらむモダニティを否定して、西側の常識がまったく通用しない芸術空間が創造された。それを一種のポストモダンとして評価する向きがあるわけです。つまり社会主義リアリズムそのものを。それに対して一九五〇年代の終わりから非公式文化としてのポストモダンが出てきます。それは言ってみれば今までちょっと名前を挙げてきたような人たちなんだけど、そもそも雪どけ時代のモダンというのは、たとえばショスタコーヴィチにしてもタルコフスキーにしてもそう、フツィエフとか先ほど議論になった人に関しても、やっぱりあれはモダンの復活だったと僕は思っています。ショスタコーヴィチは、モダニズムとポストモダニズムの境界にいますが、タルコフスキーの方法は、完全にモダニズムですね。一方で、微妙に公式路線と距離を保ちつつ、何かそれを取りこむ形で、芸術自体が非歴史的なものを感じさせる世界がポストモダン、つまり非公式文化におけるポストモダンの特色ではないかと思うんです。社会主義リアリズムに抵抗する動きのなかで生じたこのポストモダン芸術家として挙げられるのが、コーマルとメラミッド、カバコフですね。さらに九〇年代のソ連崩壊後に活気をおびたポストモダンがあって、広く見ると三世代のポストモダンがあると見ることができるかもしれないんじゃないか。その見方はどうでしょう?

未来のユートピアはすでに実現している！

沼野　なるほど、わかってきました。まずポストモダニズムがソ連・ロシアで三種類あったということについては、確かにその三つが区別できそうだということでは僕もまったく同意見なのですが、三つがそれぞれ独立したものとしてあるわけではないので、それらの関係についてちょっと僕なりに整理しなおしてみたいと思います。そもそも亀山さんの発想の強烈な特徴は、ポストモダンというよりポストヒストリーという観点からソ連時代を歴史的に把握しようとしている点ですね。確かに共産主義はある種のユートピアをめざすイデオロギーですから、共産主義が仮に実現していなくても、もう実現に向けての体制ができてしまったと宣言してしまったら、そこで歴史が終わってしまう。あるいは少なくとも終わりつつあるという振りができることになる。それが一九三二年だとしたら、その後の歴史は「無時間」のポストヒストリーであり、それ以前の文学や芸術がモダニズムだとすると、それ以後の社会主義リアリズムの教義に則った公式文化はポストモダンと呼んでもいいものだ、ということになりますね。これを仮にポストモダン1としましょう。

しかし、スターリン時代にはそもそも、社会主義リアリズムに対抗するような非公式文化の存在が許されていなかったわけですから、非公式文化としてのポストモダンが動きとして認知できるようなものになってくるのは、もっと後、少なくともスターリン死後のことでしょう。現代ロシア・ポストモダン文学の原点と誰もが認めるヴェネジクト・エロフェーエフの『酔いどれ列車、モスクワ発ペトゥシキ行き』が書かれ、地下で回し読みされていたのが一九六〇年代末、それから先ほど亀山さんが挙げたモスクワ・コンセプチュアリズムが形をとるのが一九七〇年代半ばごろ。また同じころ、コーマルとメラミッドが、ソ連時代の文化的アイコンをパロディ的に再利用するポップ・アートならぬソッツ・アートという方向を切り開いていくわけで、一九七〇年代に非公式文化としてのポストモダンが形作られたと考えられる。これがポストモダン2。

そしてソ連崩壊後の一九九〇年代に、一種のブームになり、今度は公式も非公式もなく、いわばロシアの状況全部を飲み込むような思潮としてのポストモダンがあります。今現代ロシアのポストモダンという場合、これを指すのが普通でしょう。で、これがポストモダン3になります。これはソ連時代の公式的な社会主義リアリズムに交代して出てきたわけで、ソ連時代の「古き良き」ものを全否定しているし、この時期になってそれまでアングラのポストモダン2に属していたプリゴフやソローキンが前面に躍り出てきたわけですから、系譜としてはポストモダン2を直接受け継ぐと説明してしまえばよさそうなのですが、面白いことに、これはポストモダン1の遺産、別の言い方をすれば、共産主義イデオロギーの理念も自らの素材として使っている面がある。つまりポストモダン3というのはいわばこれまでの歴史の集大成であって、過去のすべての文化的アイコンを飲み込んでしまうものなんです。

それまで共産主義を公的に建前にしていた国が、いきなりどっと正反対に見えるポストモダンに雪崩をうつように移行してしまったため、世界の人々は驚いたのですが、これについてミハイル・エプシュテインは面白いことを指摘しています。ロシアでこれほどスムーズに共産主義からポストモダンに移行したということは、両者の間に本質的な共通性があるからではないのか、と言うんです。それを少し僕なりに説明してみれば、共産主義がユートピアの理念の提示をもって、それまでの人類の前史の完成として「歴史の終わり」を宣告したとすれば、芸術におけるポストモダンというのは、歴史的な時間の流れが止まったことを前提に、先行する様々な流派の芸術の成果を、価値判断の体系を解除したうえで「なんでもあり」の状態で自由に使うんです。つまりこれこそポストヒストリーの芸術。その意味でポストモダン3の原点はポストモダン1にもあるわけで、エプシュテインが少々誇らしげに言っている通り、ロシアこそポストモダニズムの本家であって、西欧でデリダやボードリヤールが活躍するようになるはるか以前からソ連にはポストモダン的なものがあった、という驚くべき発見が導かれてしまう。

いずれにせよ、一九九〇年代のロシアのポストモダン的状況は、ポストヒストリー的な状況のなかで、「時間以後」の時代の祝祭といった様相を呈するようになったわけです。エプシュテインはこの時代を端的に、「未来の後」の時代と規定しています。共産主義イデオロギーは未来のユートピアの実現をめざすというイデオロギーですから、基本的に未来を向いているわけですね。

ところが現代のロシアはソ連崩壊後、未来の後の時代、それはすでに時間がなくなった状態でもあるわけですが、それを生きなければならない。まるで死後の生のように。

亀山　今の「未来の後に」ということでエプシュテインが言わんとした狙いは、一九九〇年代の前半から二〇〇〇年にかけての時代状況をどう定義するかということでもあるわけですね。もう一つ、ガルコフスキーが『果てしなき袋小路』で言った言葉も、ロシアのポストモダンを考える際には重要だと思うんです。「ロシアの歴史は空《くう》なんだ」とか言っていますね。逆に言うとロシアの歴史そのものが「ポスト未来の後に」というか、それ自体が歴史的に、つまりソ連が崩壊したからどうのこうのという以前に、空無なんだという言い方をしている。

沼野　空無といえば、現代ロシアの人気作家で、これまたしばしばポストモダンとして括られるヴィクトル・ペレーヴィンが『チャパーエフと空虚』という小説を書いていますね。この小説では「空虚《プスタター》」というのは主人公の名前なんですが、作家の意図としてはソ連の歴史の総括がこの言葉なのかもしれない。ちなみにロシアでは十九世紀の過激思想の持ち主が「ニヒリスト」と呼ばれましたが、この「ニヒル」というのもラテン語で「無」を意味する単語ですから、感性的にはどこかつながってくるのかもしれない。ただペレーヴィンの場合はもっと東洋的な趣味なのかな、という感じもしますが。あとポストモダン的状況に関連して、才気ある批評家のアレクサンドル・ゲニスが「タマネギとキャベツ」という、いかにも料理通らしいウィットに富んだエッセイを一九九〇年代に書いています。キャベツはどんどん皮をむいていくと芯にあたるけれども、タマネギは芯がなく、最後は空っぽということになってしまう。このタマネギというものがポストモダンじゃないか、と言うんです。

亀山　もちろん僕はガルコフスキーのあのぶ厚い本を読んだわけではなくて、いろいろ評論なんかを通してガルコフスキーの「空」という概念に出会ったわけです。でも、妙に納得してしまった。ただ、問題は、ロシアそのものの歴史が空だという彼のイメージのなかに、どういう光景が広がっていたのか、ということです。ロシアの領土の広大さ。都市とか人間とか言ったって点のなかの点に過ぎない。ヨーロッパだと都市と都市が非常に隣接していて、どこに行くにせよ、ある一定程度の時間ですぐに次の都市に行けるということがあるけれど、ロシア全体をいわば俯瞰的な視点から見た場合にはやっぱり何もないじゃないかという。そういう観点から見ると、たとえばイワン雷帝あたりから国家を統一せよみたいな努力があっても、たとえば火力発電所や水力発電所をスターリンが造ったりしようが、その努力もすべてロシアの広大な領土に比すと途轍《とてつ》もなく小さいという、そういうニヒリズムが根本にあるのかな、と思うわけです。ともかく、彼らの空間の観念が、われわれと全然違う。たとえば、われわれは、日本は、空である、とはとても言えないわけですよ。僕らの視界には、常にどこかに人家が入ってきているわけですから。

沼野　巨大な空間のなかに人間がほんのちょこっと存在しているだけ、という感覚は確かにロシア固有のものでしょうね。「広大なひろがり」に魅了されるとともに、根源的な恐怖をそこに感じるからこそ、「トスカー（憂愁）」という感情が呼び起こされる。人間がいかに自然を制御しても、どんなに強大な国家を作っても、ある日恐ろしい自然力によってすべてが根本からがらっと崩れるかもしれない、という恐怖がどこか心の奥底に秘められている、といった感じでしょう。

モダンとは何か？　ポストモダンとは何か？

沼野　考えてみれば、これまでそもそもポストモダンとは何か、ポストモダニズム的世界観とはどんなものなのか、基本をおさえないまま議論をしてきたような気がしますので、改めて、その辺のことを補足したいと思います。ポストモダンは、それに先立つ「モダニズム」を否定しながら出てきたものですが、モダニズム文化といえば、西欧ではおおむね二十世紀初頭に出てきた新しい様々な流派を広く、かなり漠然と指し示しています。しかしモダニズムの定義がそもそも曖昧だとしたら、ポストモダンがそれを否定したといっても混乱が増すばかりでしょう。すこし単純化してわかりやすく整理するならば、これはブライアン・マクヘイルという研究者の論を借りますが、次のようになるでしょうか。

モダニズム――認識論的。知られるべき何が存在するのか。誰がいかにそれを、どの程度確実に知ることができるのか、を問う。

ポストモダニズム——存在論的。世界とは何か、どんな種類の諸世界が存在し、それらはどのように互いに異なるのか、を問う。

ロシア革命の起こった二十世紀初頭は、芸術的にはモダニズムの時代でしたが、それは広い意味での構造主義に特有の、二項対立で世界を見ている傾向の強い時代でもありました。構造主義がイズムとして世界的に流行するのはもっと後、たぶん一九六〇年代以降のことですが、ソシュールの言語学やロシア・フォルマリズムの文芸理論など、みな構造主義的な方向性のもので、物事を単純に一つだけで見るのではなく、Aに対して非Aが対立しているというふうに世界を構造的にとらえるわけです。

で、ここからがちょっと飛躍なんですが、ロシア革命というのも、一種の二項対立的現象なんです。というか、本当は二項対立に還元できないような多様な要素と力関係をはらんでいたにもかかわらず、二項対立の物語に還元される傾向が強かった。旧体制の悪を倒して、善なるボリシェヴィキ政権を樹立できるか、できないか。革命か反動か。ボリシェヴィキ政権に味方しない者はすべて敵だ、といった世界観が特徴的です。善と悪、敵と味方といったふうに、世界を二項対立の図式で見ることがいかに危険で、いかに恐ろしい結果を招来しうるか、ということを人類はそのあと百年かけて学んできたのではないでしょうか。

亀山　二十世紀も末近くなって、二項対立ではだめなんだ、という反省から、デリダに代表される脱構築の考え方がようやく出てくる。

沼野　そう、僕なりの理解では、脱構築というのは二項対立では暴力的に切り捨てられてしまう他者の多様性を救う一つのやり方だと思います。こういったポスト構造主義的な考え方は、結局、芸術におけるポストモダンを支えているものでもあるんですよ。構造主義が一つの世界を構造としてとらえようとするのに対して、ポストモダンはそもそも複数世界的なんですね。これもあるけどあれもある。過去の様々なものがいわばすべて等価なものとして、浮遊している状態になるのがポストモダン的世界です。西欧では『ポストモダンの条件』（一九七九）を書いたリオタールがポストモダンの理論家として有名ですが、彼が提唱したシミュラークルという概念がありますね。これは実体なき虚像、オリジナルなきコピーのこと。それが現代の消費社会では浮遊していると彼は説く。しかし、考えてみるとそのようなシミュラークルというのはソ連社会にこそおびただしく存在し、社会を満たしていたわけでしょう。ソ連の公式イデオロギー文化はそういった表象で溢れていたわけで、これこそ亀山さんの言うソ連公式文化のポストモダン1なんです。だから西側でポストモダンが云々されるはるか以前から、ソ連ではポストモダン状態が成立していたことになる。

亀山　主として今の公式文化におけるポストモダンはイデオロギー的なものに規定されているけれども、非公式文化のほうはむしろ芸術手法的な側面で、それまでのモダン的なものを追求するというところから、過去にも意識が向かった。つまりモダンというのは常に新しいものを獲得しようとする、前に前に進んでいこうとするものだけど、それに対して新しいものの追求じゃなくて古いものをどんどん取り込むか、あるいは古いもののなかにどんどん入っていくか、非公式文化のなかではそういう手法的な側面でポストモダンは意識されたのかもしれませんね。

沼野　その通りでしょうね。モダニズムは基本的に新しいものの追求ですが、その「後」に来るポストモダンは、過去の様々なものをすべて差別なく取り込み、価値体系のヒエラルキーを解除させてしまう。それを非公式文化の前衛たちは、イデオロギーから自由なアングラの空間で勝手にやっていたわけです。

亀山　すべてが等価になる。スーパーフラットということですね。

沼野　一九九〇年代以降のロシアのポストモダン3の特徴については、現代ロシアの批評家のステパニャンという人が、非常に的確なことを言っています。かいつまんでいえば、（1）より高次な意味への信念の喪失。いかなる進歩や発展について語ることも意味はない、（2）現実は不合理で、認識不可能なものだ、（3）至高の真実などというものはない。存在は恣意的な断片から成り立つのみである。

カバコフ、ペレーヴィン、ソローキン

亀山　ちょっと聞きたいんだけど、非公式文化のなかから現れたポストモダンの先駆者として、たとえばカバコフとかいろいろ出てきたけど、カバコフの芸術の新しさ、つまりあれはソビエト国内ではまったく認められなかったわけで、どちらかというと西側で初めて評価されたという側面があるわけですね。しかしカバコフ自身は西側で評価されるだろうという予感のなかで作っていたわけじゃなく、彼自身は、これしかない、これで勝負するという、唯一の選択のはずだったわけです。とすると、その彼の芸術の新しさはどこにあったのか。というか、どこに向けられていたのか？　亡命という根本的動機なしで『トイレ』とか『共同キッチン』といった芸術は成立しえたのか？

沼野　ソ連でのカバコフは、広い意味ではコンセプチュアリズムの一員だったと言ってもいいのかもしれませんが、当時はまったく無名のアングラ的存在で、外国で有名になるなんてことは想像もつかなかったのではないでしょうか。当然彼はソ連国内で、ソ連の人たちのために自分の作品を作っていたはずですが、そもそもソ連国内でもしかるべき評価を受ける日が来るという確信だって持てなかったくらいでしょう。モスクワ・コンセプチュアリズムには、今カルト的人気を誇り、国際的にも一番よく知られる作家の一人となったソローキンも加わっていましたが、彼が今こんな存在になるなんて、誰も真面目に考えもしなかったに違いない。しかしそれはソ連という国そのものが、それだけ劇的な大転換をした、ということでもありますね。

亀山　カバコフの芸術を伝えるのは難しいと言ったけれど、でも彼が世界的な名声を博しえたということは、彼の芸術全体を評価できる目や感性が世界にあったからこそですよね。しかしカバコフが作ってきた芸術の三分の二以上は旧ソ連の世界を扱っているわけでしょう？

沼野　そう。だからその後、西側に出てから西側を扱った作品はあまり面白くないですよ、正直なところ。

亀山　確かに。やっぱりソ連時代に作られた『宇宙に飛び出した男の部屋』とか『トイレ』かな、ああいうインスタレーション、ソビエトという時代が持っていた、あるいはソビエト時代の人々が持っていた不条理の生そのものが「ディスタンス」という視点で捉えられて、グロテスクとか不条理とかいうこと以上に強烈なノスタルジーを感じますね。カバコフはどこかで二枚舌を用いているような気がして仕方ないんですね。たとえば彼はマレーヴィチのことを絶対視する。マレーヴィチの絵そのものは、一切そこからイリュージョニスティックなものを喚起させてはいけないという点で、「ディスタンス」そのものです。でもカバコフがコラージュあるいはモンタージュとして作った『トイレ』とか『共同キッチン』とかそういったものは、全部、意味と機能性をもった具体的な何かを喚起するオブジェとして並んでいる。カバコフが何と言っても、当然、そこに人間の感情が宿ってしまう。その場合に宿ってくるものがノスタルジーであるわけなんだけど、なぜノスタルジーと言うかということです。ディスタンスというのは、二つの観念があるんですね。一つは空間的なディスタンスで、もう一つは時間的なディスタンスです。僕の考えでは、カバコフは、その二つのディスタンスを巧妙に使いわけている。つまり、空間的なディスタンスで彼を理解しようとする人に対しては、時間的なディスタンスの観念ではぐらかす。他方、時間的なディスタンスで理解しようとする人たちには、空間的ディスタンスで対応する。でも、カバコフがいかに理論武装しても、彼自身、人間ですよ。人間なんだから、何かしら本音の部分を持っているはずです。

沼野　現代ロシアの文学のほうに話を進めると、これまた混沌とした状況で、様々な流派の興味深い作家が出ているんですが、全体の傾向をなにかのイズムで括るのは大変難しいと思います。若い読者に人気のあるソローキンやペレーヴィンといった先端の作家は、よくポストモダンと括られるのですが、その種のレッテルはもはやあまり意味がなくなっていて、そもそも彼らに直接「あなたは自分のことをポストモダン作家だと思いますか?」と聞いてみると、強い否定が返ってくるくらいですからね。

亀山　共通するものとして、ペレーヴィンにしてもソローキンにしても、ソビエト的生活の断片をコラージュしている。小説は時間芸術ですから、コラージュという表現はあまり適切ではないかもしれないけど、ベタではない形で、ソビエト時代の生活が描かれる。ソローキンはデザインもやっていましたから、このコラージュの手法というのをかなり意識的に小説に取りこんでいますね。で、結局、読み手は、ソビエト時代にタイムスリップするみたいな感覚を味わう。ただし、現実とは異なる。コラージュですから。そこで生まれてくるのが、ノスタルジーというわけです。ソビエトが崩壊して、国家が崩壊すると、もう帰る場所がない。同じ空間に住んでいながら、そこがすでに異国の土地になっているわけですよ。同じ場所にいながら帰りえないもの。まさにそれこそがノスタルジーだし、カバコフの言う「ディスタンス」なんだと思う。そもそも、ノスタルジーというのは近代の造語で、「ノストス」というのが帰郷で、「アルゴス」が痛みですからね。積極的に帰りたいと思わなくても、もう帰れない世界が生まれたのだという、国家の強烈なしばりに対して自由になると同時に、生きた空間そのものへの哀惜もあって、そういう両面価値的な創造力から生まれているものなのかなと思うんですよね。つまりそれを持っていないと彼らは作家として、あるいはロシアでものを書く、作るというアイデンティティが得られないはずです。西側に出て完全に時空間を隔てて、ロシア的あるいはソビエト時代の経験を基盤に小説を書いて、それが「ロシア人の作家として」と言えるのかというと言えないと思う、おとぎ話でも書くのでなければ。そういうところで自分の作家としてのアイデンティティをどこに見出すかというと、やっぱり一九九一年以前の社会にしかない。そういう宿命を背負ってポストモダンの作家たちも生きているという意味で、彼らは非常に誠実に現実に立ち向かってきたということができる。そこがペレーヴィンにしろ、ソローキンにしろ好きなところなんですね。

沼野 そう、実はポストモダンの時代もそろそろ終わりつつあるという認識もかなり早くから始めてて、今や新たな「誠実」の時代だと言う人もいますね。ソローキンもその流れに入っているのかもしれない。ポストモダン最盛期には、すべてがシミュラークルになり、すべてが遊びになるということを通じてのみ、それ以前の「大きな物語」を解体できたのですが、そろそろ遊びに飽きてくる頃でもある。しかし、すべての終わりを標榜したはずのポストモダンが終わったとしたら、その次の形はどうなるんでしょう。気の早いエプシュテインなどは二〇〇〇年代に入ると間もなく、さっさと今や「ポスト・ポストモダン」の時代だなんて言いだす始末。確かにポストモダンという言葉はロシアではあまりにも流行してしまったので、むしろ手垢にまみれてしまったという感じさえします。ただこれは、特定の手法というよりは世界観ですから、一時期に限定ではやった特定の流派みたいに狭い理解で捉えるべきではないんじゃないでしょうか。だからポストモダンが新たに見せてくれたものに有効期限はないんですよ。

ポストモダン的状況を亡命に絡めて敷衍《ふえん》すると、二十世紀ソ連の歴史にとって特別な意味を持った亡命というのは単純に言って、作家を国内か国外かのどちらかに区別する、二項対立の原理によって成立する現象です。国内は「自由のない」社会主義ソ連、国外は「自由な」西側世界。そもそも「東西冷戦」という世界情勢が、これ以上はないというほど単純な二項対立になっていたじゃないですか。ところがペレストロイカの結果、何が起こったかというと、西側に出ていった人たちもどんどんロシアに帰れるようになって、行ったり来たりが始まった。

亀山　亡命文学そのものも揺らいでしまったんだね。これは、東西対立、南北対立と言った外在化していた対立や闘争が内側にとり込まれ、テロという形をとった現在の世界のはじまりだからね。

沼野　今では誰が亡命者で誰が亡命者でないかさえも、はっきり言えない状況になっちゃったわけです。六〇年代にソ連で活躍を始めたアクショーノフという作家は一九八〇年に亡命して、ソ連市民権を剝奪され、長いことアメリカに住んでいましたが、一九九〇年にはソ連市民権を取り戻し、モスクワにも家を持って、フランスとモスクワの間を行き来するようになった。もはやどの国の作家とは言えないような状態になったわけです。いわば二項対立的な亡命／非亡命の区別がデコンストラクトされたということです。ただ、そうなると、今度は、人間は祖国を持たない、根無し草になっていいのか、という声もまた別のほうから出てくる。国家的な求心力を再び求めようとする方向ですね。

亀山　ネオユーラシア主義的なもの。

沼野　そうです。ネオユーラシア主義という、ロシア中心の一種の国粋主義もまたかなり強まってきて、プーチンの背後にいるドゥーギンなどがその有力な提唱者ですね。彼はロシアの強大な支配力を取り戻すためには戦争も辞さないと主張する好戦的極右で、主張を聞いていると恐ろしくなりますが、地政学的なプロパガンダの本をたくさん書いていて、外国語も堪能で、英語で講義もでき、それ以外にも多くの言語に通じているという、民族主義者には稀な多言語使用者《ポリグロット》です。こういう人こそ、ポストモダンの時代が解体した「大きな物語」の亡霊を、グローバル化時代に新たによみがえらせる力になるのかもしれない。

現代文学のなかでも、ペレーヴィンやソローキンに代表されるポストモダン文学に対する反動も少し出てきました。ミハイル・シーシキンの『手紙』や、中世文学の研究者でもあるエヴゲニー・ヴォドラスキンの『聖愚者ラヴル』といった作品が、それを感じさせます。どちらも旧態依然たるリアリズムに戻るわけではなく、時空間の入り乱れるといったかなりポストモダン的な手法を駆使していますが、その反面、古風ともいえるような純愛をどちらも描いていて、それが今だと逆にとても新鮮な力を感じさせます。この二人はいずれにせよとびぬけた才能のある作家で、今後二十年くらいはロシア小説を牽引する力になるでしょう。

亀山　ヴォドラスキンの場合、作家が意識しているかいないかは別として、愛と信頼の回復みたいなものを目ざしている感じがしますね。なおかつ今のグローバル化時代、情報化社会のなかにあって、人類が失ってしまったものを、今ここで回復しなければ人類は滅びるくらいの危機意識があるんじゃないかと思う。だからこそああいうふうなものを、中世文学研究出身の作家だから、非常に真剣に自分なりに捉える。ただ単に自分のヴィジョンを展開させただけにすぎないかもしれないけど、結果として出てきたものは猛烈なメッセージ性がある。ポストモダンの作家たちが出せなかったメッセージ性を、特にこの現代だから持つということがあると思いますね。ソビエト時代の記憶がまだまだ自分の中の記憶とそれほど遠ざかっていない。レーニンもある意味では一九九一年まで生きていた。九一年というのは、おそらくソ連の国家の崩壊と同時にレーニンの死でありスターリンの死であったとすると、少なくともそのときまで、読者は、レーニンやスターリンの傍にいたわけです。ペレーヴィンがこの時期に『チャパーエフと空』を書くということはまさに身近にいて死んだ人たちの追悼であり、まだリアルタイムの物語でもあったわけですが、二十五年経ってしまうと、もはやインパクトは感じられなくなる。逆に、中世のロシアの精神世界のほうがはるかに普遍的なリアリティというか、リアルで預言的な価値を帯びることがあると思う。

ロシアは亡霊か?

亀山　今のプーチンで僕は経済状況はよくわかっていないんだけれど、ほとんど産業が成り立っていない。中国があれだけ輸出製品を作れているのに、ロシアなんて地下資源以外何もない。

沼野　石油価格がまだ落ち込んでいないから成り立っていると。石油価格がもっと下落したらどうなるかわからない。

亀山　今、四十、五十ドルの少し下くらいだからぎりぎり保っているけれども、プーチン時代に原油価格が百になったんですね。二〇〇六年あたりでしたか。それで劇的にロシア経済が出てきたわけで、それが二十台まで下がったとき、二年くらい前だけれど、あのときロシアの外貨準備高はもう二、三年しかもたないというところまで危機に陥っていると聞きました。実は、ゴルバチョフが政権を握るとまもなく、原油価格が十ドル台に下落している事実があるんですよね。意図的なものか、どうかわからないけれど、ソ連崩壊の問題も、原油価格の問題を抜きに語れないかもしれない。

沼野　現代の世界におけるロシアの位置を考えるためには、若手の俊英、乗松亨平氏の『ロシアあるいは対立の亡霊——「第二世界」のポストモダン』（講談社）という優れた本を参考にしたいと思います。これはロシアの記号論の成果や専門家以外には読む人の少ないロシア現代思想を丹念に読み解いたうえで、冷戦終結後の世界でポストモダン的状況を生きるロシアに繰り返しよみがえろうとしている「対立の亡霊」について語った著作で、着想がとても鮮やかです。乗松氏は「私はXにとって他者である」というテーゼの変奏を考えながら論を進めるのですが、今や圧倒的な「一強」となったアメリカがXであるとすると、ロシアは畢竟《ひっきょう》、それに対する他者としての「第二世界」でしかない。アメリカとロシアの対立は終焉したのだから、もはや亡霊のはずなのに、それが今でもどうして執拗に生き返ろうとしているのか、という問題をロシア現代思想に即して論じていくわけです。この対立軸はもう一つあって、それは権力対民衆（というより、むしろ知識人）というもので、この対立もまたプーチンの強権下で新たによみがえろうとしている、というのが乗松氏の見立てです。

私の頭ではついていけない現代思想を鮮やかに解読しながら、乗松氏はこの「対立の亡霊」をあぶりだすので、本当にすごいなと感心するのですが、その反面、圧倒的に強いアメリカに対して、圧倒的に劣勢になってしまったロシアがそれでも対抗したいという構図自体は、難しい現代思想の助けをかりなくても、直観的に誰にでもわかる簡単な話でしょう。そもそも東西冷戦の終結によって、歴史が終わり、資本主義の勝利のおかげで世界に秩序がもたらされたなんていうのは僕に言わせれば大嘘で、その後の世界情勢を見ると、世界各地で民族対立が勃発して、宗教上の対立も深刻になり、世界をテロリズムの危険が覆うようになってしまった。ロシア国内だけに限って見れば、いったん歴史が終わったのは確かですが、世界全体を見れば、歴史が終わったどころか、また歴史が始まっちゃったんですよ。そして、アメリカに対抗する大国ロシアを再生し、維持したいという願望が消えたことなんて、本当は一度もなかった。ロシアはやっぱり欧米にとっての「他者」なんですから、欧米と溶け合うことはできない。対立することこそがむしろ、ロシアの存在理由であると言ったほうがいいくらいでしょう。しかし、いったん亡霊のように消えたと錯覚された対立を維持し続けるには、大きな力が必要です。その力を発揮している偉大な指導者がプーチンということになる。ゴルバチョフは本当に一瞬、対立を消そうとしているように見えましたけれどね。

亀山　対立というかたちでプレゼンスを示しているわけです。残念ながら。

沼野　そうですね。しかし第一位になるのは今さら現実的ではないのですが、常にアメリカに対して対抗するナンバー2として、アメリカを脅かし続けたい。これが現代世界におけるロシアの地政学的な位置ですし、何よりもロシア人の愛国心がめざすところでもある。

亀山　乗松君の本はとても刺激的でしたね。非常に勉強になるので何度も読み返しています。ただ彼の意識のなかで中国はどうなるわけ？

沼野　なるほど、世界の現実政治のことを考えるならば、中国こそ今や「第二世界」になりつつありますからね。しかし、乗松氏の本はロシアのみを焦点化した本で、ロシア現代思想は実によく読み込んでいますし、比較の対象としては日本のポストモダン的状況も出てきますが、中国への言及はないですね。

亀山　まさに中国という対立……、亡霊という言葉を使われたけれど、逆に言うとロシア自身が亡霊なんだよね。しかもグローバリズムのなかでは。

沼野　どうかな、ロシア自体は亡霊じゃないと思いますよ。ちゃんと手も足もついている。僕は乗松君の本には本当に感嘆したんですが、唯一不満があるとすれば、手ごろなカッコいいメタファーとして「亡霊」という言葉を使いすぎているということです。「対立の亡霊」というのがそもそもフィクションじゃないかと思う。マルクスとエンゲルスの『共産党宣言』は、「幽霊がヨーロッパに出没している――共産主義の幽霊が」と始まることで有名ですが、ここで「幽霊」というレトリックは、実態がよくわからないだけに人々を脅かすものの比喩としてであって、すでに死んでいるもの、存在していないものを幽霊と言っているわけではもちろんありません。

亀山　乗松君は「対立の亡霊が蘇った」という言い方をするけれど、ロシア自体がすでにまぎれもない亡霊と化しているんじゃないかと思いますね。ガルコフスキーの「空《くう》」じゃないけれど。

沼野　亡霊というレトリックは実体のないものについていう場合でしょう。それで先ほどのロシア空無論にちょっと戻りたいんですが、ロラン・バルトが日本に来たとき、ヨーロッパはすべてを意味で満たそうとするけれども、日本は意味の空っぽな記号の国だ、とまあ、これは決して批判的にではなく、むしろ好意的に指摘したのは有名な話です（『表徴の帝国』）。あれは確かに、権力者が権力を威圧的に建造物を通じて示す欧米に比べると、日本の際立った特徴になっている。つまり空っぽ、無であることによって、逆に精神的な権威を保っている。そういったことに比べると、プーチンは亡霊でもなければ、空っぽでもない。むしろ強烈に実体感がある。そもそも彼は力もあるし、ときに荒っぽい力の行使も平気でやる。もともと彼はソ連の政治警察KGBに長年勤めて、要職にあった人物ですよ。その意味では暴力装置としてのソ連の遺産を直接引き継ぐ人物です。自分を脅かす可能性のあるジャーナリストや政敵を次々に排除するやり方は――どこまでプーチン自身が関与しているかは分かりませんが――精力的で、とても亡霊ではできないことです。

亀山　アメリカの選挙にも介入しているしね。でも世界経済のなかでロシアのGDPを考えた場合、僕の理解ではロシアは亡霊というイメージが強いですね。

沼野　経済の面では確かに、ロシアは回復できないでしょうね。

亀山　第二の対立軸としてある中国はひょっとしてアメリカを超える力を持つ可能性があるわけでしょう、経済的に、将来的には。そうするとロシアはますます亡霊化していく。北朝鮮と手を結んで何かやろうということ自体、亡霊化しつつあることの証拠なんです。西側とも手を組めない。中国ともアメリカとも。結局、ユーラシアでやるしかない。最近、プーチン政治に対して僕はかなり否定的に見ているんです。結局、彼の政治手法は威嚇しかなくなってしまった。威嚇でしかプレゼンスを発揮できなくなっちゃったわけですよ。どうしてこうなってしまったのか。先日、たまたまお会いした小林和男さんが、とても面白いことを言っていた。彼はプーチンとも親しかったのでよくわかっている。小林さんに言わせると、今回のクリミア侵攻などの政策でプーチンの自信を支えているのは、エカテリーナ二世だというわけです。彼は、エカテリーナの信奉者で、エカテリーナ二世に従ってやっているんだと。

沼野　そういえば十八世紀末にクリミアをロシア帝国に組み入れたのは、エカテリーナ二世でしたね。

亀山　そう、ウクライナもエカテリーナ二世がやっている。

沼野　なるほどね。でもそんな剛腕があるわけだから、そのロシアが亡霊となりつつあるとは考えにくいんじゃありませんか。

亀山　そうですか？

沼野　亡霊にしては存在感が強烈すぎます。

亀山　ハムレットの亡霊と同じですかね。あそこまで政治的マヌーヴァーを行使するということ自体、亡霊化の証だと思うのですがね。亡霊だからこそ、怖がらせるんですよ。ゴルバチョフが登場して以来、世界政治というところにずっと関心を持ってきて、そのなかでロシアの役割も限りなく影が薄くなったという印象を拭えない。

沼野　薄くなってきたのは確かですね。それがいいことか、悪いことかは、立場によりますが。だからこそロシア人は「第二世界」としての対抗力は保持したいんです。

亀山　でも目の前に中国がいる。だから、それ自体がフィクションだよね。

精神性と言葉だけの国　ロシア

沼野　冷戦時代にアメリカとの張り合いのなかで、ソ連が現実的な力を持って、アメリカを少なくとも最初のうちは凌駕《りょうが》していたのは、宇宙開発でした。宇宙開発競争においては人工衛星から最初の有人宇宙飛行までアメリカに先駆けて、ソ連が勝っているわけで。

亀山　核は？

沼野　核兵器開発はアメリカが先行しましたが、ソ連はそれをぴたりと追って第二次世界大戦後すぐに原爆実験を行いました。水爆についてもアメリカが一九五二年に最初の実験を行うと、ソ連はそのすぐ翌年にやはり水爆の実験を成功させた。皮肉なことに、ソ連の水爆の設計者は、はるか後に、反体制知識人として迫害されるアンドレイ・サハロフです。核兵器開発もこうして、米ソ二大大国がしのぎを削るように競争しながら、どんどん進めていった。

核開発はいったん措くとして、ロシアがどうしてアメリカに先駆けて宇宙開発に成功したのか。それはやっぱりコスミズムの精神的背景があったからじゃないかと、僕は信じています。これはアメリカには決定的に欠けていたものでしょう。なぜ先行できたのか。思想なんてある意味では架空のフィクションみたいなものですが、その伝統があったからこそ、ソ連の人々を宇宙へと駆り立てた。ロシア的精神性を抜きに、ソ連の宇宙ロケットのことは語れない。

亀山　ロシアの政治がそれを利用しているということはあるでしょう、戦略的な意味で。だけれども科学にしろ文化にしろ、そこには夢というものが介在したと言うことですね？

沼野　ユートピアは夢ですからね。夢というか、精神的なものですね。今まで見てきたように、ある種の精神性と超先端的な科学が独特の結びつき方をするというのがロシアですよ。精神性がもろに物質に接合しちゃう感じですね。

亀山　そこがロシア精神なんでしょうね。

沼野　アメリカはそれと比べると、ほとんど物質しかないような感じがする。だからこそ産業や経済が発展するんでしょう。まあこれは偏見かもしれない。アメリカだって、ソローとか、ホイットマンとか、強烈な精神性を感じさせる人たちはいますからね。

亀山　じゃあ、結局なぜロシアがここまで人気がなく、存在感を失い、だめになってしまったか。ある時点で決定的に乗り遅れてしまったわけですね。もちろんハイテク革命に乗り遅れたということがロシアを焦らせ、その焦りが国家崩壊にも結びついていくわけだけれども、ロシアが生き延びていく道は自らの国境をしっかりと守ることを通してしか可能ではなかった。そのなかで自分たちの成熟を促していくということでなければだめだったと思う。そこにこそロシアの精神性が宿っていたし、そうでないと自分を守りきれない。

沼野　その国境というのは、比喩的にではなく、現実の国家の政治的な境界ということ？

亀山　精神的であり、なおかつ現実的な国境です。

沼野　とすると、亀山さんはロシアのクリミア政策は正しかったと？

亀山　そこまでは言っていません。僕が言っているのはあくまで文化の問題ですから。ただ、政治の問題に目を移すと、今のグローバルな状況のなかでそれはあってもしかたがないなということですね。

沼野　ロシアががっちりと国境を守ると、北方領土も日本には返ってこないことになりかねませんよ。まあ、それは別としても、最近のウクライナ問題についていえば、ウクライナ側にもがっかりさせられることが多いんですが、ロシアのやり方に僕は賛成できません。ただし、国境の問題は政治の問題であって、芸術や文化にはそもそもそんな境界なんて引く必要がないんですよ。悪い政治が境界を作り、人々を分断するのだとしたら、すぐれた芸術は境界を越えて、人々を結び合わせる。

亀山　だって、ウクライナからほとんど出てるじゃない。ゴーゴリからブルガーコフまで。

沼野　芸術家や文学者の活動を追っていたら、本当にロシアとウクライナは区別できませんね。越境して混交しているんだから。カバコフだってウクライナ生まれのユダヤ人だし。

亀山　マレーヴィチも。

沼野　彼はキエフ出身ですが、両親はポーランド人。音楽の世界を見ると、たとえばソフィア・グバイドゥーリナという女性作曲家がいますが、二十世紀末の世界の作曲家のなかでは最高の一人ですね。

亀山　大賛成。

沼野　彼女は父親がタタール人、母親がロシア人です。だからタタール文化の影響も受けています。作曲家ではその他にもドイツ系のアリフレド・シュニトケ、グルジアのギア・カンチェリ、エストニアのアルヴォ・ペルトなど、二十世紀後半の世界有数の大作曲家たちですが、彼らはみな旧ソ連の共和国や少数民族出身の人たちで、ロシア人ではありません。映画監督ではアルメニア系のセルゲイ・パラジャーノフがいくつもの民族の境界を越えて仕事をしました。こんなふうにしてロシア周辺の様々な民族が大きな意味でのソ連文化、ロシア文化に入ってきて、非常に豊かなものを創り出してきた。だから芸術や文化の領域では国境をつくってはいけないというか、つくれないんです。国家レベルで国境を守らなければいけないというのが、現実の地政学的に必要だということは否定しませんが、芸術や文化はむしろ境界を越えることによって、創造的エネルギーが生まれ、結局はロシアを豊かに、偉大にしてきたんじゃないかと思うんです。

亀山　それは本当に大事な視点で、最後にグバイドゥーリナの名前が出てきたのはこれと同じなんだよね。ロシア性やロシア文化とかいったときは、個別の民族出身の人たちがそれぞれ独自の想像力で、あるいはそういったナショナリティを意識し抱えながらつくってきたということがある。それが世界性を獲得している。それとロシア革命というものが仮になくてもグバイドゥーリナは生まれたのか。これは変な質問になっちゃうけれど、もしもロシアがあのまま革命を経ずして「ヨーロッパ共同の家」的ななかでずっと進展してきたとしたら、世界の芸術の顔つきは根本から変わっていたと思いますね。ただそれなりにまったく別の文化が生まれるということがあるんだろうけど。ここは謎だね。

沼野　もしもソ連という国が成立していなかったらというのはちょっと想像を絶する。ロシア革命が起こったあとしばらくの間だって、この先どうなるか本当のところは誰にもよくわからなかったくらいですからね。ボリシェヴィキ政権は長く持たないだろうと考える人も多かったわけですが、もしも現実に政権がすぐに倒されていたら、ロシアはその後どうなっていたか、想像がつきませんね。おそらく混沌に陥って、まともな政権が当分できなかったんじゃないかな。ロシアがいくつもの国に分かれたりして。

亀山　火がついちゃったんだよね、一九一七年に。

沼野　火がついた上に、それを圧倒的な力で統治支配する権力構造をレーニン、スターリンが作ったということですね。この権力構造ができなかったらどうなっていたか、オルタナティブな歴史を想像するのは難しいんですけど、亀山さんが『カラマーゾフの兄弟』の続編を空想したように、本当は歴史学者がそういう壮大な話を書くべきなんですよ。もしもロシア革命が失敗に終わったら、今どうなっていたか。その後の二十世紀のロシアは……。

亀山　架空の歴史書をね。レーニンとかそういった人たちを登場人物にしながら。

沼野　まあ、歴史学者には無理かな。それは文学者の仕事かもしれない。歴史改変SFみたいなものは実はポストモダン以降のロシアの作家たちがけっこう書いていますけれども、実際の歴史上の人物をきちんと配した本格的なものは、まだないんじゃないかなあ。亀山さんが書いたらどうですか。

思考実験「ロシア革命」の続編

亀山　確かに、今沼野さんがおっしゃったロシア革命の続編を考えるべきだ、それは歴史家ではなくて文学者の仕事だという問題。それは非常に面白いアイデアですよ。もしもロシア革命が二月で終わっていたら、あるいは十月で終わっていたらという視点ですね。十月革命は実際、翌年一月の憲法制定会議でのクーデタがターニングポイントになっているわけですから。ロシア革命続編という観点から僕が強い関心を持っているのは、やはりレーニンの死という問題ですね。彼は一九二四年一月に脳梗塞で死去するわけだけれども、彼の晩年の二年間はほとんど彼のコントロールからすべてが離れていくようなプロセスがあって、そのなかでスターリンとトロツキーの激しい闘いが生じてきて、つまりポストレーニンを睨んだ政治抗争が浮き彫りになってくる。結局、ロシア革命以後のロシアを将来的な展望のなかでしっかりと把握できたのはレーニンだけてしかいないのではないかという思いを拭いきれないいんです。彼の素晴らしい個性と知的な分析力と将来に対する展望、それをやり抜く意志の力。彼はもちろんこの革命を成就するなかでかなりひどいこともやってのけているわけだけれど、でもいったんそこを潜り抜けたのであれば、その後何十年か、最低でも十五年の年月を為政者として、トップとして、ソビエト連邦を取り仕切っていくべきだったんです。オルタナティブストーリーのあり方としては、ここが重要だと思うわけです。つまり二月で終わったならばという考え方は、十月を経験してしまった以上は理屈としてはあまり現実的ではない。つまりかりに現実的なオルタナティブを考えるなら、やはり十月革命を前提とする。そこに一つの客観性が生まれてくるだろうと。そこでレーニンが仮にあと十五年生き延びたのならばという仮定であるなら、オルタナティブストーリーとしての現実性が少なからず生まれるだろう。そこで悔やまれるのはどういうことかというと、彼の早すぎる死です。オルタナティブストーリーの前提そのものがここで崩れるからです。彼の死についてはスターリンによる毒殺説とかいろいろあったわけだけれど、最終的にはファーニ・カプラン、極度の近視眼であった一人の女性、エスエルの党員ですけれども、彼女が至近距離から撃った三発がいずれも的を外したという、そこに悲劇の原点みたいなものがあったと思わざるをえないんですね。というのは、なんだかんだ言っても、レーニンの死後、ロシア革命の歴史というのはある意味で最悪のストーリーを選び取ったと言うことができる。その最悪を回避する道をどの段階でどうすれば選べたかを考えることがオルタナティブの課題です。革命後のソビエトが経験した悲惨はおそらく一九二三年あたりに始まるポヴォルジエの大飢饉、ウクライナのホロドモール、それから三七、三八年の大テロル、四一年から始まる二千七百万人の犠牲者を生んだ独ソ戦。この四つのどれか一つでも回避することができたならばという思いを拭いきれないんです。ホロドモールは自然災害だけれども、基本的には農業集団化が被害を増大化させた側面がある。三七、三八年の大テロルは完全に人災だし、独ソ戦もあそこまで無惨な敗北というのは大テロルの一つの結果として生じた。そういうことを考えると、この四つの事態いずれも被害を最小限にできた可能性があるということ。ただしヒトラーが誕生して、共産主義ソビエトを血の海に沈めると『我が闘争』で宣言したことは、共産主義そのものに対する憎悪と民族浄化の思想が根底にあったから、それは避けえなかった。この場合は少なくとも、第二次世界大戦の勃発ということを前提として考えなければいけない。つまりそういうモメントは起こりえたと。ロシア革命が起こらなければ第二次世界大戦が起こらなかったというのではなくて、考える。続編の原点をそこに置くということです。その四つのモメントをどうすれば避けることができたか。それはやっぱり現実的な問題として、レーニンは人間ですから、いつかは死ぬ運命にあるので、彼の死は前提にしなければいけない。けれど、ある程度まで彼が生きてしっかりと政権の手綱というか強権を維持しつつ、彼なりの理想に従って社会主義の国家を建設していこうということがあったならば、これは、ある意味で望みうるオルタナティブストーリーなのかなと思うわけですね。もしも彼が早く死ぬということが不可避であったのなら、少々残酷な物言いになってしまうけれども、一九一八年のあの時点で死んでもらったほうがよかった……。いずれにせよ、一九二四年というのは、最悪のタイミングで死んだということが言えると思うんです。その意味でファーニ・カプランのあのテロは、七十四年間のソビエトの命を縮めたか、あるいは長引かせたか、どちらかであったにせよ、レーニンの死のタイミングが、ロシア革命百年の意味を考える上では非常に大きな問題であることは事実です。

沼野　いやあ、そこまで考えているとは。図星でしたか？　亀山さん、すでに書く気になっていませんか？　ところで暗殺未遂の件で確認したいんですが、ファーニ・カプランはなぜレーニンを殺そうとしたかと言うと……。

亀山　もちろんエスエルだからですね。ボリシェヴィキに裏切られたエスエルの恨みは深かった。おそらくエスエル右派じゃないですかね。左派でも右派でも、いずれにしてもエスエルは最終的にレーニンによって追われたわけですから。ケレンスキーたちとエスエルは一九一七年七月の段階では利害が一致していた。実際には第一党の政権を握って。ところがレーニンは一九一八年一月の憲法制定会議で、エスエルが第一党だったにもかかわらず、議場を閉鎖してひっくり返すということをやった。確かにエスエルは非常にアナーキーなところを持っていたし、しかも土地を農民へという理想に関しては絶対的な自信を持っていたので、その意味において彼らの恨みはきわめて大きいものであったことは事実ですね。

沼野　レーニン暗殺未遂は革命直後でしたね？

亀山　一八年。ミヘリソンの工場です。彼の病気が悪化していくのは最後の二年間くらい。最後は廃人同様だった。

沼野　死んだのは、二四年一月。

亀山　そう。一七年の革命の翌年から三年間は戦時共産主義。ネップが二一年。ネップをやったあたりまでは正常に頭が働いていたけど、その後からもう全然手は利かない、口はもつれる、頭痛がする、吐き気がするというわけで。スターリンに対して「俺を殺してくれ。毒殺してくれ」と言ってるくらいです。スターリンは、当時レーニンがつくった毒物研究所で毒を手に入れてレーニンの殺害ということも考えていた。嘱託殺人というのかな。そういったことも実際にあったんですね。レーニンはスターリンが後継者になることを非常に恐れていて、絶対に彼に政権を任せてはいけないと遺書に残していた。ところがその遺書の存在がスターリンに知れる……。

沼野　下手な推理小説よりもスリリングな、しかもその後の歴史を大きく左右したと考えれば、大変な話ですね。古い本ですが、モッシェ・レヴィンが『レーニン最後の闘争』というので詳しく書いているのを僕も学生時代に読んで、想像力を刺激されました。ところで遺書の存在を知ったスターリンのほうは、どうしたかというと……。

亀山　このままにしておけば死ぬだろうということはわかっていたので、レーニンからの権力継承の正当性をどう主張していくかということが最大の課題になって、それをレーニン廟建設に結びつけていくんですよね。レーニン廟は、ボリス・グロイスが言っているけれども、これはレーニンの死というものを確実なものにして、レーニンの死の上に自分たちが立って権力支配を執り行うのだと。そういう儀礼的かつ絶対的な意味を持っていたわけです。しかも、ロシアのあちこちに「レーニンは生きている」という噂がささやかれるようになった。当然、後継者たちは、自分たちの政策遂行の正当性を疑われる。つまり、レーニンの遺体を保存するということは、レーニンを蘇らせるフョードロフ的な理想とは裏腹に、レーニンの死を視覚的に確実なものにするという隠された意思があった。それは、ニコライ二世一家を惨殺したのと同じ論理です。つまりレーニン殺しだったわけですよ。

沼野　なるほど、レーニン廟を共産主義者が作ること自体が奇妙ですが、その意図について、死者を蘇らせたいという復活思想と、死を確実にしたいというのと、まったく相反する二つの可能性があるというのも実に面白い。ところでレーニンは、誰が継いでくれればいいと思っていたんでしょう。

亀山　それは難しいんだけれど。トロツキーもまだ批判してるんだよね。だから誰に継がせるというのはなく、自分だろう。現実としてどこで自分の死が来るかというのはまだ正確には認識できなかったんじゃないかな。

沼野　もしファーニ・カプランの一発でレーニンが死んでいたとしたらどうなんでしょう。

亀山　そこですね、本当の続編は。だって一ミリですよ、頸動脈。

沼野　一ミリずれていたら、死んでいても全然おかしくない。

亀山　おかしくない。ここのところで止まったから。この一ミリの運命なんですよ。こっちにずれていたら全然違っていた。

沼野　本当に死んでいたらどうなっていたんでしょう。エスエルが政権を奪い返すなんて事態はありえたんでしょうか。

亀山　それはないんじゃないかな。

沼野　レーニンを殺しただけでは、ボリシェヴィキ政権は倒れない？

亀山　もちろん、倒れない。一九一八年の段階では。

沼野　でも内戦の最中だったわけでしょう。

亀山　そう、内戦のさなか。

沼野　とすると、どうなっていったんでしょうね？　暗殺の失敗の後、ボリシェヴィキ政権は敵対者に対する弾圧を強め、いわゆる「赤色テロル」が荒れ狂い、政権がむしろ強化されたくらいです。しかし、暗殺がもしも成功していたとすると？

亀山　トロツキー、ジノヴィエフ、スターリン、カーメネフ、四人の集団指導体制でいったんじゃないですかね。スターリンはその時点ではまだ強くないから。虎視眈々《たんたん》と権力の座を狙ったかもしれないけれど。スターリンとトロツキーの政権争いが早まった可能性はあるかもしれない。レーニンの葬儀には、トロツキーはいないんですよね。レーニンの病状が急速に悪化するなかで、党の書記長であるスターリンはトロツキーをクリミア半島に行かせている。療養を口実にして。ここが怪しいわけです。スターリンによる毒殺説を招きよせる根拠になった。でも、トロツキーが不在だったというのは、決定的だった、レーニンの後継者争いという意味で。しかもトロツキーはユダヤ人ですからね。その二重の意味で、彼はハンディを背負った。トロツキーはユダヤ人という出自の問題があったから後継者にはなれなかった、実質的には。

終　章　ロシア革命は今も続いている

民衆の暴力対ボリシェヴィキの暴力

亀山　『ロシア革命とソ連の世紀』という本が刊行されたので、読んだんですよ。

沼野　全五巻の講座の第一巻ですね。

亀山　この本では、革命の語りを変えなくてはいけないということが言われている。これまでの権力目線、ボリシェヴィキによる政権奪取の理想化から、権力の側から作られた物語、われわれがそうして無意識のうちに乗っかってきた語りの方法を変えなくてはいけないと言うわけです。ではどういう語りに変えられるのかと思うと、それは示せていない。ただ、この本で学んだことがあります。それは、一九一七年の二月革命の前後から起こってきた民衆の側のものすごいフラストレーションです。臨時政府が立ち上がり、なおかつ十月革命に向かうプロセスのなかで民衆の側に起こった、なおかつ歴史の表面には出てこない、混沌と悪、犯罪、それがものすごかったという事実ですね。かつてロシア革命がスキタイ主義という視点で語られたとき、どちらかというとロシア民衆のボランタリーな精神性の発動みたいなロマンティックなイメージで美化してきたところがあるんですが、そうじゃないんじゃないか。つまり、スキタイ主義的なスチヒーヤ（自然力）の爆発のなかで、ほとんど動物的といってよい人間の欲望が、そう、窃盗とか強盗とか殺人も含めたものすごい悪の混乱みたいなものが現出していた、ということですね。ただその発見は、ペレストロイカ末期に出てきた歴史家の見方のなかにすでにあったらしいんですね。そこに、あの革命が必要とされた、というか、革命という暴力が必然となった根本原因が潜む、ということのようなんです。そこで僕のなかにある連想が起こったわけです。それこそ、ドストエフスキーが『悪霊』のなかで「ベッソフシチナ」と呼んでいたものではないか……。

沼野　それはどう訳すんですか。「悪魔」を意味する「ベス」から来てるんだから、悪魔憑き状態、憑依状態ということですか。

亀山　まさに悪魔に取り憑かれて狂ってしまうような民衆の反乱というものが、都市から農村にかけて起こった。おそらくこの現実を無視してロシア革命の成立を語ることは困難かもしれませんね。つまりレーニンが「すべての権力をソビエトへ」と言った段階で、民衆の側の暴力的な状況というのが、起こっていたのかもしれない。例としてふさわしくないかもしれませんが、革命前のペテルブルグの梅毒罹患率は、二・五%ぐらいあったと言われています。革命政府にとって、梅毒撲滅はプロパガンダの大事な要素でしたね。いずれにしても、ベッソフシチナを統御するという意味において、ことによるとレーニンの暴力は不可避だったのかもしれないという気さえするんです。いったん爆発したベッソフシチナを止めるには政治の力しかないわけですが、少なくとも臨時政府にその力はなかった。つまり、むしろ民衆がボリシェヴィキの暴力を受け入れることによって初めてベッソフシチナが収まったともいえるわけです。この本を通してロシア革命の必然性のようなものを経験できたような気がしました。総括すると、第一次世界大戦を引き金にして、ロシアにベッソフシチナの火がつき、それを消し止める作業として革命があったという見方です。私はこれまでロシア革命とは結局のところ宮廷革命だったのではないか、つまりレーニンたちによる巧妙なマヌーヴァーが発揮された政権奪取の物語であり、要するにクーデターだったのではないかという仮説を立てていました。つまり、革命に対する民衆の共感なんてフィクションなのではないかと。しかし、最終的にその答えとして、暴力に対して暴力を持ってくるしかない構図が浮かび上がってきた。ボリシェヴィキの、言ってみれば、暴力をともなう理想、そういったものによってしか対抗できなかったということですね。ただ、政権奪取後の一九一八年一月に開かれた憲法制定会議とそれ以降のレーニンの戦術というものはどうなのかなと疑念を挟まざるをえないところがあります。内戦は、この憲法制定会議のあとに本格化していくわけですが、内戦そして飢餓で命を奪われた一千万人近い数の犠牲者のことが頭から離れないんですね。農民や労働者の反乱に対する弾圧の指令は、じかにレーニンから出ている。秘密指令というかたちでレーニン自身が、反乱者の抹殺を命じている。つまり歴史の表面には出ないかたちで暗号化して各所に送っているという事実を知ると、さすがに複雑な気持ちに陥らざるをえません。ゴルバチョフのペレストロイカ末期にいろんなアーカイブが出てきて、そういうものが全部明らかになってしまった現実を踏まえてロシア革命を語るとなると、それ以前に書かれたものすべては結局フィクションなのかなという感じさえしてしまいます。

今回総括としてどういうことが言えるのかなと考えたときに、やはり最初に気になるのが、内戦です。第一次世界大戦を離脱するという方策は、ロシア国内に革命を起こすための手法としては重要なものだったにせよ、大戦で失われた人命の数と劣らない数の人間が内戦のなかで死んでいったという事実がありますから。思うに、これは革命が犯した原罪みたいなものです。その原罪に対する償いこそが、ソ連社会主義を支える大きな倫理的な基盤じゃなければならなかったはずです。ところがそういう罪に対する償いを、七十四年のソ連政治を司った誰ひとり、ほとんど一度として真剣に考えたことがなかった。つまり、レーニンは穢れているという事実を、です。要するに、革命が美化されすぎた。理想の実現のために内乱期に犯した罪というものの自覚を、その後のソビエト政府中枢を担った人たちが反芻《はんすう》しなかったし、そもそも理想が犠牲によって成り立ったということを自覚していなかった。そこに根本的な壁があったと思うわけです。なぜかといえば、レーニンを神格化することなしに、社会主義国家の建設は遂行できなかったからです。

翻って、現代に話をもってくると、ソ連崩壊の原因の一つとなったペレストロイカがここで問題となってきます。少し極端な言い方をすると、革命が犯した原罪を最初に自覚した瞬間、ソ連は終わってしまったんですね。原罪を自覚した最初の指導者はゴルバチョフです。ゴルバチョフがすごいなと思うのは、一応、ソ連崩壊を無血革命で導いたことです。確かに完全な無血というわけにはいかなかったけれど、他のもろもろの革命にくらべれば、十分に無血革命の名を与えてやっていい。彼が、どこかの段階で暴力を行使すれば、天安門事件を経た中国同様、ソ連は生き長らえることができた可能性がある。革命というのは、当然、犠牲をともないます。もし、一九一七年の革命が起きなければ、かりに大戦が続行しても、ポボルジエの飢餓で五百万人もの犠牲者を出すことはなかったかもしれない。農業集団化が原因となったウクライナのホロドモールもなかったかもしれない、ひょっとすると第二次世界大戦ではナチスドイツの標的にならずにすんだかもしれない。そうしたもろもろの仮定を重ねていった場合、革命が辿ったその後のあまりの犠牲の大きさと比較し、結論としては、革命はなかったほうが良かったんじゃないかという結論が生まれてくる。つまり、レーニンが出てきたのは間違いだったということになる。有名なチャーチルの言葉に、「ロシア人にとって最大の不幸はレーニンが生まれたこと。そして第二の不幸は彼が死んだことだ」というのがありますが、ここに尽きちゃうわけですよ。つまり、かりに、レーニンが生まれ、この世に出たことが不可避であるなら、レーニンが早く死んでしまったことが悲劇だということになる。レーニンは生きて、きちんと落とし前をつけるべきだった。なぜなら、革命の原罪を誰よりも生々しく記憶できたのは、彼一人だったかもしれないから。あるいはそれだけの倫理性を保持できたのもレーニンだけだった可能性もあるわけですから。そんなことを考えると、昔、二十代半ば、ロシア・アヴァンギャルドの研究をはじめ、たとえばマヤコフスキーに熱中して『ミステリヤ・ブッフ』を訳していた頃、「汚れた人々」と「清浄な人々」に分けて世界を見るという、ほとんど勧善懲悪的な視線に乗っかって革命を理想化していた自分が本当に恥ずかしくなります。

昼の帳《とばり》が下りて、夜の混沌を隠す

沼野　今回亀山さんとじっくり話していて、いろいろ思ったことがあります。あれほどの犠牲を払うくらいだったら、革命はなかったほうがいいのではないか、という問いかけは倫理だけでなく、論理の問題でもある。歴史にｉｆはないという考えがありますけど、論理的に言って、革命を成功させ、維持させるのは本当は難しいことだった。諸状況を考え合わせると、ボリシェヴィキ政権が維持できたのは偶然によるところが大きい。だから、革命が成立しなかったら、と空想するのは、論理的でもあるんです。そこで、今のロシアの国粋主義的な人たちのように、革命以前の帝政時代を美化する方向に走るのは危険ですけれども。

亀山　ソルジェニーツィンもそうでしたね。

沼野　スタニスラフ・ゴヴォルーヒンの記録映画に『私たちが失ったロシア』というのがありますが、いかに帝政時代のロシアが豊かであったかを描き出している。キャビアが取れすぎて困るくらい取れて、山のように積み上げられていたり。もちろんこれも一種の神話です。また、革命に熱狂した知識人は、われわれも含めて、革命という物語を作ってしまったわけです。池田氏の論で僕が改めて考えたのは、われわれは政治的思想とか権力闘争といった次元で革命を考えがちで、ロシア革命時に、大衆レベルでの略奪や暴動などがあちこちで起こり、自然発生的な暴力が蔓延していたという点を過小評価していたのではないか。今の世界では社会的混乱や大災害が起こると、すぐに暴動や焼き討ちが起こっちゃうでしょう。実は3・11の後にロシアのテレビが僕のところに取材に来たんですが、彼らが一番不思議に思い、感心していたのは、「あんな事態になっても、日本人はどうして自制して、互いに助け合い、秩序を守れたのか。ロシアだったらすぐに略奪や暴動が起こってしまうのに」ということだったんです。で実際、そういう暴力はロシア革命の社会に充満していた。そうであるとすると、事の本質は、リベラルと過激派の対立とか、エスエルとボリシェヴィキの闘争といった話じゃなくて、自然発生的な大衆の暴力とそれを利用し、統制するボリシェヴィキの暴力の対決だったのではないのか。注意しなければならないのは、これは善と悪の対決ではなくて、悪と悪の対決だということです。民衆側の暴力が、混沌をもたらす自然発生的な無政府的暴力だとすると、それに対してボリシェヴィキ側は制度化された暴力を行使して権力と秩序を保とうとした。制度化された暴力が自然発生的な暴力を抑圧していくというのが、ロシア革命後の歴史の本質だったのではないでしょうか。

亀山　そこで思い出されるのが、やはりドストエフスキーの『悪霊』なんですね。あのなかで、脱獄囚のフェージカという男が登場する。彼が流刑地に流されたそもそもの出発点というのは、ロシアの先進的知識人である地主が、カード賭博で負け、そのかたに売り払われたことにあるわけです。その後、犯罪をおかし、流刑地に送られ、そこから抜け出した今は、教会荒らし、つまり、聖像画を盗んだり、貴金属を奪ったりしている。そういう無軌道ぶりをドストエフスキーは「ベッソフシチナ（悪魔憑き）」と言ったわけですけれど、それを克服しようとして革命の理念は生まれた。ところが、革命家であるピョートル・ヴェルホヴェンスキーとその仲間たちもまた、「ベッソフシチナ」の病に侵され、お互いに殺し合う。そういう根源的な病ともいうべき「ベッソフシチナ」からどうやってロシアを救うのか。少なくともドストエフスキーが『悪霊』で辿り着いた思想が、ピョートルの父で、かつてカード賭博に負けフェージカを売りとばしたステパン・ヴェルホヴェンスキーが唱えるキリスト教、いわゆるキリスト教的な救済の理念なんです。冷静に言って、非常に甘いし、矛盾そのものです。救済への祈りはあっても、むろん、処方箋にはまったくなりえていない。ドストエフスキーもそれはわかっていたと思いますね。とすると、誰のために『悪霊』を書いたのか、ということです。そもそもドストエフスキーが『悪霊』を書いたのは、一八七〇年代の前半で、本格的なテロリズムの時代にはまだ突入していない。テロリズムというのは、ドストエフスキーに言わせると、若い知識人にとりついた「ベッソフシチナ」です。十九世紀半ばのロシアでさえ、一皮剝けば、目も当てられない、ものすごいアナーキーな世界が広がっていた。ロシア民衆の一人一人が抱える、そうした目には見えないカオス願望みたいなものを、ドストエフスキーはものすごく恐れていたわけです。ベッソフシチナは、二十世紀に入ってからも連綿とつづき、第一次世界大戦が起こり、徐々にロシアの国土が崩壊していくなか、ロシア革命が起こるわけですね。

沼野　亀山さんの言う「ベッソフシチナ」は歴史家の分析の対象にはなりにくかった部分でしょうね。「ロシア人を一皮剝けばタタール人が出てくる」という諺もあるくらいで、表面的にはヨーロッパ的な洗練された文化人に見えても、本質はすごく野蛮なんだ、ということなんですが、その本質がなかなか見えてこない。それで今思い出したフョードル・チュッチェフの詩で「昼と夜」というのがあります。これは昼の明るい世界と夜の暗い世界を二元論的に対比した、分かりやすい詩のように見えるんですが、実は異様な視点が含まれている。普通は「夜の帳《とばり》」が下りてきて、昼の世界を隠すわけで、昼のほうが本来の世界です。ところがチュッチェフの詩では「昼の帳」が夜の世界を隠しているのであって、いったんその帳が取り払われると、恐ろしい夜の底なしの世界がむき出しになる、というんです。つまり秩序があるように見えているのは表面だけで、その下に隠されている恐怖と闇の混沌の世界が恐ろしい、という感覚があるんですね。

亀山　たぶん、その「夜の混沌」こそ、「ベッソフシチナ」と言いかえてもいいと思いますね。つまり結局、ロシア人の集団的な自覚として、「夜の混沌」の自覚が、一種の民衆的な、あるいは国民的な、民族的な意識のなかに深く根を張っていく。逆にそれだからこそ民衆はみずから強権を望んでいく。ロシア民衆にはそういうマゾヒスティックな心性があったのだと思います。そして十九世紀の革命家たちが戦っていた相手というのは、まさにそのマゾヒズムだったんですね。たとえば、ドストエフスキーが、われわれは無制限の君主制のもとで初めて自由になれると言ったときに、彼がイメージしていた「昼の帳」というのは、皇帝のことなんです。

沼野　その意識は、「大審問官」のモチーフでもある。つまり精神の自由なんて社会の基盤をなす大衆には要らないのではないか。権力に従っていたほうが幸せだし、そうでないと秩序も保てない、というわけです。ドストエフスキーはずっとそのことを問い続けていたと思いますね。

歴史とは物語を作ってそれをどう語るかだ

沼野　夜の闇というか、無政府的な力が引き起こした現実の混沌を歴史家があまり見てこなかったのはなぜかというと、たぶん、物語のパターンにうまく合わなかったからじゃないでしょうか。

無視してきた、あるいは見てこなかったんじゃないかということです。池田さんが鮮やかに指摘しているように、歴史家というのは単に事実を調べて集積していくものではないわけです。ロシア革命を歴史的にどう記述するかについても、様々な思想的立場からの語りのモードがある。文学史にひきつけて言うならば、ロシア革命を歴史の法則性に則ったものとして理性的に語るならば、それは普遍性に対する信念が生きていた啓蒙主義時代の新古典主義的な語りになる。法則や理性は普遍的なものだからです。それに対して革命のもつ非合理な、理性では説明がつかない情動の激しい動きに着目するならば、ロマン主義の文学になる。現実を批判的に観察しながら語れば十九世紀リアリズム。

じゃあ、これまでソ連で主流であった革命に関する歴史学は何だったのかというと、文学的モードで言えばやっぱり社会主義リアリズムの語りなんじゃないでしょうか。社会が理想の共産主義に向かって実現していく過程を「リアル」に描くのが社会主義リアリズムですが、これは革命の結果できたイデオロギーです。ですから革命の結果生まれたモードの枠内で、その革命を語ることになるわけですから、これは一種のトートロジー（同語反復）に過ぎない。

亀山　その通りですね。

沼野　あともう一つ、「原罪」についての話は、いかにも亀山さんらしい物語を語っていると思いながらうかがいました。理念としては分かります。しかし、現実的に考えた場合、ソ連人から見れば、ナチスドイツの巨大な暴力のほうがずっと悪いものでしょう。その巨悪を打ち破ったのがソ連であって、ソ連は圧倒的な善なんですよ。革命で森の木々を切り倒した結果、多少「木っ端《こっぱ》」が飛んだって、それはたいしたことじゃない。自分たちが原罪を背負っているとは感じにくいんじゃありませんか。

亀山　でもやっぱりナチスドイツとは別のレベルで革命の暴力という問題を考えなくちゃいけない。たとえば、現代の歴史家のヴォルコゴーノフのように、同列には置けないと思いますね。さっき言ったのは、社会主義ということを前提として考える以上、それは原罪というものを一つのコアにした物語で考えるということなんです。社会主義というのは、堕罪以前のアダムとエバの世界であるわけです。他方、資本主義というのは、まさに堕罪によって生じた社会的現実です。なぜなら資本主義とは自分自身の欲望の肯定に立脚しているわけですから。ところが、社会主義もまた、出発点において、資本主義と同じ罪をおかしてしまった。社会主義は、まさに理性と意識の王国なのであって、無意識の欲望の肯定ではない。だから、革命初期の混沌のなかで無意識に犯した罪については、しっかり理性で捉え直すという姿勢がなければいけなかった。

沼野　しかし、ソ連の場合、原罪というのは誰に対する罪なんでしょうか。

亀山　社会主義はレーニンを頂点とし、レーニンを神とする、キリスト教的体系でもあるわけ。まさに「大審問官」の主題です。ここで少し横道に逸れますが、一九八四年にソビエトに行って、ヴォルガの写真を撮ったというだけでスパイ容疑で警察に拘束され、尋問されたことがあって、そのときに初めてわかったんですよ。ここにレーニンという神がいて、自分は、無意識のうちにその神に対する裏切りを犯していたのだ、とね。おそらくそういう意識をあの当時のソビエトの人たちは皆共有していたんじゃないかと思うわけです。

沼野　ゴルバチョフが出てきてペレストロイカを始めたときは、原罪を背負っているんだという自覚はまったく感じられませんでした。むしろ今の自分たちこそ、歴史の行き過ぎの被害者であって、それを正して改革を進めればすべてはよくなるという楽天的な信念があった。一番深い根っこのところにあったかもしれないおぞましいものは、不問に付しながら、ということではなかったか、と思うんです。

亀山　そう、不問に付しながらなんです。僕の歴史理解は、若干、観念的に見えるかもしれませんね。でも、独ソ不可侵条約（モロトフ＝リッベントロップ条約）での、スターリンとヒトラーとの間の密約に関しても、あるいは「カティンの森」の問題に関しても、ゴルバチョフは全部封印したかったけれど、それができなかった。そういうことも諸々含めて封印しきることも可能だったはずなんです。

沼野　封印できたかな。いったんパンドラの箱を少しでも開けてしまった以上。

亀山　大統領であり、ソビエト共産党書記長として彼は暴力を行使しうる立場にいたし、おそらくそれが求められていた。しかしゴルバチョフはそれを選ばなかった。アンドレイ・サハロフを幽閉から戻している。彼はある時点で、革命の原罪を自覚したと思うんですね。原罪を自覚したということは、生命のかけがえのなさというものに対して目覚めてしまったということです。まさにイワン・カラマーゾフが「プロとコントラ」で力説した幼い少女の「一粒の涙」に。社会主義が約束する調和的世界への入場券を、レーニンに突き返すという覚悟にまで至ったのじゃないか、と思いますね。

ロシア革命は今も終わっていない

沼野　ゴルバチョフは西側ではすごく受けがよかったけれども、ロシアではきわめて人気も評価も低い。どうして彼の功績や思想が今ロシア人にこんなに理解されていないんでしょうね。

亀山　それはロシア人の心の奥に今もってマゾヒスティックな願望が息づいているからなんじゃないですか。それを満たしてくれないから、ゴルバチョフは人気がない。彼らの強権待望とあの当時の西側の考えるデモクラティズムを、どう融合すればソビエトは生き延びることができたか。それには答えがないかもしれない。何といっても強権待望とデモクラティズムは水と油ですからね。彼が大統領制を導入したとき、思ったんですけど、結局、大統領となることによって、逆に強権をフルに発揮できる立場を失っていたんですね。他方、ソビエト共産党の党主として留まるかぎり、暴力を行使できる立場にあった。しかし結局のところ、彼は暴力を行使しなかった。

沼野　ペレストロイカの後、ソ連は解体に向かいましたけれども、その前にまず、機敏に変化しうる東欧圏の国々で次々に政権交代が起こり、「東欧革命」と呼ばれる事態になったでしょう。東欧の小国では旧共産党の指導者がすぐに引きずりおろされ、ルーマニアではチャウシェスクがなんと銃殺されてしまった。チェコでは反体制活動家として獄中に何年も入れられていたハヴェルが大統領になった。一方、旧ソ連圏内でも、独立を宣言したリトアニアで最初に国家の指導者となったのは、民主化運動を率いてきたランズベルギスという音楽学者。作家や文化人が弾圧される立場から、いきなり国のトップに躍り出るなんて、「王子と乞食」じゃないけど、百八十度反転という途方もない事態で、カーニバル的転換でしょう。ところがロシアは巨大すぎて、そんなカーニバルは起こしようがなかった。比喩的にロシアを巨大な肉体だとすれば、どこまでが自分の体で、周縁のどのあたりから他者の体が始まるのかもはっきりしないような茫洋たる身体です。そんなものは政治の素人の文化人ではとても統御できませんよ。ソルジェニーツィンだって無理でしょう――亡命から戻って来た直後、彼を大統領に、という声は一部で聞かれましたけれども。

亀山　ということは、現在もロシア革命と同じ状態だということになりませんか。すさまじい強権と、国民が潜在的に持っているカオス的なものへのものすごい願望というか……。そういう意味で百年前の内戦は、百年後の今もまだ続いていると言えそうです。血こそ流されていないように見えるけれども、プーチンという巨大なボリシェヴィキと、二枚舌でマゾヒスティックに権力を受け入れる国民という構図ですね。つまり、ロシア革命は今も続いているわけです。

沼野 確かにロシア革命はあれほど巨大な犠牲を出すくらいならば、なかったほうがよかったと、今からならば言えるかもしれない。しかし、ロシア革命を生み出した状況も、それが人類に対して投げかけた問いも、いまだに続いているということですね。結果は恐ろしいことになってしまったけれども、理念自体が全面的に否定されるものでは決してない。今の世界を見ても、アメリカの大統領選でサンダースのような人が出てきて、相当大きな支持を得る。ロシア革命がめざした共産主義と、社会主義的とも言えるサンダースの理念はもちろん同じではありませんが、方向としては一致する部分も大きい。亀山さんは、ロシア革命はなかったほうが良かったかもしれないという衝撃的なことを言いましたけれども、革命の理念自体ももう死んでいると思いますか。

亀山 逆ですね。死んでいないんです。たとえばドストエフスキーがユートピア社会主義みたいなものを信じて、その後キリスト教に行った。でもずっと内面的には二つのものを抱えて、最終的に、ナロードニキ運動が盛り上がるなかで大きな迷いを抱え込んだ。そういう意味で彼は引き裂かれていたわけです。彼が、シベリアでの十年間ののちにペテルブルグに戻ってきて掲げた「土壌主義」という思想ですが、あれは、いうなれば、キリスト教的社会主義です。そのような形で、自己矛盾の解決を図ろうとしていたわけです。そしてその信念は最後まで変わらなかった。『カラマーゾフの兄弟』の続編で解決を図ろうとした最大の問題がそこにあったと思います。社会主義というのは、理念そのものとしては、それだけ優れているんです。というか、それがどんなに無力な思想でも、ドストエフスキーはそこから先に進むことはできなかった。きっと、あの当時ドストエフスキーが抱えていた無力感というか無念の思いは、グローバリズムとテロルの嵐のなかで、現代の多くの知識人が抱えている悩みと同じだと思うのですよ。

沼野　ロシア革命がめざした理念が今後も人類の指針として生きているのだとしたら、それをいかに語れるのかが、今問われていることでしょう。歴史が物語だということは、歴史学ではヘイドン・ホワイトがすでに一九七〇年代に『メタヒストリー』という挑発的な書で問いかけたことです。つまり、様々な史実の集積があるとして、それを時間軸に沿って編年体に並べただけならば「年代記《クロニクル》」ですが、歴史家はそこから「ストーリー」を作り出す。「ストーリー化」のための様式《モード》として、ホワイトは「ロマンス」「悲劇」「喜劇」「風刺」の四つを想定し、さらに描かれることの特徴づけのために「隠喩《メタファー》」「換喩《メトニミー》」「提喩《シネクドキ》」「反語《アイロニー》」といった修辞技法も使われるということを、十九世紀ヨーロッパの歴史学に即して分析していきます。こう説明しただけでも明らかなように、とても文学研究的、説話論的でしかもフォルマリズム的なアプローチですから、さすがに歴史学のほうでこれが全面的に受け入れられたとは言えないようですが、ホワイトの大きな功績は、歴史という物語の「詩学」を示したということです。ここでいう詩学とはもちろん、文字通り詩の研究ということではなく、たとえばバフチンが『ドストエフスキーの詩学』を語ったときと同じような意味、つまり物語《ナラティヴ》がどのようなイデオロギーの色を帯びた声によって、どのような手段を用いて語られているかの分析です。

亀山　だとするとわれわれが今ロシア革命をめぐる新たな物語を語ろうとしているということは、革命の物語についてどのような詩学を構築できるかということでもあるのかもしれませんね。

人名キーワード＊ロシア革命の100人

◎政治

ニコライ一世（一七九六〜一八五五）ロシア皇帝（在位一八二五〜五五）。即位に際してデカブリストの乱を鎮圧。一八二六年、秘密警察「皇帝直属官房第三課」を創設し治安維持に努めた。

アレクサンドル二世（一八一八〜八一）ロシア皇帝（在位一八五五〜八一）。農奴解放令（一八六一年発布）などの措置により「大改革」を実行した。「人民の意志」派に暗殺された。

ニコライ二世（一八六八〜一九一八）ロマノフ王朝最後の皇帝（在位一八九四〜一九一七）。フランスとの同盟を強化し、シベリア鉄道を完成させ、極東への進出を図ったが、日露戦争で敗北した。

ラスプーチン（グリゴーリー、一八六四〜一九一六）修道僧。農民出身。人並みはずれた雄弁とカリスマで皇室の信頼、寵愛を獲得。革命前夜のロシアの国政や教会政治に大きな影響力を及ぼした。

ケレンスキー（アレクサンドル、一八八一〜一九七〇）政治家。ロシア革命時の臨時政府首相。十月革命によってソビエトに拠るレーニンらが権力を握ると、一九一八年フランスへ亡命。

レーニン（ウラジーミル、一八七〇〜一九二四）革命家、政治家。ソ連共産党の創設者。十月革命を指導、世界で初めての社会主義国家（ソビエト連邦）を樹立した。著作に『国家と革命』などがある。

トロツキー（レフ、一八七九〜一九四〇）革命家、政治家。ソ連共産党指導者で、のち反スターリン主義の指導者。一九四〇年、亡命先のメキシコ市で暗殺された。著作に『裏切られた革命』などがある。

スターリン（ヨシフ、一八七九〜一九五三）政治家。グルジアに生まれる。一九三〇年代に独裁的政治体制を築いた。急速な工業化と農業の全面集団化は彼の強権のもとで実行された。

ブハーリン（ニコライ、一八八八〜一九三八）革命家、政治家。十月革命後は党機関紙『プラウダ』編集長。スターリンと対立、失脚した。大テロルのなかで一九三七年に逮捕され、翌年処刑された。

フルシチョフ（ニキータ、一八九四〜一九七一）政治家。一九五三年第一書記となった。五六年の第二十回党大会でスターリンを批判した。農業生産の停滞を克服するための機構改革に失敗した。

ブレジネフ（レオニード、一九〇六〜八二）政治家。一九六四年のフルシチョフ失脚後に第一書記となり、七七年からソ連最高会議幹部会議長を兼務し、ソ連の最高指導者となる。

ゴルバチョフ（ミハイル、一九三一〜）政治家。ソ連の最高指導者として「グラスノスチ」と「ペレストロイカ」のスローガンのもと自由化と民主化を推し進めた。一九九〇年ノーベル平和賞を受賞。

エリツィン（ボリス、一九三一〜二〇〇七）政治家。一九九一年六月十二日ロシア連邦初代大統領に当選した。九九年十二月に大統領を辞任した後、プーチン首相を大統領代行にすえた。

プーチン（ウラジーミル、一九五二〜）政治家。冷戦期にソ連邦国家保安委員会（ＫＧＢ）で勤務。一九九九年首相に就任、チェチェン共和国への軍事介入を指導。二〇〇〇年にロシア連邦大統領に就任。

◎革命運動

カラコーゾフ（ドミートリー、一八四〇〜六六）革命家。一八六六年、いとこのイシューチンの創設した秘密結社「組織」と「地獄」に加入し皇帝暗殺を企て、逮捕されて絞首刑に処せられた。

ザスーリチ（ヴェーラ、一八四九〜一九一九）革命家。一八六八年首都ペテルブルグに出て革命運動に加わり、七八年、ペテルブルグ市長官を狙撃するが裁判で無罪となる。

ペロフスカヤ（ソフィア、一八五三～八一）革命家。一八七〇年末家を出て「人民の中へ（ヴ・ナロード）」の運動に参加。皇帝アレクサンドル二世の暗殺を同志と実行。死刑に処せられた。
フィグネル（ヴェーラ、一八五二～一九四二）革命家。皇帝アレクサンドル二世暗殺の企てに参加した。一八八三年逮捕され、シリッセリブルグ監獄で二十年間過ごした。回想記『忘れえぬ事業』がある。
グリネヴィツキー（イグナーチー、一八五五～八一）革命家。ポーランドとロシアで活動した。一八七九年に「人民の意志」派に入った。八一年にアレクサンドル二世の爆殺に関与した。
カプラン（ファーニ、一八八七～一九一八）革命家。一九〇六年にキエフ総督暗殺の準備に関与して懲役刑を言い渡される。一八年にレーニンの暗殺を試み、失敗し銃殺された。

◎**文学**
プーシキン（アレクサンドル、一七九九～一八三七）詩人。ロシアの国民的詩人。デカブリストの思想に共鳴し、ニコライ一世に危機感を抱かせた。代表作『エウゲーニー・オネーギン』他。
レールモントフ（ミハイル、一八一四～四一）詩人、小説家。プーシキンの決闘死に際して書いた詩「詩人の死」で名声を高めたが危険視され、カフカスに左遷された。代表的小説『現代の英雄』。
ゴーゴリ（ニコライ、一八〇九～五二）小説家、劇作家。ウクライナの民俗や伝説に取材した物語集で文壇に登場。社会への批評性をおびた華麗な文体が特徴。代表作『鼻』『狂人日記』『死せる魂』など。
ベリンスキー（ヴィサリオン、一八一一～四八）批評家。西欧主義の立場にたつ。文芸批評を精力的に書き、芸術も時代精神の反映であり、現実に対する批判を失ってはならないと説く。
チェルヌイシェフスキー（ニコライ、一八二八～八九）社会思想家。ベリンスキーの影響を受けた。小説『何をなすべきか』で社会主義的理想を描いた。一八六四年シベリア流刑に処された。

ゲルツェン（アレクサンドル、一八一二〜七〇）思想家、作家。ナロードニキに影響を与えた。一八四七年、西欧に亡命。西欧の社会主義者・民族主義者とも広く交際し、革命運動の連携を図った。

ツルゲーネフ（イワン、一八一八〜八三）小説家。ペテルブルグ大学を卒業して三八年ドイツに留学。その後も西欧で生活しつつ作品では祖国ロシアを描き続けた。代表作『猟人日記』『父と子』他。

ドストエフスキー（フョードル、一八二一〜八一）作家。フーリエ主義にかぶれ、シベリア流刑を経験する。後年は保守派イデオローグとして活躍した。代表作『罪と罰』『カラマーゾフの兄弟』他。

トルストイ（レフ、一八二八〜一九一〇）作家。名門の血筋を引き、終生、ロシア社会に大きな影響を与えた。また非暴力主義者としても知られた。代表作『戦争と平和』『アンナ・カレーニナ』他。

チェーホフ（アントン、一八六〇〜一九〇四）小説家、劇作家。代表的小説『六号室』「小犬を連れた奥さん」。『かもめ』『ワーニャ伯父』『三人姉妹』『桜の園』はロシア演劇の頂点とされる。

メレシュコフスキー（ドミートリー、一八六六〜一九四一）詩人、作家、批評家。ロシア前期象徴派の指導者となった。黙示録的な世界の到来を想定する、彼の宗教的・哲学的思想は影響力を持った。

ブローク（アレクサンドル、一八八〇〜一九二一）詩人。ロシア象徴主義を代表する存在。晩年の叙事詩『十二』では、革命に人民の精神の発露を見出し、それを赤軍兵士の形象に託して描いた。

ベールイ（アンドレイ、一八八〇〜一九三四）詩人、小説家、批評家。ロシア象徴派の第二世代を代表する存在と目された。代表作として評論集『象徴主義』、長編小説『ペテルブルグ』他。

サヴィンコフ＝ロープシン（ボリス、一八七九〜一九二五）革命家、小説家、詩人。二十四歳でエスエル党の武闘団に加わる。その後、ロープシンというペンネームで『青ざめた馬』を発表。

ソログープ（フョードル、一八六三〜一九二七）小説家、詩人。ペテルブルグの貧しい職人の子。長編小説『小悪魔』で一躍名声を得た。詩では短く簡潔な形式のもとに、内容の象徴性を追求した。

ブリューソフ（ワレリー、一八七三〜一九二四）詩人、文芸学者。ヴェルレーヌ、ランボー、マラルメらの影響を受け、象徴派の先駆けとなった。『ベスイ（天秤座）』誌の実質的主幹として活躍。

イワーノフ（ヴャチェスラフ、一八六六〜一九四九）詩人、劇作家、文芸批評家。モスクワ大学、ベルリン大学で古典学を学び、長く西欧に滞在。ロシア象徴派の第二世代の中心的存在のひとり。

フレーブニコフ（ヴェリミール、一八八五〜一九二二）詩人。新造語やザーウミ（超意味言語）を駆使した実験的作品を次々と発表。独自の予定調和論に立脚した壮大なユートピア像を提示した。

マヤコフスキー（ウラジーミル、一八九三〜一九三〇）詩人。グルジア出身。ロシア未来派の芸術運動の推進者。十月革命後は苦しみつつソビエト政権のプロパガンダに献身した。

シクロフスキー（ヴィクトル、一八九三〜一九八四）批評家。ペテルブルグ大学在学中に「詩的言語研究会（オポヤーズ）」を結成。芸術の方法としての「異化」理論を説く。代表作『散文の理論』。

エセーニン（セルゲイ、一八九五〜一九二五）詩人。農民社会主義の理念に燃える「スキタイ人」グループで積極的に活動。詩劇『プガチョフ』で帝政期の農民反乱に革命後の現実を重ね合わせる。

ザミャーチン（エヴゲーニー、一八八四〜一九三七）小説家。芸術の自律を目ざした作家グループ「セラピオン兄弟」を率いて若い作家を育成した。代表作にアンチ・ユートピア小説『われら』他。

グミリョーフ（ニコライ、一八八六〜一九二一）詩人。アクメイズムの指導者。詩集『かがり火』など。一時、詩人アフマートワと結婚。反革命の陰謀に加担したとして銃殺された。

マンデリシュターム（オシップ、一八九一〜一九三八）詩人。ユダヤ系。グミリョーフ、アフマートワ

となら ぶ、アクメイズムの代表的詩人として活躍。ウラジオストク近郊の収容所で死亡した。

ツヴェターエワ（マリーナ、一八九二〜一九四一）詩人。幼年期から詩作を始める。詩集『夕べのアルバム』で文壇に登場。革命後はパリに拠点を移した。一九三九年に帰国後、自殺した。

アフマートワ（アンナ、一八八九〜一九六六）詩人。グミリョーフやマンデリシュタームらと新古典派ともいうべきアクメイズムを追求した。一九四六年、ジダーノフ批判によって攻撃された。

バーベリ（イサーク、一八九四〜一九四一）小説家。オデッサのユダヤ人商人の家に生まれる。革命後の内戦期には第一騎兵隊にて記者として従軍、その体験をもとに短編集『騎兵隊』を書く。

ゾーシチェンコ（ミハイル、一八九五〜一九五八）小説家。ウクライナ出身。一九二一年から短編を発表し、文学団体「セラピオン兄弟」に入る。代表作に風刺的な自伝小説『日の出前』がある。

オレーシャ（ユーリー、一八九九〜一九六〇）小説家、劇作家。ウクライナのオデッサに育つ。社会主義建設期における新旧世界の相克を反写実的作風で描いた長編『羨望』で一躍名声を得た。

ハルムス（ダニール、一九〇五〜四二）詩人、小説家、劇作家。前衛文学団体「オベリウ」の代表者の一人。不条理な詩や短編、戯曲を書いた。二度逮捕され、獄死。代表作に短編集『出来事』他。

ゴーリキー（マクシム、一八六八〜一九三六）小説家、劇作家、社会活動家。党と知識人を結ぶ掛け橋となって活動した。ソ連作家同盟結成に尽力した。代表作に戯曲『どん底』がある。

パステルナーク（ボリス、一八九〇〜一九六〇）詩人、小説家。作曲家を志しスクリャービンに師事したが挫折、モスクワ大学で歴史と哲学を学んだ。代表作に長編『ドクトル・ジバゴ』がある。

ショーロホフ（ミハイル、一九〇五〜八四）小説家。ドン川流域の村に生まれる。ソビエト政権が樹立されると村の革命委員会に所属した。その際の経験が代表作『静かなドン』に活かされた。

ブルガーコフ（ミハイル、一八九一〜一九四〇）小説家、劇作家。長編『巨匠とマルガリータ』は芸術家と社会との軋轢を主題とし二つの時代を平行的に描きつつキリスト教に根ざす思想を提示した。

グロスマン（ワシーリー、一九〇五〜六四）小説家。第二次世界大戦に『赤い星』紙記者として従軍。戦後書かれた長編『人生と運命』ではスターリニズムとナチズムの類似を指摘した。

プラトーノフ（アンドレイ、一八九九〜一九五一）作家。ロシア革命の意義を批判的に考察した小説群が高く評価されている。長編『チェヴェングール』で孤児を主人公にして革命後の内戦期を描いた。

エレンブルグ（イリヤ、一八九一〜一九六七）詩人、作家。新聞特派員としてパリや内戦期のスペインで暮らした。戦後は旧ソ連政府のスポークスマン的役割も果たした。代表作『雪どけ』他。

ナボコフ（ウラジーミル、一八九九〜一九七七）小説家、詩人。ロシア革命後に西欧とアメリカに亡命。ロシア語、フランス語、英語で著述した。ロシア語による代表作に長編『賜物』がある。

ソルジェニーツィン（アレクサンドル、一九一八〜二〇〇八）作家。一九七〇年ノーベル文学賞受賞。代表作『収容所群島』は、ソ連の収容所の歴史と実態を描き出したドキュメンタリー小説である。

エフトゥシェンコ（エヴゲーニー、一九三三〜二〇一七）詩人、小説家、映画監督。代表作に、ナチスによるユダヤ人大量虐殺が行われたキエフ近郊の谷間を歌った詩『バビ・ヤール』がある。

アクショーノフ（ワシーリー、一九三二〜二〇〇九）作家。長編『星の切符』などを書き「雪どけ」期の新しいソ連文学の旗手となる。次第に社会主義リアリズムから逸脱、一九八〇年に亡命した。

ヴィソツキー（ウラジーミル、一九三八〜八〇）俳優、詩人、歌手。モスクワ芸術座付属演劇大学を卒業。ハムレットが当り役。社会批判を歌詞に込めたシンガーソングライターとしても有名。

オクジャワ（ブラート、一九二四〜九七）詩人、小説家。日常生活の哀感と詩情をリリカルに歌った叙情詩に優れる。自作詩をギターで弾き語りする「吟遊詩人」として著名。

ヴォズネセンスキー（アンドレイ、一九三三〜二〇一〇）詩人。詩集『モザイク』などを発表し、「雪どけ」期を代表する詩人となった。歌謡曲「百万本のバラ」の作詞者でもある。

ブロツキー（ヨシフ、一九四〇〜九六）詩人。十五歳で学校を中退、一九五八年から詩を書き始めた。「社会的寄食者」として逮捕、その後アメリカに亡命。八七年ノーベル文学賞受賞。

ストルガツキー兄弟（アルカージー、一九二五〜九一／ボリス、一九三三〜二〇一二）SF作家。兄弟合作で執筆。代表長編『神様はつらい』『ストーカー』など。文明批判をはらんだ作風が特徴。

ペレーヴィン（ヴィクトル、一九六二〜）ソ連崩壊後のロシアでの体制転換がもたらした精神的な危機をSF的な想像力によって描き出している。代表作『チャパーエフと空虚』『虫の生活』他。

ソローキン（ウラジーミル、一九五五〜）小説家。初期にはデザインを手がけた。コンセプチュアリズムの手法を小説に導入。代表作に、文体模写を駆使した『ロマン』『青い脂』他。

◎**思想・科学**

ソロヴィヨフ（ウラジーミル、一八五三〜一九〇〇）哲学者、宗教思想家、詩人。主著として神人とソフィヤ（知恵）の概念を核に、世界と神との再統合を唱え、世界の終末を予言した。

ブラヴァツキー夫人（エレーナ、一八三一〜九一）神秘思想家。神智学協会の創立者。霊媒としてヨーロッパ、アメリカ、エジプトで活躍する一方、探検家として世界の秘境を旅行した。

ベルジャーエフ（ニコライ、一八七四〜一九四八）宗教哲学者。独自のキリスト教的実存主義の哲学を説く。主著に『ドストエフスキーの世界観』『歴史の意味』『隷属と自由』がある。

フョードロフ（ニコライ、一八二八〜一九〇三）宗教思想家。司書をしながら書きためた草稿と書簡が死後『共同事業の哲学』の表題で刊行。死者の復活と自然統御の理念を説く。

ツィオルコフスキー（コンスタンチン、一八五七〜一九三五）宇宙工学の先駆者。ロケット飛行による人類宇宙進出の可能性を追究した。科学論文の他に、啓蒙的ＳＦ作品を書いた。

ヴェルナツキー（ウラジーミル、一八六三〜一九四五）地球化学者、鉱物学者。元素やエネルギーの循環と分布における生物の役割を重視して生物地球化学を創始。主著に『生物圏』がある。

ヤコブソン（ロマン、一八九六〜一九八二）言語学者。構造主義音韻論を確立。音形と意味の相互作用が顕著に表れる詩の分析に生涯関心を持っていた。記号論などの分野でも多彩な業績を残した。

バフチン（ミハイル、一八九五〜一九七五）文芸学者、美学者。初期の代表作にドストエフスキーの作品がもつポリフォニー的性格を解明した『ドストエフスキーの創作の諸問題』がある。

サハロフ（アンドレイ、一九二一〜八九）物理学者、人権活動家。水爆開発に大きく寄与。その後、放射能汚染の重大性を憂慮し、核実験の中止を訴えた。一九七五年にノーベル平和賞を受賞した。

◎音楽

チャイコフスキー（ピョートル、一八四〇〜九三）作曲家。民族的素材を洗練された形で活用して多くの名作を生み出した。代表作にバレエ『くるみ割り人形』、交響曲第六番「悲愴」がある。

ムソルグスキー（モデスト、一八三九〜八一）作曲家。ロシア国民楽派の「五人組」の一人としてピアノ曲「展覧会の絵」、オペラ『ボリス・ゴドゥノフ』を書いた。ドビュッシーに影響を与えた。

ストラヴィンスキー（イーゴリ、一八八二〜一九七一）作曲家。リムスキー＝コルサコフに師事。ロシア・バレエ団の委嘱による『春の祭典』などにより二十世紀の管弦楽に大きな影響を与えた。

プロコフィエフ（セルゲイ、一八九一～一九五三）作曲家。リャードフ、リムスキー・コルサコフらに師事。社会主義リアリズムの路線に沿ってバレエ『ロミオとジュリエット』を作曲した。

スクリャービン（アレクサンドル、一八七二～一九一五）作曲家、ピアノ奏者。作曲家としてはショパンの影響下に出発したが、ニーチェの哲学、さらに神智学に傾倒して独自の語法を確立した。

ショスタコーヴィチ（ドミートリー、一九〇六～七五）作曲家。社会主義リアリズムの方針に沿って交響曲第五番を作曲。一九六〇年代からは反体制的テキストを用いるなど新しい展開をみせた。

グバイドゥーリナ（ソフィア、一九三一～）作曲家。父はタタール人。モスクワ音楽院でショスタコーヴィチに師事。東洋と西洋の音楽を融合する独自の境地を拓いた。

◎美術・建築

レーピン（イリヤ、一八四四～一九三〇）ロシア・ソ連時代の画家。リアリズムの巨匠と讃えられる。「移動展派」を率い、革命前の美術界に圧倒的な影響を与える。代表作「ヴォルガの舟曳き」他。

マレーヴィチ（カジミール、一八七八～一九三五）画家。一九一五年の「黒い正方形」は白地の背景の上に黒い正方形だけを描いたもので、今日の抽象画に大きな影響を与えた作品である。

タートリン（ウラジーミル、一八八五～一九五三）画家、彫刻家、舞台装置家。ソビエト時代には構成主義にひかれ実験的作品を制作。「第三インターナショナル記念塔」の設計案が有名。

フィローノフ（パーヴェル、一八八三～一九四一）。ロシア未来派の画家、詩人として出発し、革命後はタートリン、マレーヴィチらと芸術文化研究所に所属。分析主義と呼ばれるモザイク画法を拓いた。

シャガール（マルク、一八八七〜一九八五）画家。ヴィテプスクに生まれ革命後パリに亡命。自伝的な内容、ロシアへの郷愁、ユダヤ特有の伝統や象徴の使用が作品の基調にある。

ロトチェンコ（アレクサンドル、一八九一〜一九五六）造形作家、デザイナー、写真家。生産主義を唱え家具や室内のデザインを行った。また、写真などの分野では構成主義的な作品を制作した。

カンディンスキー（ワシーリー、一八六六〜一九四四）画家。ミュンヘンで絵画を学ぶ。バウハウス教授を務めた。象徴や記号としての確定的な形態を駆使した「叙情的幾何学主義」の様式を確立した。

レオニードフ（イワン、一九〇二〜五九）建築家、都市計画家。ヴェスニン兄弟に師事し、構成主義建築を発展させた。重工業省のコンペ案（一九三四）は実現しなかったが世界的な注目を受けた。

デイネカ（アレクサンドル、一八九九〜一九六九）画家。革命後、モスクワの美術学校で学ぶ。ソ連時代の生活をダイナミックかつ楽天的タッチで描いた。代表作「ペトログラードの防衛」他。

カバコフ（イリヤ、一九三三〜）美術家。アンダーグラウンドのモスクワ・コンセプチュアリズム芸術の代表者。西側移住後は、主に大規模なインスタレーションの形で作品を提示した。

コーマル、メラミッド（ヴィタ―リー・コーマル、一九四三〜／アレクサンドル・メラミッド、一九四五〜）美術家。一九七二年以来「ソッツ・アート」を提唱した。二〇〇二年まで共同制作した。

◎映画、演劇

メイエルホリド（フセヴォロド、一八七四〜一九四〇）演出家。斬新な演出で古典劇の上演を行うとともに、独創的な肉体訓練「ビオメハニカ」を実践して前衛的な芸術運動に影響を与えた。

エイゼンシュテイン（セルゲイ、一八九八〜一九四八）映画監督。無声映画『戦艦ポチョムキン』でモンタージュ理論を、トーキー映画『アレクサンドル・ネフスキー』で「視聴覚の対位法」を実践。

フツィエフ（マルレン、一九二五～）映画監督、脚本家。グルジア出身。「雪どけ」時代の息吹を伝える『イリッチの哨所』は当局の圧力により『私は20歳』に改題、再編集のうえ一九六五年に公開。

パラジャーノフ（セルゲイ、一九二四～九〇）映画監督。グルジア生まれ、アルメニア系。『ざくろの色』は十八世紀の著名なアルメニアの吟遊詩人の生涯を描いた代表作である。

タルコフスキー（アンドレイ、一九三二～八六）映画監督。『僕の村は戦場だった』は国際的な評価を獲得。『鏡』は自伝的作品。一九八四年に亡命、『サクリファイス』が遺作となった。

（文・古川哲）

※グルジアは現在、ジョージアと表記されることが多いが、本書では従来の慣習に従っている。

＊本書は、二〇一七年二月から六月にかけて、計七回の対談を行い、その後加筆修正を行ったものです。対談は、二月二四日、三月二九日、四月二二日、五月五日、五月二一日、六月二日、六月二二日、すべて都内各所で行われ、対談第三回は荻窪「六次元」にご協力いただいた。

亀山郁夫（かめやまいくお）
一九四九年栃木県生まれ。名古屋外国語大学学長。ドストエフスキー『カラマーゾフの兄弟』の新訳は社会現象となり、プーシキン賞、毎日出版文化賞受賞。著書に『破滅のマヤコフスキー』『磔のロシア』『謎とき『悪霊』』『新カラマーゾフの兄弟』他。

沼野充義（ぬまのみつよし）
一九五四年東京生まれ。東京大学教授。『ユートピア文学論』で読売文学賞受賞。著書に『亡命文学論』『W文学の世紀へ　境界を越える日本語文学』、編著書に『対話で学ぶ〈世界文学〉連続講義』全五巻、他。訳書にナボコフ『賜物』、チェーホフ『新訳　チェーホフ短篇集』他。

ロシア革命100年の謎

二〇一七年一〇月二〇日　初版印刷
二〇一七年一〇月三〇日　初版発行

著　者　亀山郁夫×沼野充義
装　丁　岩瀬聡
写　真　上村明彦
発行者　小野寺優
発行所　株式会社　河出書房新社
東京都渋谷区千駄ヶ谷二－三二－二
電話　〇三－三四〇四－一二〇一（営業）
　　　〇三－三四〇四－八六一一（編集）
http://www.kawade.co.jp/

組　版　株式会社キャップス
印刷・製本　中央精版印刷株式会社

ISBN978-4-309-24828-8
Printed in Japan

新カラマーゾフの兄弟　上・下

亀山郁夫――著

ドストエフスキーの未完の傑作が、現代日本を舞台についに完結する。
あのミリオンセラーの翻訳者が作者の遺志を継ぎ、「父殺し」の謎に迫る。
一三五年の時を経て甦る、続編でもパロディでもない「完結編」。
驚愕のノンストップ・ミステリー！